大學「營養」學分
—— 遇見16堂不一樣的通識課

A Bird Course That You Can Sing Your Way Through It ?
Not These 16 Courses in College General Education

劉柏宏 等著　　梁家祺 主編

致廣大而盡精微　修通識以涵博雅

劉阿榮

元智大學通識教學部主任

　　透過全方位學習，以培育健全人格，為高等教育的主要目標之一，而通識教育和專業教育，則是達成此目標的並馳雙軌。專業教育強調專精深入、細緻分工，近代大學院系的發展，基本上是朝精密分科的方向而規畫；通識教育講求融貫會通、跨域整合，尤其重視人文精神的涵養與陶塑，希望藉由不同領域的討論或對話，擴展多元知識視野。然而，審視當前大學教育，學科分化的結果，容易造成知識的偏狹和侷限，因而通識教育推展的本意，即在融滲學科分立所造成的隔閡與斷裂，彌補偏重專業知識所形成的窄化與主智主義的偏失。遺憾的是，多年來通識教育受到誤解與偏見，常被視為「營養學分」，甚或被汙名化為無用與多餘的課程。

　　為了增進通識教育的成效，改變負面刻板印象，教育主管機關近年來推動若干通識教育革新方案，激勵不少傑出教師投入通識教學行列，開發出許多優質通識課程。更值得欣慰的是，越來越多優秀通識教師樂於將自己經營規畫的教學內容及實務經驗，透過「臺灣通識網」開放式課程，和專書撰寫結集的方式以推廣，這些教學成果的累積，對於通識課程品質的提升，具有積極的價值與意義。

　　本校通識教學部梁家祺教授，不僅學養精湛、更具教學熱忱，數度榮獲教育部績優課程計畫及第五屆全國傑出通識教育教師獎之肯定。其「環境保護與自然文學」課程，長期與臺灣生態工法發展基金會合作，每學期帶領學生前往陽明山八煙聚落進行農村服務，結合勞作、生態、感知，讓學生對環境保護有更深刻的體悟。課暇之餘，也邀請

元智通識教學部專、兼任教師組成讀書會，交流課程執行心得，並推動「時空變遷下的美感經驗」、「文心陶塑與文創開發」、「區域文化的歷史想像」等課群計畫。

梁教授此次鳩集來自各校優秀通識教師共同撰寫本書，在中正大學黃俊儒教授主編的《把理念帶進教室─通識教師實務錦囊》一書的基礎上，踵事增華，淬礪精煉。本書十六位教師各自有其學術專長，經過長期的探索與實踐，成功的將專業知識融貫於通識教學之中，正契合孟子所說「廣博地學習，詳盡地解說，融會貫通後，再用它說明至簡至精的道理」的精神。預見本書的出版，將為通識教育的發展樹立新的里程碑，並期許邁向《中庸》所謂：「致廣大而盡精微」之旨意，實現「修通識以涵博雅」的目標而努力。

適值本書出版之際，略誌數語，以示對梁教授及全體作者的敬意與感謝，亦期勉通識教育界新秀競出，投入課程理念和教學實務的創發，共同為提升優質的通識教育而努力。

劉阿榮　謹識於元智大學通識教學部

2014年12月15日

識通即智

沈宗瑞

國立清華大學榮譽教授

　　通識教育的推動在台灣已有三十年的歷程,從大學轉型來看,這可以說是從邊陲發起的教育改革號角。在頂尖大學與教卓的補助激勵之前,台灣高教在通識教育興革過程中,不但在教學理念與方法上日有進境,同時也已觸及了高教宗旨的課題。無論是教卓或是頂大,初期所提的教育或教學策略與做法,大抵皆是植基於先前通識教育內涵的演化與成果。個人之前從事通識教育教學與制度改革,無役不與,所見所聞,點滴在心頭。近五年來,更參與教育部大部分教學計畫的審查,看到高教教卓計畫中,許多優秀通識課程被獎勵與被學習,許多優秀教師陸續投入教育行列,同時專業所系的教學也漸次受到感染與影響,心中實甚為喜悅。儘管目前台灣處境充滿了憂患意識,但十數年後,相信台灣必將因此有更多博通的人才與光明的遠景。

　　我常自思維,如果大學教師能偶而反省大學意義、對知識本源充滿好奇與熱愛、能將傳道授業視為要務、能體察時代社會變遷不斷調整教學、能對其他專業領域偶興觸探,只要保有上述其中幾項,這個大學的靈魂就足以保證不亡。我過去在清華大學負責通識行政工作時,曾私下提出「識通即智」座右銘以為自省。在我們讀大學年代是沒有通識教育的,當時大學難進易出,對本科內容興趣缺缺時,腦子若不想生鏽,必然東「學」西「讀」,慢慢地對知識也有了一些體會。真理永遠只會跟你招手,卻不會跟你握手。趨近它的路徑有各種學問,但沒有一個是唯一。上述這個「識」,若大抵引用劉兆玄校長的見解,應包括「知識」、「見識」、「賞識」、「膽識」,另外還

有「識自」。「識自」之識是動詞，有別於前四識，意謂統理前四識、自我了解與省察能力。這五種識所起的化學作用，必會成人之博雅與睿智。唯有智慧才能引導人類，知識只能解決問題然後遺留更多問題。

梁家祺教授現任教於元智大學，曾獲教育部第五屆「全國傑出通識教育教師獎」，她在元智開設三門通識課，「環境保護與自然文學」、「人腦與學習」、「科學之美」，是介乎科學與人文對話的課程。我有幸曾參與傑出通識教育教師遴選，也不全是識人之明，傑出通識教師自有一股特質，一眼便能掌握六七分，再聆高論之後，便可大致決矣。這些特質半為天生，半賴後天涵養。而一門優質課程從設計到教學，不斷投注的心力是非常驚人的。今日元智大學通識課程，時獲獎勵於教育部計劃中，梁老師與其同仁的長久耕耘，居功厥偉。

此書是梁教授彙集十六門各校的優質通識課程，內容不只涵蓋「人文」、「社會」、「自然」，同時每門課程兼有匯通跨界知識之設計，且其中所展現的創意教學巧思，將「知識」、「態度」、「行動」做了完美結合。就個人粗淺理解，這些課程皆大抵曾獲得過教育部優質通識課程獎助，每門課程多少具有代表性的意義。但光是如此的整合工作，必然又要增耗甚多心力。然而，功不唐捐，在目前教育部推陳出新的計畫下，這本書的作用是重要的，因為它綜合了過往通識教育課堂改革的重要成果，且提供了未來無論是翻轉教學、跨學科整合，乃至於統整式課程等極重要的參考價值。禪宗古德有云：「欲知山上路，須問過來人。」這本書雖不是終點，但確是基點。謹以此句代替嘉言讚詞，用以覆命之餘，實深有感念欽仰之情存焉。

沈宗瑞謹識

2014年12月8日

當通識課程變得「真營養」

黃俊儒
國立中正大學通識教育中心教授

在大學中，「通識課程」是一種頗為神秘的課程類型。這種課程類型在國、高中的階段沒有，所以常常學生也不甚瞭解安排這種課程的意義，甚至長期在專業系所服務的教師，有的也不太清楚通識課程究竟所為何來？因此當學生懵懵懂懂地從高中進入大學，可能就會從部分學長姐的口耳相傳中，將通識課程理解成所謂的「營養」課程，意思是不用花太多的努力，這種課程就會像大補丸一樣，可以輕易地補充學分數。所以在通識課程的身上，「營養」課程的比喻，往往是一種貶多過於褒的形容。

其實，我們現今所身處的是一個瞬息萬變的年代，許多迫切需要面對的問題都已經突破單一學科的格局，必須仰賴許多跨領域思維的交融才能可望解決，而大學的通識教育理應就在回應與面對這樣的問題處境。稱職的通識教師所應該擔負的角色，就是需要透過自身經驗的累積與試煉，加上不斷的思索與嘗試，在這些關鍵的知識及問題點上找到與學生的共鳴。這是一件複雜的知識轉化工作，它並不簡單，它需要長時間的投入與摸索。

這幾年台灣的大學，遭逢許多過去從未發生過的困境與艱難，不論是整體大環境裡面高等教育的萎縮與商品化取向，或是教室的小環境中，資訊科技的誘惑與干擾，甚至是學習氛圍的逸樂化等，每每讓許多第一線的教師倍感挫折。許多通識教育的教師一方面需要跟不友善的大環境拼搏，另一方面又需要使出渾身解數來爭取學生的認同，這其實是一件內外交迫的辛苦工作。因此在這種狀況下，如果有教師

仍願意兢兢業業地將自己苦心經營的課程成果及經驗加以集結成書，作為其他教師的指引與參考，這無疑是一件富含意義的事情。

在本書中，集結了十六位學有專精的教師在各領域通識課程上的耕耘，透過詳細的課程理念說明、課程內容與教學設計的演示、評量方式的介紹，鉅細靡遺地紀錄了一門優質通識課程的經營歷程。先前我曾編著《把理念帶進教室—通識教師實務錦囊》一書，記得在自序的地方就有一段話是這樣寫的「我們的用意很單純，希望能將這些第一手的寶貴經驗典藏起來，以便作為更多在不同領域及區域中兢兢業業的通識教師參考，更希望很多在通識教育上的努力，不會隨著教育部計畫的結束而劃上休止符。這是我們編輯這一本書最主要的初衷，也希望它只是一個開端……」。當時編書的動機就是希望透過書籍的出版可以讓許多優質課程的經驗有所傳承，並能夠有拋磚引玉的效果。這樣的一個心願，透過本書編者梁家祺教授的用心而有了延續。梁家祺教授是教育部第五屆全國傑出通識教師獎的得主，相信在她清晰的通識教育理念之下，必然可以把這本書的內涵做最完美的呈現。

如果通識課程能夠具有富含知識意涵與生命厚度的「真營養」，我們就不需要在許多大學的課程設計上疊床架屋，也不需要讓學生花費多餘的金錢與精力，更不需要掛羊頭賣狗肉地包裝行銷。如果通識課程真的營養，我們就不需要天天苦惱學生的基本能力不佳，擔心產業轉型的困難，驚慌學用落差的擴大。如果通識課程真的營養，我們可以讓許多學生重新燃起學習的興趣，讓許多家長放心學習的品質，讓許多教師重拾教學的信心。希望透過這一本書，可以讓許許多多在各地全力以赴的大學通識教師們，再度地相信，教書真是一件十分過癮的事！

黃俊儒謹識

2014年12月12日

遇見16堂「營養」的大學通識課

梁家祺

元智大學通識教學部副教授

　　通識教育是學生不可或缺的養分，若只有專業的滋養，無法讓學生看見世界完整的圖像與認識生命的全貌。通識教育需以不同的視野，讓學生接觸專業無法觸及的部份，透過通識教育擴展知識的廣度，提升思考的深度，促進多元的閱讀，協助學生充實心靈與探索生命的可能，期盼學生能走在這些沃土上進而開花結果。

　　在專業系所的訓練下，學生較難跳出框架進行跨域的整合，甚至對未來的工作也很難有超越的「想像」，透過優質通識課程的滋潤與帶領，將使跨域更具體可行，也讓學生對未來工作有更多可能的跨越。一位管理學院的學生，大四上學期曾經修習我的「環境保護與自然文學」通識課程，起初這位學生談到未來的人生規畫，直說應該會去銀行上班，之後透過課程的體驗學習，認識了環境相關的基金會，接續因為興趣與某些因緣，在大四下學期進入基金會實習，畢業後錄取為基金會的正式員工。這位同學應用管院所學的專業知識，及通識課程所學的文學與環境素養，來行銷友善耕作的價值，這其實是一個很好的範例，充分說明通識課程有可能改變學生對人生中第一份工作的「想像」。

　　因此，優質的通識課程應強調知識、態度與行動三位一體的教學進程。首先，通識課程不是專業知識的淺化，更不是絢爛活動的拼接，課程須強調知識承載度與知識歷程的脈絡。其二，通識課程須能突顯學生良好態度之建立，如對知識的好奇、對閱讀的啟發、與同儕共學、尊重多元價值、課後延伸學習等，這些態度的建立，有賴教師

周詳的教學規劃、妥適的作業探究、班級經營的策略安排等。具備基本知識與正向態度後，在個人學習上，鼓勵學生精進有興趣議題的終身學習，並將所學知識與生活接軌；在行動學習上，可透過體驗學習與服務學習，將課堂內涵具象化；在社會層面上，鼓勵學生關懷相關社會議題，進而實踐公民參與。

　　開設新型態的通識課程，一直是我給自己的挑戰，從「環境保護與自然文學」、「科學之美」，到新近開設的「飲食：人文與科學的對話」，每一門新課至少都醞釀半年以上，深刻感受到教師必須有跨域的眼界，才能帶領學生進入寬廣的知識殿堂，進而有機會開啟其智慧之眼。以「飲食：人文與科學的對話」為例，課程規劃一開始談食物與人類社會、文明與文化演進發展的關係，接續討論不同食物的生物、微生物與生物化學本質所展現的不同飲食感官知覺，進而提供烹飪過程中物理、數學、化學等原理解釋的科學框架，使學生能深入瞭解食物與烹飪的原理與應用，進而創造欣賞飲食生活的樂趣。課程也試圖藉由餐桌上的藝術與文學來陶冶學生的美感經驗，更進一步帶領學生反思飲食對經濟、環境和健康的影響，使學生不僅有生活美感品味的提升，也能有全球化宏觀視野的開拓。一門優質通識課程的成型並不容易，需要內在動機與外在驅力相輔相成，除了老師自身不斷提升與反思，也需要藉由觀摩與分享來獲取額外的養分，這也是編寫這本書的原意，希望透過多樣化通識課程的歷程記錄，讓更多大學教師有意願投入優質課程的開發。

　　過去一連串通識教育的改革，包括教育部顧問室推動的「96-99通識教育課程計畫」、「100-103現代公民核心能力課程計畫」等，在教育部經費與資源的挹注下，形塑很多優質的通識課程，這些認真的老師與優質的課程，的確讓通識教育有了不同的風貌。這本書中，我們邀請到16位優秀老師，撰寫16門精彩課程。16位老師的學術領域，涵

蓋自然科學、人文藝術與社會科學，都是極具經驗的通識教育老師，
屢獲教育部計畫補助並獲選為績優計畫。16門課程紀錄了詳細的課程
理念、課程目標、課程內容、教學設計、作業規劃、學生回饋、課程
檢討與反思等，參與的老師們都竭盡所能的分享課程的點滴，從這些
文字裡我們看見專業與熱情，彷彿也聽見了一篇篇動人的樂章，更感
受到教與學正愉悅的律動著。相信透過本書所呈露的寶貴經驗，能讓
想要開設通識課程卻不知如何使力的老師有跡可循，也讓更多對通識
教育有興趣的老師獲得具體的資源與參考。

　　感謝黃俊儒教授的鼓勵，因為他於2011年編寫的《把理念帶進教
室：通識教師實務錦囊》一書給我很大的啟發，才有後續這本進階版
教學專書的構想。從構想到實踐的歷程，雖然挫折與繁瑣的事不斷，
但是因為有心有夥伴，似乎所有困難都可迎刃而解。感謝黃智明教授
對於出版事務的建議和支持，感謝鄒淑慧教授與張睿誠同學在封面設
計上的鼎力協助，更感謝所有參與的16位老師義不容辭、熱情無私的
分享。這將是課程教學專書集結的一小步，希望這一小步能讓更多的
老師看見課程生命力的展現，看見「營養」的通識課程如何讓學生產
生改變，讓未來的教與學發生更多的化學變化，讓大學老師在教學的
路上更義無反顧地前進。

梁家祺序於

2014年12月25日

目次

社會科學

撰稿人簡介

當劉徽遇見阿基米德
——「東西方數學發展」的理念與策略

劉柏宏

國立勤益科技大學通識教育學院

一、課程理念：數學是一種文化

如果有人問你「數學是什麼」，你會怎麼回答？「數學是一門計算的科學」、「數學是一種解決問題的工具」、「數學是有關邏輯思考的科目」、「數學是一種符號操作的遊戲」……等。以上答案可以說通通對，也可以說通通不對。因為要定義數學是什麼，就宛如瞎子摸象一般，每個人都只能憑其經驗說對其中一部分。但是如果有人說「數學是一種人類傳承的文化」，大部分人腦子裡可能掛滿各種問號。數學為何能與文化攀上關係？我們看一下Kroeber 和 Kluckholn（1952）參酌164種關於文化的定義後對「文化」一詞所下的結論：

> 文化是由外顯和內隱的行為模式所構成，並藉由構成人類群體獨特成就的符碼所獲取與傳遞。

數學難道不是人類探索知識時所呈現的各種外顯和內隱行為模式嗎？數學不就是藉由數學家社群所創造的獨特符碼（可能是符號、圖形或文字）所傳遞嗎？由此觀之，數學確實是一種文化！數學家Wilder

（1950）很早就提醒我們，唯有了解數學的文化底蘊，才可能更進一步了解數學本質。而在諸多呈現數學文化本質的策略中，透過文化對比和相互映照的方式比較能夠引發學生對知識的反思，而這也是設計「東西方數學發展」這門通識課程的初衷。這門課程主要目的在於彰顯數學知識本質的人文面向，聚焦於東方與西方數學知識發展的進程，還有和各民族文化的關係。課程希望透過東西方迥異的數學思考風格，讓學生比較與領略東西方民族不同的數學特色，打破傳統上認為數學是一種絕對知識的認知。由於學生數學背景不一，因此本課程重點不在於反覆計算操作數學問題，而在於思考數學背後的文化議題。課程進度請參閱表一。

表一　東西方數學發展課程進度

週次	教學進度	備註
第1週	課程介紹與實施問卷	
第2週	美索不達米亞文明與古巴比倫的數學發展	
第3週	古埃及的文明與數學	
第4週	古希臘文明和其數學與哲學	
第5週	阿基米德的數學思想	
第6週	文藝復興時期的科學與數學	
第7週	數學與歐洲科學革命	專家演講
第8週	西方近代數學的發展	
第9週	期中討論	
第10週	古印度的數學發展與成就	

週次	教學進度	備註
第11週	伊斯蘭的數學發展與成就	
第12週	先秦時期的數學與九章算術	
第13週	劉徽的數學思想	
第14週	漢唐時期的數學發展	專家演講
第15週	宋元時期的數學發展	
第16週	當東方算術遇到西方數學	
第17週	期末討論與問卷	
第18週	期末考	繳交報告

二、教學內容與策略：數學做為一種解謎活動

　　科學基於好奇，哲學起源於驚訝。而數學兼具科學與哲學的本質，除兼具好奇與驚訝二者外，主要是緣起於困惑！在課程中設法製造困惑，是引起學生好奇的策略之一，單元最後則以驚訝結尾，也就是將教學佈置成一種解謎活動，以讓學生有感，並留下深刻印象。

　　本課程內容分為幾個主要區塊：古巴比倫數學、古埃及數學、古希臘數學、古中國數學、古印度數學、古伊斯蘭數學。前三者代表西方數學，後三者則是東方數學，緊接者再說明西方近代數學的發展。所有單元都從各古文明的歷史和文化脈絡談起，再切入數學知識，而且並不是以演繹方式介紹，而是透過解謎的方式激發學生的想像，最後則以比較東西方數學風格和文化反思做為整個單元的結束。本節舉例說明如何以解謎活動介紹東西方數學的特色。

（一）古巴比倫泥板解碼

圖一是塊超過兩千多年歷史的古巴比倫泥板，上面很清楚可以看到刻劃著一個對角線相互交叉的正方形和一些參差不齊的三角形符號，這些符碼究竟有何意涵？當學生的視覺焦點被吸引到這圖片的同時可以請他們提出猜測，目的是引起討論動機。除非學生了解古巴比倫文化，否則一時片刻他們無法立即理解圖中含意。此時便可介紹古巴比倫的楔形文字和特殊的六十進位制（圖二），之後將圖一解碼成為圖三。隨後再提問這些數字代表什麼意思？讓學生再度陷入困惑。

圖一　古巴比倫　圖二　古巴比倫數字與六十進　圖三　古巴比倫
　　　泥板　　　　　　位制　　　　　　　　　　　　泥板解碼

要解答第二個謎題需要一些數學背景。學生修讀計算機概論時一定練習過十進位與二進位的換算法。有這基礎就可以練習如何將六十進位數字轉換成十進位數字。例如圖中的「1, 24, 51, 10」的十進位表示法就是：

$$1; 24, 51, 10 = 1 + \frac{24}{60} + \frac{51}{3600} + \frac{10}{216000} = 1.414212963$$

學生會發現這數字很像√2的近似值。那左上角的30和右下角的「42, 25, 35」又做何解？我們將「42, 25, 35」轉換為十進位，

$$42; 25, 35 = 42 + \frac{25}{60} + \frac{35}{3600} = 42.42638889 = 30 \times 1.414212963$$

原來「42, 25, 35」是「1, 24, 51, 10」的30倍，透過數學解碼，考古學家也才了解這是古巴比倫時代的一個公式表，可以提供當時土地丈量之用。再者，要求學生思考為何古巴比倫人選擇使用以目前標準看起來比較繁瑣的六十進位，也是一個結合數學與社會的議題。

（二）古埃及單位分數之謎

埃及對學生而言是個如謎一般的古老國度，尤其是高聳壯觀的金字塔建築令人讚嘆。不過古埃及數學也有其迷人之處，例如他們的分數運算就是一絕。除少數例外（如三分之二），古埃及人限制所有的分數都只能以分母都不同的「單位分數」（分子等於1的分數）表示。以五分之四為例，

$$\frac{4}{5} = \frac{1}{2} + \frac{1}{4} + \frac{1}{20}$$

同學們當然會覺得這種單位分數表示法相當繁瑣，那為何古埃及人會採取如此化簡為繁的方法呢？這問題可以讓學生思考數學背後的社會文化議題。事實上這種單位分數表示法是古埃及人相當有智慧的數學創意。例如如果有四塊大餅要平分給五個人，每個人當然都可以分到五分之四塊。但從四塊大餅中要如何盡量公平地切出五分之四？根據上式，我們可以如圖四一般，這五個人每人可以依照1~5的編號，先拿走二分之一，其次再拿走四分之一，最後各拿走二十分之一，問題就解決了！

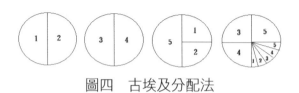

圖四　古埃及分配法

雖然如此，還有兩個必須解決的問題。首先，這種單位分數表示法是唯一的嗎？再者所有分數都可以用單位分數表示嗎？針對第一個疑問，學生經過數分鐘計算會驚訝地發現單位分數表示法並不是唯一，例如除了上式外，五分之四還至少可以表示為：

$$\frac{4}{5}=\frac{1}{3}+\frac{1}{4}+\frac{1}{5}+\frac{1}{60}=\frac{1}{3}+\frac{1}{4}+\frac{1}{6}+\frac{1}{20}$$

事實上，根據$1/n=[1/(n+1)]+[1/n(n+1)]$這個恆等式便可以了解單位分數表示法可以有無限多個，而古埃及人如何從中取捨就是經驗法則了。至於第二個問題也只需小學數學基礎就能理解，可以當作課後作業，讓學生進行頭腦體操。

（三）劉徽和阿基米德求圓面積的策略

　　求圓面積之值可以說是數學史上最基本，卻也最無可奈何的問題。之所以最基本是因為幾乎所有古文明都嘗試過解決這問題；最無可奈何是因為數學家一直到十九世紀才終於了解，我們永遠沒辦法完全精確地求出一個圓的面積值，只能給它一個代數公式。若問學生圓面積是多少？學生一定馬上回答。πr^2。「為什麼？」，若緊接著問這問題，學生臉上肯定一片疑惑，「這有原因嗎？」，學生問。當然有啊！佛經、聖經、可蘭經上都沒有寫，所以圓面積公式絕不是天上掉下來的！因此課程中要求學生們用「小學」的基本方法去求圓面積。之所以限制學生只能用小學的方法，是要讓他們了解，兩千多年前還

不懂代數的古賢先哲們所能使用的數學工具和現今小學生差不多。挑戰他們一個已耳熟能詳的概念，並限制使用的工具，便是讓他們感覺困惑的開始，是一種反璞歸真的過程。

　　在歷經一段時間的折騰之後，可能許多人會選擇放棄，但肯定也有許多人在黑暗長廊中逐漸摸索出一道曙光。這時可以請同學上台講出他們的策略。依據個人經驗，許多學生能在上課時間內想到把圓形像切披薩一般分割成許多個扇形，之後再將扇形尖角與弧邊上下相互交叉組合成一個類似平行四邊形的圖形。當披薩越切越細，重組之後就接近一個長方形（圖五(a)），而長方形面積等於長（圓周的一半）乘以寬（半徑），即為圓面積圓 πr^2。這就是三國時期的數學家劉徽解釋《九章算術》中所說「半周半徑相乘得積步」所使用的「割圓術」。

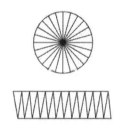
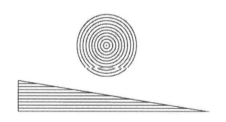

圖五 (a) 劉徽割圓術　　　圖五 (b) 阿基米德洋蔥術

當學生了解圓面積公式的原委，豁然開朗之際，再馬上丟出一個問題。阿基米德說：「圓面積等於一個以半徑為高，圓周長為底的直角三角形面積」，這又是為什麼？這個問題同時包含困惑與好奇，也是短時間內大部分學生很難理解的一個數學命題。阿基米德並沒有直接說明他是如何得到這想法，反而是以雙重矛盾證法證明這個命題。圖

五(b)提出一個可能的解釋，也就是將圓面積看成是由無限多個同心圓所組成，將這些同心圓切開之後攤平，一條一條地重組成一個高為半徑，底為圓周長的直角三角形。大部分學生了解緣由之後都甚為覺得驚訝，不得不佩服阿基米德的數學創意。

（四）神奇的古印度吠陀算法

古印度大約於西元前1500年進入吠陀時代，主要宗教為婆羅門教，著名經典為吠陀經。吠陀經不僅是一部宗教典籍，其中更包含歷史、哲學與科學知識。流傳至今有一種所謂吠陀乘法，算法甚為便捷奇特。例如要計算32×44之值，如圖六，先將2×4=8置於後，再將3×4=12置於前，而兩數之十位數與個位數交叉相乘後再相加得20置於中，最後直行相加總就得到答案1408。這種算法比現今學校所介紹的直式乘法方便許多。學生見識到此奇特算法之後便必須開始思考其中背後的數學原理，而了解之後莫不讚嘆古印度乘法的奧妙。

$$
\begin{array}{cc}
3 & 2 \\
\times & \times \\
4 & 4 \\
\hline
12 & 8 \\
2 & 0 \\
\hline
14 \quad 0 & 8 \\
\end{array}
$$

圖六　吠陀乘法

（五）可蘭經的遺產律則

許多人也許知道可蘭經是伊斯蘭教的宗教經典，但很少人了解可蘭經中蘊含許多數學命題。伊斯蘭教徒奉可蘭經之經文為圭臬，而要了解其中有關於遺產分配的律則需要相當良好的數學知識。例如《可

蘭經》第四章為婦女章,共176節,其中包含遺產分配有關的律則:

　　＊無論男、女,皆可分得父母和近親遺下的一部份。

　　＊分配遺產時,如有遠親,孤兒或貧窮的人在場,要贈給他們
　　　一部份,並對他們說好話。

　　＊財產遺贈予陌生人以不超過全部遺產的1/3為原則。

　　＊扣除陌生人所得的遺產後,其餘的部分為:配偶可得1/4,剩
　　　餘的3/4由兒子和女兒以2：1的比例分配。

根據這律則,我們嘗試解決下面這問題:「假設有位婦女過世,留下
遺產五百六十萬,還有她的丈夫,兒子和三個女兒,但是她也遺贈給
兩位陌生人,分別為總遺產的1/8和1/7,根據這律則,請問每一位繼
承人各能分得多少遺產?」許多學生碰到這問題深感困擾與不解,為
何《可蘭經》中要將遺產分配規定得如此明確與複雜?事實上這就牽
涉到伊斯蘭社會的背景,和當時阿拉伯世界的數學知識水平。《可蘭
經》不僅僅是一部宗教經典,更是關於整體社會行為的最高準則。
且當時阿拉伯世界的代數運算技術居於世界領先地位(代數的英文
"algebra"一字,就是從阿拉伯文"al-jabr"而來),因此《可蘭經》
中的數學運算對當時的知識份子而言並不困難。透過這解謎活動,學
生更能體認數學知識發展與文化脈絡的關係。

三、學習成果

　　如前節所述,「東西方數學發展」這門通識課程透過一連串數學
解謎活動,讓學生體驗「不同的數學文化」和「不同文化的數學」,
希望能增進學生對數學動態本質的了解。課程中透過小組討論培養
學生問題意識和批判思考,部分討論問題範例參見附錄一。此外也

引入「數學本質問卷」、「半結構式訪談」、「隨堂心得」和「網路論壇」等研究工具以更客觀地查探課程實施成效。這部份結果已發表於數學教育期刊*Problems, Resources, and Issues in Mathematics Undergraduate Studies*（Liu, 2014），在此僅摘錄整理部分資料作為分享。

　　根據課後研究觀察發現，學生經歷一學期的課程後，對數學本質的認知至少在三方面發生變化：(1)學生比較能體認數學蘊含不同特性；(2)學生比較能理解數學與社會的互動；(3)學生比較能感受東西方不同的數學文化。

（一）體認數學蘊含不同特性

　　學期一開始時，學生大都認為數學知識的發展基於生活需要，而且只是包含一些僵硬的邏輯運算規則。修讀完這門課之後，雖然這兩個印象仍普遍存在於同學心中，但卻能欣賞數學其他面向的特質。例如陞荃（假名，以下皆同）在學期一開始表示數學就是用數字、圖形表示，包含算式計算。學期末時卻認為數學也可以算是一種藝術，雖然不是那麼視覺化，卻有個人的風格，數學的抽象不是在視覺上面的抽象。這種將數學類比於藝術的說法也見於和惠鈺的訪談中。她承認抽象數學對他而言意義不大，沒什麼價值，但對數學家和數學發展而言卻極其重要。就好像許多藝術創作，往往藝術家在世時乏人問津，過世之後卻變成無價之寶一般。學生之所以會有這樣的看法主要是見識到一些數學家的解題策略之後，認為數學思考除邏輯推理之外更包含想像力和創意。

（二）理解數學與社會的互動

　　課程之初學生雖然強調數學在生活的應用，但大多較屬於工具性

的觀點，很少人指出數學發展和社會發展兩者的相關性。即使有，也都認為經濟高度發展的國家，其數學知識水準也較高。不過這種想法在學期末開始有所轉變。玲玲表示數學和不同國家的文化是有關的，因為每個文化的焦點不同。比方說有些地區強調嚴謹的運算以發展科學，有些地區重視幾何圖形和比例並運用於建築，因而各個文明各自發展出具有地區特色的數學知識。

　　另外也有學生指出不同的數學源自解決不同的生活環境問題。例如古埃及尼羅河的氾濫引發農田幾何測量的需求，中國古代的糧倉稅制帶動算術的發展等等。此外，學生對於古巴比倫基於曆法需求所發展的六十進位制，和古埃及貨物分配所衍生的單位分數表示法印象都極為深刻。

（三）感受東西方不同的數學文化

　　學生們從這門課程感受最深的應該是東西方迥異的數學風格。學期初始幾乎沒有學生認為文化會在數學發展中扮演某種角色，不過在學期末的問卷與訪談中大部分學生都已深刻體認到這一現象。例如宏恩表示中國古代聚焦於解決與生活實際相關的算術問題，以至於妨礙數學領域的拓寬，而且「天元術」過於依賴算籌操作，不利抽象數學的發展。再者，中國古代對天文星象過度強調神鬼之說，反觀西方雖也有充滿迷信的占星之術，不過正統的天文學仍積極探求行星運轉規律，並以數學方法描述軌跡，從而帶動幾何和三角學的發展。

　　值得一提的是，學生也注意到哲學學派的價值辯證對數學的影響。陞荃提到中國古代哲學儒家獨大，缺乏相互刺激，不若古希臘時期柏拉圖學派和亞里斯多德學派之間對數學角色的爭辯。而惠鈺更觸及儒家思想是否重視數學的議題。她提到「算術」、「幾何」、「天文」、「音樂」為古希臘四藝（quadrivium）皆和數學相關，然而儒家

六藝「禮」、「樂」、「射」、「御」、「書」、「數」中，數學卻敬陪末座，顯示中國古代並不重視數學，這些因素都影響到數學後續的發展。

四、教學反思

雖然經歷過這門「東西方數學發展」的課程之後，學生對於數學本質的認知信念變得更為多元與豐富，但與課程設計的初衷相較，仍有幾點不足之處。首先學生注意到西方數學邏輯的抽象與嚴謹，但卻忽略了中國古代的直覺歸納可以和邏輯演繹互補，在數學思考中扮演著相當重要的角色。可見學生只見識到西方數學的高度發展，而忽略中國古代數學的特色，也就是以結果導向而非以過程導向作為判斷依據。這可能是因為在這門課程中比較強調數學發展的外部社會與文化因素，而數學發展的個人內在思維因素並沒有被彰顯出來。

另外我們可以發現學生所持中國古代哲學門派缺乏辯證的觀點並不全然正確。春秋戰國時期各派思想百家爭鳴，其「戰況」不雅於古希臘各哲學門派相互之間的哲理思辯。只是由於個人對這部分並不專精，而且春秋戰國時期的哲學論戰較少觸及數學本體論的爭議，因此課程對此著墨不多。至於儒家思想和數學發展之間的關係是另一個更深層、也更具爭議性的主題。南北朝時期的儒士顏之推所撰《顏氏家訓・雜藝》篇中說：「算術亦是六藝要事，自古儒士論天道、定律曆者，皆學通之。然可以兼明，不可以專業。」洪萬生（1991）在《孔子與數學》中也主張，儒家思想並沒有忽略數學，但數學知識的理性化不是孔子所謂的好學大道，整個思想體系並不需要數學。不過仍有一些學者主張儒家思想對古代中國數學的發展功不可沒（例如代欽，2003）。可見這是一個相當具有思辨價值的議題，只是受限於個人對

此研究有限，並未納入課程之中。況且「儒家與古代中國數學發展究竟有何關係？」的大哉問，在一門兩學分的通識課程中想要獲得釐清，著實有相當的難度。

五、撰寫數學小說的另類嘗試

近年來數學普及書籍的市場似乎相當熱絡，而其中又以數學小說最引人注意。比方《博士熱愛的算式》、《丈量世界》、和《質數的孤獨》等都是叫好叫座的暢銷書，之後也都被改編成電影。有鑒於以往學生所繳交的學期報告中有不少內容均是抄襲而來，因此在某一學期我就要求同學的分組學期報告改以數學小說的形式呈現，且必須將課程中所學融入小說情節之中。寫小說對大部分同學而言都是生平頭一遭，更何況是「數學」小說。所以在課程中便推薦並簡介幾本數學小說的內容與寫法供參考，並鼓勵同學親自閱讀文本以獲取第一手經驗。學期末作業回收之後發現，學生所撰寫的小說情節鬼怪離奇，相當具有創意。不過或許是受到課程中解謎活動的啟發，大部分的小說都是以探險尋寶做為主題，並以數學做為關鍵密碼。其中學生又喜歡以古埃及為場景，將「荷魯斯之眼」的傳說融入冒險情節。例如在名為「金字塔之謎」的報告中，同學將課程中所介紹的「荷魯斯之眼」做為解開密碼的關鍵：

> 在進去金字塔裡面通道前，入口通道的房間上刻著埃及文字和一個像眼睛的圖案，位於金字塔中間的位置，除此之外門的旁邊有一堆石頭及一個正方形的洞，每顆石頭上只有一面刻痕，許多的探險家及考古學家都無法解謎而離開。觀察了一陣子後，隊上潔西卡解釋這是荷魯斯之眼，潔西卡解釋這奇怪的圖

案後解讀牆上的文字:「盜墓者!進來的話,付出生命作為代價。」這句話讓他們發冷顫……所以他們開始想這句話深刻的意涵外,也著手調查那些石塊,一共有16塊石塊,其中2塊都沒任何痕跡,大家認為是將石塊當作拼圖拼出來放在正方形的洞內,於是請助手先行拼湊,才過沒幾分鐘阿瑪塔聽到助手的慘叫聲,看見助手背上被箭射中,趕緊離開送去治療。這事情來得很突然,大家都嚇壞了,沒人敢拼湊,深怕自己成為下一個犧牲者,……潔西卡深入調查後發現還有一種意思,竟然是用在計算用途上,潔西卡說古埃及人也用荷魯斯之眼來計數,將荷魯斯之眼拆解為6個部份,每個部份各代表著一個分數,構成一個等比級數,相加起來便是一個荷魯斯之眼,原本的眼睛代表是1,事實上把分數再總合起來並非為1。聽完了潔西卡的解釋,阿瑪塔大喊:「我知道了!」,跑到入口前去解開這奇怪的謎題。

阿瑪塔:「觀察句子的字數及石塊的數目,發現字數為15個字而石塊有16個,把刻在門上的荷魯斯之眼當作1,拆開後絕對不會變成1,所以文字暗示著,石塊只能放15塊。」

在另一篇名為「生存密碼」的小說中,學生將「荷魯斯之眼」做另一種轉化:

筱帆走近古埃及文字那面牆,一邊用手觸摸那些文字,更仔細的觀察,他發現這15個古埃及文中,有6個古埃及文的下方有小小的記號,一開始他以為可能只是牆面上的凹凸不平所造成,但她發現其中c、g、u的下方都被畫了同樣的圓圈符號,而另外三個字母o、a、o下方都被畫了一條小小的橫線。「又是一堆字母,到底想表達什麼?」他心想。筱帆完全遇到了瓶頸,雖然

她找出了一些字母，但卻完全不懂這些字母到底要做甚麼，他又看看四周的牆面，「這些牆面上不是符號就是數字，那如果把符號都化為數字……」筱帆在心裡想著，之前曾看過有人將英文字母化為數字，a代表1、b代表2……依此類推，如果是這樣的話，c、g、u和o、a、o這兩組字母分別代表的是3、7、21和15、1、15，或許是因為筱帆本身就讀數學系，所以他一眼就看出兩組數字的關連性，第一組$3 \times 7 = 21$、第二組$15 \times 1 = 15$，如果這樣的解讀沒錯的話，那他把符號化為數字的這個方法就成立了。

筱帆看著這兩組乘式，忽然覺得21和15好像有點熟悉，總覺得在哪邊看過，他忽然恍然大悟，跑到桌邊，看著那四個小荷魯斯之眼下方的數字，正好就是2、1、1、5，於是她又將心思回到荷魯斯之眼所反映出的那四個字母上t、u、n、o，如果把他們也化為數字，就會得到20、21、14、15，其中又有21和15這兩個數字，筱帆覺得這兩個數字絕對是解開密碼的重要關鍵，但14和20又是什麼呢？20、21和14、15分別都各差了1，但又代表什麼？她又將三面牆看了一次，「如果『荷魯斯所見』代表的是20、21、14、15這四個數字，那『眼中的不完美』又代表什麼？不完美……不完美……」筱帆喃喃自語，忽然他想到，荷魯斯之眼在古埃及中被分割為不同的分數，眉毛為1/8、眼珠為1/4、左眼白為1/2、右眼白為1/16、下方的睫毛分別為1/64和1/32，而荷魯斯之眼美中不足的地方，正是這些數字加起來卻只有63/64，並不等於1。如果句子裡「眼中的不完美」指的就是荷魯斯之眼總合為63/64，少了1/64總合才會是1，那麼20、21、14、15這組數字代表的難道是20/21和14/15，而這兩組數字和63/64一樣，各自都少了1/21和1/15，這樣的話就和桌邊的四個

小荷魯斯之眼下方的數字（2、1、1、5）以及橫線上方寫了數字1完全吻合了，整個圖形可以解讀成1/2115，而分母的四個數字2、1、1、5其實代表的就是21和15，所以關鍵在於1/21和1/15這兩個分數。

荷魯斯（Horus）是古埃及神話中的神祇之一，為法老的守護神。傳說荷魯斯的仇家挖出他的眼睛後，為避免未來被指認出來，更將之割碎分段。後來荷魯斯的眼睛雖神奇地痊癒，不過視力並未完全恢復。藉由這傳說，古埃及人將荷魯斯之眼（圖七）分割為六個部分，分別代表1/2, 1/4, 1/8, 1/16, 1/32, 和1/64。有趣的是，將這六個分數相加後我們可以發現其總和等於63/64，稍小於1，似乎附和著上述傳說。而這兩組同學也巧妙地將這典故做為解碼關鍵。雖然細讀內文後會發現在情節安排方面仍有些不合理處，但以他們幾乎都是第一次寫小說而言，已難能可貴。

圖七　荷魯斯之眼

六、結語

劉徽曾說：「事類相推，各有攸歸，故枝條雖分而同本幹者，知

發其一端而已。」 明確表達出儘管各古文明的數學風格有所差異，若追根究柢，其概念本源實為相同的道理，而本課程「東西方數學發展」就在介紹東西方數學此種同中有異、異中帶同的現象。不過授課時並不是採取明示講述的策略，而是透過類似解謎活動，讓學生於思考問題之間，自我心領神會。只是曾有研究指出，在揭示學科本質的教學上，隱性教學的效果不若顯性教學來得好，也就是在教學中直接表明兩者特徵上的差異，學生比較能有直接與立即的體會。不過阿基米德也嘗言：「唯有以真純的愛接近數學並欣賞它的美，才能解開數學之謎。」個人相信唯有經由「悟」的過程才能培養這種真純的愛，願意去接近、並欣賞數學之美。而「悟」就是一種吾心領會的過程。而且解謎活動實際上更為接近數學知識發展的本質。其中以數學小說做為學期報告的呈現方式，就數學知識的承載度而言或許不足，但這也是試圖激發學生想像力和寫作表達能力的一種新的嘗試。

George（2010）指出，數學通識課程不若一般數學課程有明確的邏輯結構，所以總隱含模糊地帶，而這也會影響達成教學目標的實際成效。設計課程時必須清楚此一限制。不過通識課程之所以為通識課程，就在於它讓學生對知識保有某種程度的想像，只要目標正確，在課程結構上應無必要如精確的數學知識結構一般錙銖必較。

參考文獻

1. 代欽（2003）。《儒家思想與中國傳統數學》。北京：商務印書館。

2. 洪萬生（1991）。《孔子與數學》。台北：明文書局。

3. George, M. (2010). The origins of liberal arts mathematics. Problems, Resources, and Issues in Mathematics Undergraduate Studies, 20(8), 684-697.

4. Kroeber, A. L., & Kluckhohn, C. (1952). Culture: A Critical Review of Concepts and Definitions (Vol. 47). Harvard University Peabody Museum of American Archeology and Ethnology.

5. Liu, P.-H. (2014). When Liu Hui meets Archimedes: Students' epistemological and cultural interpretations of mathematics. Problems, Resources, and Issues in Mathematics Undergraduate Studies, 24(8), 710-721.

6. Wilder, R. L. (1950). Proceedings of 11th International Congress of Mathematicians, 258-271.

圖片來源

圖一：取自維基百科http://en.wikipedia.org/wiki/Babylonian_mathematics

圖二：取自維基百科http://en.wikipedia.org/wiki/Babylonian_numerals

圖三：取自維基百科http://en.wikipedia.org/wiki/Babylonian_mathematics

圖四：自繪

圖五：自繪

圖六：自繪

圖七：取自維基百科http://en.wikipedia.org/wiki/Eye_of_Horus

附錄一 課程討論問題範例

1. 你能否說出古埃及與古巴比倫數學的特色？

2. 和古埃及與古巴比倫文明比較，古希臘數學發展的主要特色是什麼？

3. 古希臘哲學家為何重視幾何學研究？

4. 關於芝諾所想出的數學悖論，你認為對數學發展有影響？

5. 歐幾里德透過最基本的定義、公理和邏輯演繹的方式證明定理。這種風格的優點是什麼？有沒有缺點？

6. 你認為阿基米德數學思考的特色是什麼？

7. 歐幾里德的風格是一種純數學邏輯思維，阿基米德則融合數學與實用。你比較喜歡誰的風格？為什麼？

8. 《九章算術》內容反映出中國古代數學以實務與計算為主的風格。和古希臘歐幾里得《幾何原本》的抽象演繹風格迥然不同。前者重代數，後者重幾何，前者重歸納，後者重邏輯。 為何會發展出這兩種不同風格的數學？

9. 劉徽對於《九章算術》的注解強調「析理以辭、解體用圖」，突顯古代中國敘述性直觀解說的特點。這種特色有何優缺點？

探索「科技與社會」的實作分析方法與教學①

林文源

國立清華大學通識教育中心

一、前言

　　「科技與社會」（science, technology and society, 簡稱STS）是清華大學通識教育中心「科技與社會」向度的核心課程之一，其基本規劃

① 本文記錄數年來筆者在清大通識教育中心「科技與社會」、「社會文化分析」核心課程，及「醫療與社會」選修課程中發展之實作教學經驗與主要工具，感謝參與這些課程的同學，更感謝梁瑟晏、彭正龍、王麗蘭、李涵潔、張淳森、郭瑞坤、陳昚煦、吳彥明、聶孝如、曾柏嘉、張銘芳、陳誼姍、蔡沛廷、韓采燕、江順楠、陳紫婷、魏好庭、方俊育、朱華瑄、張歆宜、李岳穎、洪薇嵐等助教的協助，她／他們對於累積與修正這些發展功不可沒。也謝謝Eco-City Users Lab與Living Lab團隊成員，尤其是與探索卡發展直接相關的陳群典、陳榮泰、王翊驊與吳映青，協助實現深化跨領域探索的理想。本文相關內容曾於大葉大學、清華大學、中興大學、環球科技大學、高雄師範大學等校通識教育中心，以及南台科技大學工學院、長庚大學中醫學系、交通大學電資學院、中央大學學習與教學研究所發表，並在曙光女中STS領域教師研習會、麗山高中課程研發研習、北一女中教師研習、中正高中未來想像與創意人才培育計畫、海洋教育種子教師增能研習工作坊、現代公民核心能力養成計畫、國科會智慧生活跨領域課程與服務學習、國科會跨科際問題解決導向課程計畫等場合示範實作或進行工作坊交流。作者感謝許雅筑對本文的編修、梁家祺教授提供的指正。謹此感謝各位前輩、同仁提供的交流與建議對發展與改良本課程的幫助。

理念是希望能在跨領域的課程設計與教學氛圍中，讓同學共同學習。讓理工科系為主的清大學生跨出專業限制，反思科技與社會的多重關連，並同時嘗試讓非理工科系的學生嘗試參與拓展對科技與社會互動的多元想像。

科技與社會的跨領域精神與當代台灣通識意涵有密切關連。作者認為，通識的實質意涵在不同世代與社會脈絡下有其不同定位。在針對提升世俗、物質生活的解放精神與全方位人格發展方向下，通識的定位偏向恢復古典全人理想的博雅教育（liberal art）；在面對現代國家對社會公民的基本共識與陶冶需求下，通識被界定為培養公民的共通核心能力或通識教育（general education）；過去台灣面對系所分科的現實，通識教育曾經被訂為共同必修的「共同科目」，而在二十年前開放大學自主的過程中，則採用美國培養當代公民意識的「通識教育」架構，近年在通識教育改革與優質化的呼聲中，則進一步朝向核心課程與核心能力建議為宗旨。若此，當前面對台灣高等教育各系所教師及同學以學科分立為本的現實處境，但現實世界與知識的變遷卻無比快速的混合與變化時，或許通識教育需要更進一步凸顯跨領域、跨科際（inter-/trans-disciplinary）理想，而這也是STS所強調的核心（沈宗瑞，2014；林文源，2014b）。

STS本就強調科學、技術與社會人文學科間的互動與對話，而在STS學科發展過程中，更相當注重探討知識、實作與實作者能力的關係，因此關注知識生產實作的跨領域脈絡。在這些理想與學科精神引導下，由STS課程中發展跨領域實作教學一直是作者長期努力的目標。在發展STS課程的過程中，作者深刻體會科技與社會相關議題變化快速且議題廣泛，因此，先在課程設計上逐漸擺脫單純講授內容，逐漸將課程內容轉化為各種案例議題，再藉由討論、分析活動設計，轉以教導學生分析方法的實作教學為主，我稱之為「實作分析方法」。希望

讓同學嘗試在閱讀、討論以及親自蒐集、分析各種案例時，實際操演分析現象，藉此逐步由課程提供的思考架構與線索中，培養探索和分析能力。

限於篇幅，本文只介紹作者對相關課程之設計、構想與執行，並不深入探討實作教學之學理與辯論②。這些記錄過去數年之教學發展與反省的經驗姑且充作野人獻曝，藉此機會提供讀者參考。以下本文依序介紹，本課程的設計理念與基本架構，以及本課程發展出的方法核心，包括實作教學規劃與其中的探索卡，最後提出未來發展的展望。

二、課程理念

（一）科技與社會課程簡介

科學與技術對人類的生活有深遠影響，尤其在數位運算、網際網路、基因、奈米等科技高度發展與影響下，今日社會生活的變動更是劇烈。藉由既有科技與社會研究的研究取徑與案例，本課程由人、知識、物與制度四大取徑出發，探討科技的研發、推廣、使用與社會影響層面，以及其中牽扯的科學家、工程師、廠商、政府、民眾等各種團體的關連。這種思考下，本課程一開始由工程師與科學家的活動所建構出的科技世界與視界出發，探討發明、創新活動背後的複雜歷程，再由科學知識與技術物隱含的政治與權力關係，思考使用者、公眾、產業、專業的脈絡特質，以及制度層面的科技爭議辯論，希望提供更為開放地探索科技、社會與個人生涯之關連與更多可能性。

---

② 本文的體制分析方法理論基礎討論請見林文源（2014a）。在實作分析教學的引導分為「混亂體制圖」、「分析體制圖」與「實體體制圖」三種層次與步驟，有機會再另文介紹。

　　本課程需要課程參與者高度互動、參與討論的課程。藉由案例討論、實作練習，以及資料蒐集與分析的安排，本課程一方面希望提供理工科系學生一個由其專業相關議題出發，拓展人文社會思考與視野的機會，另一方面，希望讓人文社會管理背景的學生，瞭解其他專業如何能與科技發展多元結合，甚至是提出另類可能性。希望這門課程能提供融合點，讓參與的同學都能由自身專業出發，發展探索科技發展與反省的基礎，希望有助於使學生成為更具前瞻性與多元思考、反省能力的「科技—社會—人」。

（二）課程目標

　　本課程藉由STS研究的觀點，探討科技與社會的關連。希望在本課程中，學生可以：

(1) 體會科技與社會、政治、文化、使用者、歷史經驗的關連。

(2) 探索非工具性地思考科技研發、應用、與影響的可能性。

(3) 由台灣具體案例與現象，思考面對科技發展的社會定位與反省，並培養科技民主化的基本態度。

(4) 協助同學發展表達、思考與分析科技與社會相關現象的能力。

（三）課程設計與要求

　　本課程為三學分，每週三小時之課程，課堂是以閱讀、小組討論、講解與小組報告、實作教學，或者影片分析與討論等方式進行。課後時間則以助教協助帶領小組準備課堂報告討論，所有討論內容皆上傳至教學網站系統。

(1) 課前閱讀：每週列有指定閱讀材料，同學需事先閱讀，並準備在每次課程前列出問題，針對課堂小組報告提出並討論。

(2) 背景講授：教師講解閱讀文本的相關概念與現象，並補充背景

資料。

　　(3) 小組報告：將同學分組，小組需要進行課堂報告。報告內容以該週閱讀文本為基礎，加上輔助的文字及影像材料、台灣社會科技相關現象、生活經驗或進行訪談蒐集。報告必須摘要要分析的現象、以該單元所學習的概念進行分析，並提出問題提供討論。報告完成後，其它組每位同學需提出一個問題，由助教篩選提問，報告同學需要回答。課堂其它組別則依報告狀況與回答狀況給分。討論過程與報告結果都列為成績計算範圍。報告時間以三十分鐘為限，問答時間為十分鐘。

　　(4) 課堂小組討論：部分週次安排實作時間，針對課堂議題與作業進行討論。也提供相關影片片段，指引討論。以小組為單位進行，助教會從旁協助。之後，由課堂成員、助教、教師進行相關考核。

　　(5) 評量：本課程除了希望學生能學習到科技與社會的知識內容與思考方法，更希望學生能藉由課堂活動與課程參與，具體化為溝通與討論的習慣與態度，因此，評量成績為考試與日常分數並重。

三、教學內容

　　在上述教學理念與規劃方向下，本課程主要希望同學能逐漸學習以具體案例為基礎，發展思辯習慣，逐漸培養觀察與分析之能力。為達成此實作教學的目標，本課程發展規劃十次的實作教學項目，在課程發展過程中，有幾學期是由在部分週次，由教師進行背景介紹、小組報告與討論之後，再進行實作教學。目前已經發展為整合在一週內教學完畢，之後再於每週上課之案例中，由同學的報告進行案例的體制分析。這些實作教學也整合期中觀察與期末報告。以下為十次實作教學的主題。

（一）課堂實作活動③

(1) 自我介紹。

(2) 結構化或水平化之社會與世界體系。

(3) 尋找體制：相關行動者關係描繪（體制圖）。

(4) 體制中的可見與不可見：非標準、非常識、非主流的另類網絡（另類體制）。

(5) 再現與不同群體觀點（觀點與價值表）。

(6) 體制之關連，由人、物、符號、制度所構成的「科技與社會」體制。

(7) 分析練習：「科技—人」集合體（實作週期表）。

(8) 體制變遷與價值：體制隱含的不均質價值與其達成方式（觀點與價值表）。

(9) 科技軌跡與個人經驗（科技體制變遷）。

(10) 面對科技體制爭議的行動策略。

搭配這些實作教學的主軸，本課程的教學內容與規劃也轉化為以下兩個課程地圖：

---

③ 關於實作活動之實施細節可參考林文源等（2012：164-173）。

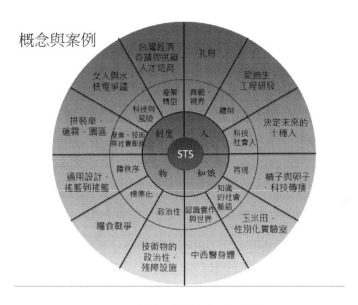

圖一　課程案例與概念地圖

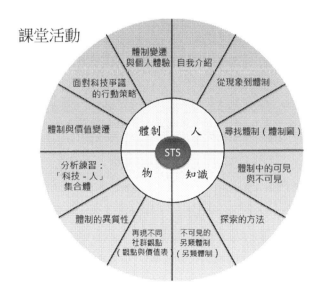

圖二　實作活動地圖

分週進行實作的實施方式優點為逐步累積，且各組同學有相當多互動與討論，但缺點為各組報告時間不一，報告後的課堂討論熱烈程度也不一定，有時會考量討論之深度與同學熱中程度而延長，如此將延誤實作教學與練習時間。因此，在2012年發展出探索卡之後，本課程改為在其中一週的規劃中，進行分析教學，改變後之目前相關週次規劃與實施方式如下：

第五週　主題：調查方法

本週上課請準時到，第一個小時要先做校園觀察。

指定閱讀：

請上教學網站http://wylin.gec.nthu.edu.tw/index.php/method看「探索卡」。每人各由四類方法中，各選取一種方法，想一想，要如何由這些方法進行觀察與分析。

關鍵字：

視野、觀察、詢問、深入、改變

活動（視狀況進行）：

(1) 各組選定校園一樣科技物。

(2) 進行第八週所列方向之觀察。

(3) 回到教室後，進行彙整與討論。

(4) 想一想，若是要進行新竹市的實地觀察，你們要問什麼問題？準備什麼樣的資料？

作業：

請小組分工，每個人分頭去蒐集選定的主題之相關議題，在田野調查出發前，彙整成初步資料。讓每個人對田野地有初步了解。

第六週　主題：田野分析練習

探討地點：

新竹的科技生活世界

關鍵字：

「科技─人」集合體、生活世界、實作軌跡、價值

觀察方向：

(1) 觀察一個科技體制與其替代（對照）物體制，找出相關元素（人、知識／文化、物、制度）。

(2) 科技體制中有哪些類的相關群體（或使用者），有哪些被排除的群體（或使用者）？

(3) 各種不同群體（或使用者），對於此科技物有哪些不同群體觀點與價值？

(4)「科技─人」集合體的實作與軌跡：實地軌跡與實作勘查的探討方向。

　　A 科技集合體地理（畫出圖表）

＿＿　這些東西分佈在哪裡？有哪些種類？

＿＿　有哪些另類替代物？

＿＿　拒斥哪些行動者的融入？如何排斥？

　　B 軌跡

＿＿　如何移動？有哪些限制或特殊傾向？

＿＿　畫出地理分佈與軌跡

　　C 實作與情境觀察

＿＿　集合體出現在何種情境？絕不會出現在何種情境？為何如此？

＿＿　集合體的行動模式與細節為何？

＿＿　有哪些類型或差異？

　　　D 科技物化生活形態

＿　生活週期描述（例如，二十四小時、一週、一年？）

＿　有哪些不同週期？

＿　週期以哪些形式展現？

　　　E 科技集合體與價值

＿　哪些相關符號？論述？物？

＿　這些符號、論述、物品一致嗎？

＿　歷經那些變動？

作業：

　　每組準備五分鐘報告，關於既有線索、實地發現、可能主題與問題。

第十一週　主題：期中觀察與分析

關鍵字：

　　實地觀察、多重觀點、「科技—人」集合體、看不見的行動者、實作週期

表一　科技與社會期中觀察方向

STS社會期中觀察方向	
簡介	科技物是存在許多人、物、制度，符號與組織所共同構成的體制中，才呈現為我們實際使用、體驗的科技物。然而，某些科技物對我們一般人來說是理所當然的，但是，對於某些使用者，卻是可能充滿問題，成為行動阻礙、妨礙使用，甚至摧毀其生活世界。 請依照本學期學習的體制與多面向觀點、異質系統與價值構成、實作與脈絡分析等方式，進行以下分析：
一、請就你選擇的校園中的科技物，繪製出以下圖表並討論。	
（一）	請先說明你選定觀察的是何種科技物，並說明你由哪些途徑蒐集相關資料、在哪邊觀察、如何觀察等資訊。
（二）	畫出你選擇的科技物A所構成的多面向體制（包含符號、物、人、制度或組織，或各種面向）。哪個（些）科技物可以作為科技物A的替代物B，也請畫出科技物B的體制。而替代物的系統與A的系統有哪些部分是相同、可以連結、或無法相容的？
（三）	請標示出A與B系統中的各種行動者。除了我們一般容易看見的行動者外，請特別標出不可見的行動者，如「非標準」、「非典型」的行動者。請列舉他們遭遇的問題。
（四）	請以不同行動者的觀點，列出他們與A、B系統相關的面向、他們的觀點，與其中蘊含的價值。並在最後標出，哪些符號、物、制度或組織是支持此價值的。

（五）	最後，就你一週來的實地觀察，列出這些「行動者─科技物A」或「行動者─科技物B」的實作軌跡。包含：分佈、形式、時間與週期、行動軌跡與特質、論述規範。（如果那一面向不適用，就請略過。）
（六）	請就你這些觀察，討論可能可以如何改良這項科技物，而這種改良會如何影響既有的各種行動者，而可能有哪些衝突？這些衝突，有哪些方法可以緩和或解決？
二、請就你這些觀察，由本學期課程中，曾經介紹或討論過的一個概念，討論你這次觀察的科技物現象的概念意涵。並討論可以如何改良這項科技物，而這種改良會如何影響既有的各種行動者，而可能有哪些衝突？這些衝突，有哪些方法可以緩和或解決？	

第十二週　主題：期中觀察與案例分享

進行同學集體分享活動，並邀請較有特色、觀察較深入的同學上台分享，由全班同學進行提問與建議。

第十八週　主題：期末報告構想討論

每組準備期末報告「新竹市的科技／生活體制之問題或爭議」初步發現。

期末報告基本格式：

(1) 研究問題／爭議

(2) 相關面向

(3) 核心主軸

(4) 田野與研究資料

(5) 討論

(6) 結論

(7) 小組分工與個人心得

本週報告內容：

(1) 研究問題／爭議

(2) 相關面向

(3) 核心主軸

(4) 目前田野與所蒐集之研究資料

(5) 問題與未來方向

　　這些週次的規劃與關連性為：第五週進行調查方法之教學，主要內容為介紹探索卡，以及其中相關的主要分析策略（實作教學規劃中的幾種圖表工具），第六週讓同學實地到新竹市尋找期末報告分析的案例，進行田野觀察。並在之後上課週次藉由課堂案例進行相關補充與討論。

　　之後，於期中前公布觀察方向，請每位同學就校園的一項科技物體制進行觀察，並依照各項目與題目要求完成觀察。在初步批改提供意見之後，再進行全班同學的相互分享，以及邀請完成優秀或特殊案例觀察的同學上台報告，並接受同學提問或建議，藉此加深同學對其他同學如何進行觀察與探討案例的印象。

　　這些個人完成的觀察與分析經驗，則應用在最後一週的小組期末報告發展中。最後一週每一小組需進行期末報告初步構想報告，並在學期結束後之指定時間內完成報告。每組報告之字數上限為一萬五千字。本課程歷年部分同學之期中、期末報告放置於作者之教學網站（wylin.gec.nthu.edu.tw），請見「描繪清華與新竹」之「清華的科技

與社會體制」、「清華向左轉／進入新竹」選項。在此新規劃中，探索卡成為核心的教學工具與資源，以下簡介此卡片。

（二）探索卡介紹④

本套卡片源自作者參與國科會智慧生活區域科技整合中心專案計畫，帶領Users Lab與Living Lab團隊的經驗中，感受到對科技團隊來說，必須有相當的方法想像力與訓練，才能發揮探索世界的多重可能性。

因此，在Users Lab大量援用的社會科學、設計與人機互動，而Living Lab以更多創新方法發展研發平台過程中，我們體會這些工作都是一種觀察、知識與想像力的超越。作者身為團隊召集人，深刻感受到兩方面的急迫需求，因此需要發展更為有效的方法訓練工具：一方面，是架接跨領域研發的平台與工具。身為其他研發團隊與使用者之間的介面，Users Lab與Living Lab本身除了可以作為一種蒐集和測試的機構，將使用者與社會趨勢帶進研發過程，更重要的是，我們還希望讓我們團隊，成為一種激發工程團隊想像力的機制。因此，我們團隊的基本觀察與思考出發點是，除了給魚（使用者調查結果），還希望教其他團隊參與者如何釣魚（體會社會與使用脈絡之能力），而在此過程中，我們也體會到釣竿的重要性（如何讓跨領域團隊盡快培養相關能力）。

另一方面，是感受到傳統人文社會研究與工程研發的速度落差。相對來說，人文社會研究無論在人才培育、研究累積、研究執行與發展成果，除了專精特定知識領域外，往往期望摸索多種可能性，並強調知識的深度與廣度。因此，方向是多元的，速度上是慢的，心態是

---

④ 以下介紹改寫自林文源等（2012）。

追求隱藏在表象之下的真實世界。然而，在工程研發中，在專業技術門檻不斷提高與專精的前提下，尤其是近年資通訊技術的國際研發與商業競爭日新月異，無論是在學習或是研發過程，研發者必須專注於相當特定技術與知識領域中，因此，方向上是愈形集中，速度上是不斷加速，心態是追求特定技術的突破。這兩種因素，都是造成跨領域溝通與合作的重要門檻。因此，本團隊特意發展探索卡、實作教學與跨領域課程。

為了引導一般同學進入跨領域研發的思考和工程研發團隊體會多元可能性，甚至是人文社會研究團隊盡快進入跨領域溝通與合作的場域，我們嘗試發展如何進入實作思考的資料蒐集與發想情境，以作為更深入的溝通與研發工作的方法。參考國際知名設計公司為激發設計創意發展的Method Card，我們進一步擴大，將社會學、STS研究，以及設計領域的諸多研究方法，做了初步簡化與整理，並發展「觀察」、「詢問」、「深入」、「改變」等四類別，分別表示研究資料蒐集、分析、討論與尋找可能性的創新等幾種引導步驟，共有六十張卡片，希望有助於更廣義的社會與使用者探索[5]。

其中各類的各項方法製作為一張卡片，簡要敘述「方法」與「目的」。探索卡類別與所有卡片主題如下表：

---

⑤ 這些項目為團隊成員林文源、陳群典、陳榮泰、王翊驊、吳映青等人所合作完成的。

表二　探索卡類別與涵蓋方法

類別	觀察	詢問	深入	改變
探索卡方法	同步紀錄 跟著行動者 實作流程 分解步驟 六大問題 物件安排 空間與移動 整理文件匣 界定範圍 靜默觀察 融入 未來會如何 格格不入 週期 影像觀察 蒐集觀點 一日生活觀察	真心話 列出優缺點 集思廣益 請教專家 組織文化 制度關係 滾雪球 尋找代言人 親身體驗 問卷調查 閒聊 網路搜尋 貼標籤 主導者	說故事 排排看 對稱思考 自我反省 標籤是如何貼上的 歸謬練習 不曾實現的計畫 關鍵字 替代物 跨文化比較 如果在從前 化約 測試邊界 局外人的觀點 害群之馬	心智圖 腦力激盪 擬人 符號聯想 幻想 情境類比 法庭的角色扮演 表現得不正常 改變的理由 不需改變的理由 別人怎麼做 誤用與挪用 看不見的參與者 被排除的

　　每一項方法，均有相關目的與介紹，茲舉例如下（圖三至圖六）：

蒐集觀點

方式

針對一個事件，去聆聽不同人的看法，這些人最好是涵蓋不同年齡層、性別、背景，越多元越好。聽聽他們的想法，問問他們為什麼這樣想。這可能是因為不同的經驗背景、教育或價值所導致。

目的

這個多元的世界充斥著許多不同的觀點，可能的話應該多聆聽這些不同觀點的意見，蒐集這些觀點能夠得到許多看法不盡相同的意見，多方考量這些不同觀點，能夠做出更有力、更深入的判斷。

| 觀察 | 詢問 | 深入 | 改變 |

圖三　探索卡之觀察法──蒐集觀點

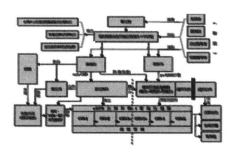

組織文化

方式

觀察特定組織、場域，或是科技系統。把觀察到的各類型群體用不同圖形表示，接著將會影響到此個體的其他個體、機構等標示出相互關係，並寫上彼此扮演角色與利益。用箭頭標出影響方向與關係，用醒目符號來表示出存在的問題。最後可以描繪出整體的文化情境。

目的

雖然所謂的組織模式、文化通常只能用意會，看不見也摸不著，但透過細心觀察與查訪，找出觀察對象存在於無形中的關係與脈絡，還可以讓你得到人們總是那麼做，有隱微想法，但未形諸語言的「祕密」。

| 觀察 | 詢問 | 深入 | 改變 |

圖四　探索卡之詢問法──組織文化

不曾實現的計畫

方式

找研究議題中，曾經被提出，卻「半路腰斬」的計畫。蒐集一些歷年來關於此計畫的討論、報導或文獻，試著閱讀資料並判斷該計畫在這些文獻中的不同面貌，藉此理解系統的各種衝突，或多面向發展。是否能以落實程度排列其順序？

目的

無論是科技系統或制度化的規範，其發展往往伴隨著「計畫」（project）與「實物」（object）間的變化，在其中充滿多種變數與落差需要克服。許多時候在最後無法完成時這些不同願景會被簡單視為錯誤的，但往往並非如此。此練習可試著找出其中的多重脈絡。

| 觀察 | 詢問 | 深入 | 改變 |

圖五　探索卡之深入法──不曾實現的計畫

圖八　探索卡之改變法——被排除的

（三）探索卡使用

　　在原先設計中，希望將這些探索卡做以下方式使用：首先，科技專案研發之使用：探索卡所記載之方法，可以幫助科技領域之同仁，在嘗試進入跨領域研發時，發展對社會與使用者之敏感度。在實際進行專案研發時，可以藉由社會人文領域之專家，運用探索卡帶領跨領域團隊，進行專案發想與資料蒐集之工作坊，藉此發展幾種可能的發展模式。這種方法避免當前科技研發常見的「研發—原型—使用者測試」線性研發模式，希望能讓研發團隊在概念發想初期，便開始對使用者、使用脈絡、社會多元情境，甚至是技術與社會之相關關連有初步認識，也是一種創新研發社群，建立跨領域創新平台與能力的具體方法。

　　其次，人文社會研究使用：除了上述的速度、方向與心態差異，相較於理工的技術實作訓練，人文社會研究的方法訓練通常只是在方法論層次進行，許多學生都是在進行論文與實際研究過程中「做中學」，而學習到具體研究之方法。但因為個別研究需要採取的方法種類與規模有限，而這些方法也多僅限於基本的問卷、訪談等幾種資料蒐集方式，因此，作者在帶領Users Lab與Living Lab團隊的深刻體驗

之一，便是人文社會學界在進入跨領域研究時，需要自我強化，進行「方法上的想像力」創新。由於這套探索卡中的具體方法，均來自人文社會、設計、科技與社會領域的許多重要經典研究範例或理論的簡化，因此，一方面可以提供學習者多元的操作方法，另一方面，也可以在這些基本方法熟練入手後，進一步發展探索原始經典之進階操作方式。

第三，相較於一般由單一理論、領域之方法，或是各別注重人、論述、制度之人文社會領域訓練，以及注重物質安排之設計訓練，本套探索卡試圖綜合探討人、物質、論述，與制度等異質面向與其交錯關係。這方面的理論觀點與背景，基本上來自科技與社會研究學界的行動者網絡理論，尤其是Bruno Latour（2005）的Reassembling the Social與John Law（2004）的After Method兩本著作，也彙整於作者發表之位移理論與體制分析方法中（林文源，2014a），有興趣者可以進一步參考。希望這些方法有助於開拓學習者之視野，瞭解人文社會構成之人、物質、論述與制度之體制多元關連。將有助於培養更為開闊，更具跨領域合作可能性之人文社會研究者。

第四，跨領域教學使用：這是目前作者嘗試結合教學使用之方法，主要是將各類方法之元素結合，再進行整體規劃，成為一整套實作課程之主要結構，藉以帶領學生進行實作資料蒐集與分析之教學。例如，在「科技與社會」實作教學課程中，將探索卡之各類歸納為幾種主題，包括「描繪系統」、「不可見的行動者」、「價值與變遷」、「科技—人集合體觀察」、「面對爭議」等幾種方向，藉此結合跨領域課程主題，組合出一套有九大主題之實作教學課程（請見表三）。這種發展也在後來作者應邀到一些學校進行相關工作坊與教師訓練過程中有進一步發展，台北市中正高中在發展特色課程時便由作者無償授權，以此探索卡為基礎，發展出高中生版本的問題解決探索

卡，並發展相關教案。

表三　探索卡與實作課程主題之關係

階段	觀察： 都可使用	詢問： 都可使用	深入	改變
體制、拼湊世界	六大問題	列出優缺點 組織文化 制度關係 貼標籤	說故事 排排看 自我反省	心智圖 腦力激盪
不可見的行動者			局外人的觀點 害群之馬	看不見的參與者 被排除的 表現得不正常 誤用與挪用
替代物			跨文化比較 如果在從前 測試邊界 對稱思考	
價值與變遷			標籤是如何貼上的 歸謬練習 不曾實現的計畫 關鍵字	擬人 符號聯想 幻想 情境類比

階段	觀察： 都可使用	詢問： 都可使用	深入	改變
集合體觀察	同步紀錄 跟著行動者 實作流程 分解步驟 物件安排 空間與移動			
面對爭議		主導者 尋找代言人 滾雪球		改變的理由 不需改變的 理由 別人怎麼做 法庭的角色 扮演

四、反思與展望

在通識教學中發展實作教學最主要的目的是帶入做中學，激發同學回歸面對真實問題與現象的探索能力。科技發展一日千里，社會變遷亦日新月異，面對科技與社會互動的變化萬千，學生的先備知識與背景亦隨之改變，因此教材與教法之更新亦終無停歇之日。作者仍持續在這些變動中探索教學過程、課程設計與通識教育的關係。當前的教學方向與理念在數年的實驗過程後，有以下待克服的問題，謹此記錄做為未來發展的目標。

首先，是在體制層面。從根本上來說，作者的實作教學理念是由

STS的研究基礎上，順應通識教育理念發展而來。如前所述，這樣的理念面對的是目前大學教育的困境：以系所分立為基礎，教師以專業領域自我定位，而學生以完成專業要求為目標。在這樣的分工下，當前的高等教育體制與現況，失去回應現實問題的能力。因為各種專業訓練，給學生許多套裝知識與課程，做為研究的方法與工具，但缺乏提供與這些專業知識相關的動機、感受力與價值評判能力。造成各專業為學生作了許多準備與考核（課程、考試、學歷），但學生卻誤以為這些準備就是目的。整個大學學習過程，多數學生只在乎如何完成要求，卻忘了最根本追求知識的目的。最後，這些為研究所準備的套裝知識，忽略如何與在地社會／現實結合，致使在這些課程中，從事研究的學生遠離研究的目的；而不從事研究的學生看不到他們的未來。因此，對研究有興趣的學生，只能由專業知識吸收到理論、工具與方法，卻缺乏對現實的感受力，無法學習多元價值與判斷。未來不走學術研究的學生，更無法在這些套裝課程中找到生涯與自我定位的方向，而只是不斷體驗挫敗與學習應付（林文源，2014b）。

　　讓專業與跨領域並重，再讓跨領域課程設計與發展和專業能更為緊密地結合，更是有效解決這些專業分立與套裝知識問題的進一步方向，而這也是本課程長遠希望達成的目標。

　　其次，實際安排上。就實作教學的規劃來說，實作活動的要求本身跟當前大學生密集的學習時間、活動規劃等等往往有所衝突。尤其是在跨領域的理念下，本課程讓所有同學需以不同系、性別、年級等差異最大化方式進行分組，這樣的好處是在學期進行中同學皆能逐漸體會不同專業與處境的同學對事務的觀點差異以及思考特質，因此能獲得極大化跨領域交流的益處。然而，這安排也因為不同處境同學的時間與生活節奏差異，在許多活動或允許付出的心力上往往有落差。例如大四畢業班同學在六月底要完成的期末報告上往往無法同步完

成、大三大四同學因為做專題等因素無法一起參與調查或討論、不同科技的實習或考試安排也會妨礙同組投入外出調查的協調，甚至是同學學習心態與深入程度不一造成的小組內與小組間的落差。因此，這方面如何能在課程設計上進行更有效的規劃與協調，更精準地讓同學有效運用時間參與學習，是發展實作課程的一大挑戰。

進一步，在實際教學上，實作課程最終目標是希望發展為完全以實作為主進行教學，因此在許多狀況下，帶有跨領域思考或特質的教學案例便十分重要，這便牽涉到本地知識生產與教育體制的依賴問題。以科技社會來說，如同許多學科與理論，這也是發源於國外的思潮，因此，許多經典案例都是來自國外，早期本課程在發展時便感受到同學對這些讀物都有「隔靴搔癢」、「外國月亮比較圓」、「身（本地處境）首（國外知識）異處」的問題，因此，在發展實作課程時，作者也朝發展本地教學資料的方向進行，藉由國內科技與社會研究社群的幫助，作者與志同道合的合作者共同編輯了《科技／社會／人：STS跨領域新視界》、《科技／社會／人2：STS跨領域新挑戰》系列的教案集（楊谷洋等，2010；林文源等，2014）。這些教案或許個別來看只是一些本地研究案例，但若搭配實作教學的規劃與目標，這些教案的累積與使用便顯得相當重要。不同於使用國外教案往往面臨有限資訊與社會文化差異的隔靴搔癢感受，這些教案有助於同學立基在地現實，從更多線索能深入從閱讀、討論、反思到實作觀察與分析等環節，落實實作思考。藉此，希望有助於同學養成面對真實問題、面對本地社會問題的習慣。而這方面的教案資源轉化、教案資源開發的工作，也必須隨著實作教學不斷累機與發展同時進行。

最後，在落實在地與現實問題的精神下，實作教學也牽涉到學習成果與能力培養的累積。作者發展實作教學的主要目的之一，在於面對當前專業體制的分化下，培養學生面對現實問題的觀察與分析，甚

至是問題解決能力。然而，面對現實，這個理想往往在單一課程的架構中力有未逮。當前反思課程規劃與設計的趨勢中，無論是翻轉教室、服務學習、結合實作場域教學或各種跨領域教學嘗試，其課程規劃與設計都逐漸朝向讓學生進一步參與社會實務的方向進行。這對於跨出套裝知識、專業藩籬、面對真實問題與學習團隊合作有相當幫助。然而，這些課程（包括本課程在內）都有一些限制與問題，舉例來說，許多現實世界的問題都無法在短期內完成，可是這些強調面對真實世界的課程，對同學的引導或是參與要求，大多是以單一學期為單位，無論是參訪、實習、服務，往往將現實世界的問題，濃縮為課程幅度與架構下處理。但以單一課程的規模與一學期的時間根本無法深入問題核心，只能達到體驗現象的層次，甚至在許多狀況中，我們還聽到實務參與氾濫造成「服務污染」等問題。

這種現象在作者的實作課程更為深入將同學推向新竹在地田野訪查時，也逐漸感受到此問題的壓力。儘管要求同學深入觀察與分析，並鼓勵同學深入問題點，但有時他們挖掘出問題後，往往學期已經結束。那麼，對這些同學而言，這些問題成為什麼呢？是另一次小組合作經驗，當然也是另一次真實世界的體驗，但卻缺乏深入、解決問題過程的挑戰與磨練。部分有心的同學的確持續發展與參與，持續投入問題解決。然而，對於多數同學來說，這種投入真實場域的實作經驗，如何能夠延續？或許是發展實作類課程必須思考的下一步。包括如何能在課程模組架構規劃延伸後續發展？如何能讓同學的學習成果真正回饋到實作參與的場域與對象？或是大學教學安排如何能更緊密發展出在地場域連結？各課程是否能連貫規劃，連結理論、方法與實作，讓學生、課程與在地社群共同成長，使大學、教師與學生紮根在地的真實問題與變遷？這些議題都值得進一步規劃與探索。

參考文獻

1. 沈宗瑞（2014）。〈從民主化到全球化的範型轉變〉。《通識在線》，第53期，頁5-7。

2. 林文源、林進燈、陳群典編著（2012）。《把生活帶進實驗室：跨領域創新與研發》。新竹：交通大學出版社。

3. 林文源（2014a）。《看不見的行動能力：從行動者網絡到位移理論》。中央研究院社會學研究所。

4. 林文源（2014b）。前言「期待科技社會人：回應跨領域新挑戰」。於林文源、楊谷洋、陳永平、陳榮泰、駱冠宏編，《科技／社會／人2：STS跨領域新挑戰》。新竹：交通大學出版社。

5. 林文源、楊谷洋、陳永平、陳榮泰、駱冠宏編（2014）。《科技／社會／人2：STS跨域新挑戰》。新竹：交通大學出版社。

6. 楊谷洋、陳永平、林文源、方俊育編（2010）。《科技／社會／人：STS跨領域新視界》。新竹：交通大學出版社。

7. Latour, B. (2005). Reassembling the Social. New York: Oxford University Press.

8. Law, J. (2004). After Method: Mess in Social Science Research. New York: Routledge.

融滲理論的課程規劃
——「科學之美」的發想與實踐

梁家祺

元智大學通識教學部

一、課程理念與目標

　　科學素養是一個很廣泛並隨著時間而有所變化的概念，隨著時代演進與科技進步，人類所需的科學素養理當與時俱進，除此之外，科學素養也蘊涵著許多社會與文化發展下深具歷史意義的教育議題。舉例來說，1960年代，美國在與蘇聯之間的人造衛星競賽中失敗，因此需要大量科學家、數學家和工程師的投入，當時美國全面鼓吹公民應了解科學和科學家的貢獻，對當時的科教學者來說，科學素養是偏向科學領域的內容知識與科學方法（Carlton, 1963），科學社群主要的目標，就是培養更多科學家和讓一般大眾有足夠知識了解科學家的工作，很少人會談及科學和社會之間的關係。然而，並非所有的學生都要當科學家與工程師，誠如Hurd（1958）所提醒的，博雅教育中智力發展的目標或許和大量訓練技術勞動力的實務目標是相衝突的，課程改革得精緻化的保持科學、社會與經濟趨力的平衡。也就是說，他認為受過訓練的技術人力固然重要，但是對所有學生來說，經驗一個科學發展的歷程和欣賞與反思科學的價值，才真正說明了科學發現的精

神，Hurd特別提到必須彌平豐碩的科學成果與貧乏的科學素養之間的差距，這句話深刻的說明當時科學教育的盲點，也預知了成效不彰的科學課程改革在70年代初期劃下句點的命運（Husen & Postlethwaite, 1994）。

　　傳統的科學教學經常將科學發展歷程中的人文與社會面向抽離，致使許多學生視科學為深奧且無趣的學科，也無從體認科學作為人類文化重要產物的價值，對非科學相關科系的大學生來說，很難讓他們從抽象的理論與公式中感受科學之美，並激發他們願意接觸科學新知且參與公眾科學議題的討論。身為開設通識教育科學相關領域課程的教師，有感於傳統大範疇導論式的科學課程無法引發學生的共鳴，並讓學生體會科學之美與現代科學有時窮的困境，而零碎的科學活動或拼接的議題式課程，也無法給予具情境的知識脈絡，並讓學生了解科學史的價值與科學家的社會責任等深刻內涵，因此開始發想該以何種角度與構面規劃一門適合的科學通識課程。科學概念、過程技能、科學史、科學本質、科技與社會等都是科學教育中很重要的內涵，但誠如DeBoer（2000）所說，當學生花太多時間在設計和評量科技設備時，可能沒時間探究與科學相關的社會議題；當學生花太多時間研讀科學史時，可能沒時間充實職涯所需的技能，因此不同學習階段應該要有不同的側重向度。大學階段的通識教育科學領域課程，似乎不能再只強調知識與方法，因為知識與方法是國高中已經很重視的科學素養，應花時間在多向度科學素養（Bybee, 1997）的探究上，也就是提升視野讓學生有機會反思科學素養中的文化、歷史、社會、哲學、美學等面向。有科學素養的大學生，應該不只具有基本的科學知識，也應理解科學與哲學、社會、歷史、文化等面向交錯融滲的關係，因此在高等教育中，通識教育的科學課程應具備跨領域的取向，這也是未來通識教育課程改革的可能方向。

　　目前中小學教育在重考試輕探究的系統下，學生對於欣賞科學之美的部份並未受到啟發，科學教學很重要的是應包含科學本質和科學發現歷程的探究，畢竟科學本質的討論比大量零碎的科學事實更容易在學生的心中發酵。因此大學通識教育科學領域課程，可試圖將美當作一種認識科學的面向來擴展學生接觸科學的視野，也就是將科學之美當作科學素養或科學本質的一部份，並作為學習科學的動機與學習遷移的一種媒介（林樹聲等，2007）。科學素養應是整體制式或非制式科學教育下的產物，而非為達成某種目的而使用的策略或工具（Bauer, 1992），因此對於開設通識科學領域課程的教師而言，雖然無法期待上過課程的學生能提升全面的科學素養，然而可試圖改善的是提升學生認識科學發展的不同面貌，帶領學生欣賞科學的理性之美、感激科學與科學家的貢獻、思考科學的價值且反思科學在現代社會的角色，並意識到參與或試著理解科學性社會議題的重要，也就是試圖讓學生找到某種科學對於現代公民的意義與價值。因此，本課程的教學目標包含：(1) 認識科學的美感價值，(2) 閱讀科學經典與相關科普書籍，(3) 了解科學論證的過程與科學本質，(4) 探究科學家的思考脈絡，(5) 理解科學真理的追求和反思科學倫理之相關議題等，課程帶領學生從科學理性之美出發，首先認識科學與藝術間的調和與一致性，接續導入科學的審美價值，分別討論科學對象之美、理論之美和實驗之美，進而搭配科學經典與科普書籍的閱讀，試圖讓學生從感性認識的角度理解科學理論所產生的影響、科學家的思考脈絡與科學真理追求的歷程，進一步引導學生思考科學知識表象下更深一層的美感，並反思科學的本質以及科學、社會、宗教、倫理、文化之間的關係，這樣的脈絡安排將提供多元的進路，讓學生有機會融貫知識，並在知識、人文與社會的對話中進行價值判斷（楊倍昌，2012），期待學生藉由理解與感受科學之美而轉換為日後持續接觸科學新知、閱讀

科普書籍，以及參與科學議題討論的動力。

二、課程內容與教學設計

根據課程的教學目標，將一學期的課程規劃成六個大單元（圖一），各單元依內容多寡分成不同的小單元，舉例來說：「數學、藝術與科學」單元會分成科學與藝術的交會、科學與藝術的本質、將科學的理解灌注藝術的創作等數個小單元；「科學之審美價值」單元會分成科學審美的對象與標準、科學本體論（科研對象的美）與認識論（科學理論的美、科學實驗的美）兩個小單元；「科學的價值」單元會分成科學價值的討論、反思科學在現代社會中的角色兩個小單元；「科學家與社會」單元會分成科學家的社會責任、科學與宗教、從多元角度看科學性社會議題等數個小單元；「從科學經典看科學發展之歷程」單元會分成達爾文與小獵犬號、物種起源、從化石看演化等數個小單元。

各單元可依授課教師的專長與興趣選取不同的主軸和例子來切入（能達成相同的教學目標），舉例來說：「科學之審美價值」單元，談到認識論中的科學實驗之美，本課程所舉例的實驗為「牛頓的稜鏡分光實驗」，老師亦可根據不同的興趣，以「卡文迪什的幫地球量體重實驗」或「密立根的油滴實驗」為例，說明偉大科學實驗所隱含的深刻意義與美感。而「從科學經典看科學發展之歷程」單元，其中經典的選擇亦可依教師的專長選取，本課程科學經典選取的是達爾文的物種起源（搭配科普書達爾文與小獵犬號），物理專長的老師則可選擇物理相關的科學經典為主軸，如伽利略或哥白尼的鉅著，重點是教學目標相同，都是試圖帶領學生從歷史的脈絡中認識科學發展的文化、宗教與社會等多元面向。

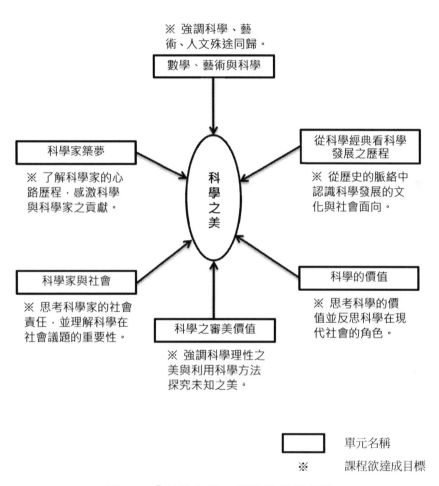

圖一　「科學之美」課程的教學架構

（一）每周主題安排

表一　「科學之美」課程之教學綱要

週次	課程內容
第1週	科學求真，真中涵美 1. 說明課程進行方式並分組 2. 從科學美的源泉談起：簡單、深刻、普遍
第2週	數學、藝術與科學 1. 談科學與藝術的交會 2. 談科學的本質、藝術的本質
第3週	達文西：科學第一人 1. 將科學的理解灌注藝術的創作 2. 達文西的手稿
第4週	科學的審美價值 1. 科學審美的對象與標準 2. 科學對象美、理論美與實驗美
第5週	認識達爾文：從小獵犬號談起 1. 科學旅行家 2. 牛津會議：生命中不可承受之重
第6週	物種起源（I） 1. 生存競爭、自然選擇 2. 學說的難點、論證不同的觀點

週次	課程內容
第7週	物種起源（II） 1. 地質紀錄的不完全、生物在地質上的演替 2. 地理分布、生物的親緣關係
第8週	專題演講：從化石談生命奧妙與演化 1. 寒武紀之謎：演繹式的論證 2. 物種大滅絕：從美麗到滄桑
第9週	期中議題延伸報告
第10週	校外學習：苗栗白沙屯化石挖掘體驗活動
第11週	認識費曼（I） 1. 養成教育 2. 跨域學習
第12週	認識費曼（II） 1. 原子彈外傳 2. 挑戰者號調查報告
第13週	科學的價值 1. 討論科學的價值 2. 反思科學的角色
第14週	科學家築夢 1. 科學家的成長歷程 2. 科學真理的追尋

週次	課程內容
第15週	科學家與社會 1. 科學家的社會責任 2. 科學與宗教
第16週	科學性社會議題討論 1. 從多元角度看科學性社會議題 2. 態度、理解與行動
第17週	期末報告（I）科普好書分享
第18週	期末報告（II）科普好書分享

圖二　配合單元的自編講義　　　　圖三　配合單元的學習單

（二）教學設計

　　課程特色之一是從科學之美切入，分為六個大單元，每個單元主題下會有配合講述概念的教師自編講義和閱讀規劃，搭配學習單讓學生進行分組討論。課程特色之二是科學經典導讀搭配閱讀科普書籍，藉由經典閱讀帶領學生返回科學理論發展的現場，讓學生體會科學家的心路歷程與思考脈絡。課程特色之三是專題演講與校外體驗活動的融滲安排，課堂中將安排演化專題進行深化的學習，藉由閱讀經典、科普書籍、科學人專文討論、專題演講（化石與古生物修復）與校外挖化石的探究活動做整體脈絡的結合，讓學生將理論與實務做更有意義的結合。以下分別介紹比較具代表性的範例：(1) 單元主題執行狀況；(2) 科學經典伴隨科普閱讀；(3) 專題演講與校外體驗活動。

1. 單元主題（策略：講述＋小組討論＋學習單＋分享）

　　本範例以科學的審美價值單元中引入科學實驗美為例說明，課堂中以「牛頓的稜鏡分光實驗」，說明科學家如何透過具創造性構想的實驗技術來揭示自然界隱含的奧秘，而這樣的實驗往往使科學家產生由衷的喜悅和深沉的美感。牛頓的七彩光譜實驗揭露世界的一項真理，做法卻是極單純又富巧思，此實驗對光線的分析是科學史上一個重要的里程碑。十八世紀和十九世紀初期，部分詩人和藝術家將牛頓視為敵人，因為牛頓將彩虹和其他色彩的展現轉換為一種數學習作，其中一位就是濟慈。課程在講述背景與概念後，學生接續閱讀教師自編講義（圖二），然後討論學習單上有關兩派詩人對「科學、藝術、人文」之美的爭議：「科學破壞美嗎？」（圖三）。待學生討論並撰寫完學習單後，教師以華茲華斯的論述做結，說明詩人與科學家應該結伴航行在思想的未知大海中，詩根植於人的情感本質，其包容科學

並應毫不畏懼科學知識的發現，科學與藝術的差別不在其內涵，而在
其處理特殊內涵時所使用的方法。

2. 科學經典導讀搭配閱讀科普書籍：以達爾文《物種起源》＋《達爾文與小獵犬號》為例（策略：導讀＋閱讀＋小組討論＋學習單＋分享＋延伸議題報告）

　　從經典出發不但能重返科學理論發展的原創現場，也能深刻體會科學家心路歷程與思考脈絡，而科普書籍則將科學與文學結合，將原本較精確嚴謹的科學研究散發出藝術般的熱情（謝青龍，2009），因此將兩種類型的書籍在課堂中透過數週的導讀、閱讀、討論、辯證、

圖四　期中議題報告

尋找資料、分享等不同的設計作結合。此歷程與傳統科學教科書學習有很不同的體驗，畢竟傳統教科書的呈現方式較無法提供學生認識科學本質的脈絡，也無法讓學生感受偉大科學家建構論證和理論的歷程。本課程以達爾文的《物種起源》此本科學經典為例，藉由原典的閱讀可與學生討論一個科學理論的產生涉及地質學、古生物學、形態學與解剖學等廣泛的自然學科，也涉及宗教、人文與社會等複雜的時空背景（徐光台，1999），可與學生討論達爾文如何在書中建構論證

試圖說明演化論優於神創說等其他競爭理論，讓學生了解科學知識產
生的歷程並不是像科學教科書簡化科學發展成一個個既定的科學方法
與驗證累積的過程，必須把科學發現的過程放在歷史的脈絡中思考，
這樣才能理解為什麼達爾文經過二十年嚴謹的研究才寫出《物種起
源》一書，因為達爾文明白他的理論將給當時的世界帶來不安，也就
是進一步與學生討論演化論對基督教文明的衝擊、演化論與進化論的
差異及在演化論下自然與人的種種關係（陳恒安，2005）。為何要以
科普書籍為輔，以達爾文的科學發現歷程為例，在《物種起源》的經
典文本中並未詳細描述對他影響深遠的那段小獵犬號航程，透過《達
爾文與小獵犬號》這樣類型的科普書，學生不但可以從中見識到達爾
文的熱情、友善、如何認真的觀察與忠實的紀錄，也可從火地島人的
故事中思索文明與人文關懷等議題，更重要的是在這段旅程的新奇發
現與衝擊中，如何孕育達爾文的演化觀點並改變了世界，因此閱讀這
類的科普書籍是進入有難度的科學經典前很好的暖身活動。在導讀、
閱讀和討論告一段落後，學生必須在閱讀中找到想要延伸報告的主題
（期中議題報告），學生選取的報告主題包含：加拉巴哥群島、火
地島、英國為何成為海上霸權、演化論與宗教衝突、高卓人等（圖
四）。

3. 專題演講與校外體驗活動（策略：講述＋演講＋活動＋學習單）

　　課堂中透過科學經典與科普閱讀聚焦在演化的主題後，接續邀請
校外專家蒞校演講並與校外體驗活動進行融滲的安排，舉例來說，某
次校外專家請到石尚礦物化石博物館的執行長來分享「從化石看演
化」和古生物修復機構建立的過程，演講中執行長談到化石是地球演
化所形成的日記，化石是地球的紀錄，紀錄所有物種演化的過程，藉
由這些留下來的化石看到地球的過去，就好像偵探在找線索一樣，化

圖五　校外體驗活動照片　　　　圖六　校外體驗活動學習單

石就像是一本書，隨著新化石的發現，地球的歷史又多了一頁。執行長也提到團隊在清修暴龍化石的過程中，發現暴龍的骨頭是中空的，牙齒是圓且厚的，不太像兇猛的掠食者擁有尖銳的獠牙，而且暴龍體型甚大也不像可以追獵的樣子，因此判斷暴龍有可能顛覆大家的想像，牠可能會是食腐動物。學生聽講過程非常專注，被執行長談論的概念與實務例子深深吸引，討論非常熱烈且被執行長沉浸在自己興趣中的執著所感動，演講完後學生都相當認真的撰寫學習單。順著演講的主題，校外教學活動的安排是帶學生親自去體驗挖化石的感動，場域為苗栗龍港海邊，位於西湖溪出海口北岸的潮間帶地區，漲退潮有1-2公里的沙灘，地質年代為新生代第四紀更新世中期，距今約一、兩百萬年內，主要化石為星盾海膽、拉文海膽、馬氏扣海錢、蛋型海膽、扇貝等，許多學生非常幸運的挖到大如手掌的海膽化石（圖

圖七　期末報告海報

五），而學生在學習單中都提及與化石穿越時空相遇的樂趣與感動
（圖六）。

（三）主要作業規劃

除了前面章節談到的學習單與期中議題延伸報告外，課程中還安
排學生閱讀科普相關文章與書籍的作業，每一位同學都必須選取「科
學人」雜誌中有興趣的文章閱讀並撰寫心得，主要目的是要鼓勵學生
閱讀科普雜誌。另外，在期末也舉辦科普好書閱讀與海報展，每一組
在教師建議的科普書單中選書並閱讀，選書例舉如下：《人人都是科
學人》、《食物與廚藝：蔬、果、香料、穀物》、《蝴蝶斑馬與胚
胎：探索演化發生學之美》、《科學的 9 堂入門課》、《愛因斯坦—
他的人生他的宇宙》、《食物與廚藝：麵食、醬料、甜點、飲料》、
《自私的基因》、《錯把太太當帽子的人》、《生物圈的未來》、
《我們的身體裡有一條魚》等，期末需繳交書面報告，內容包含：作
者簡介、時代背景、內容結構、名句賞析、議題討論及綜合心得等項

目，並將報告精簡後製作成展示海報，每組將於期末在課室進行口頭分享報告，並在期末考週於課群期末展演時進行「科普好書分享」的海報展（圖七），希望藉由課群的期末聯展，讓課群中其他的學生有機會接觸好的科普書籍，也希望藉由海報展示的分享，讓更多的學生領略科學之美。

三、學生回饋與課程檢討

課程針對「學習單討論」、「科學人雜誌閱讀」、「達爾文與小獵犬號延伸報告」、「專題演講」、「校外學習」、「科普好書分享」等六個項目讓同學以自由勾選的方式表達對課程規劃的看法，另外也採取開放性問題的方式讓同學填寫學期的收穫與對課程的整體建議等，回收問卷後將量化與質性資料作匯整與分析。針對課程規劃中不同形式的教學設計，以下表呈現同學對各類活動勾選結果，其中滿意度最高的是校外學習和專題演講，這也顯示學生需要業界的典範與實際的體驗，這些經驗都會讓學生印象深刻，因此教師必須善用資源安排課程。同學大多認為修完此課程增進了不少科學的相關知識，並且不會再覺得科學是如此深奧難懂的學科，也認為此通識課程的規劃豐富多元，學生對於授課教師與助教的帶領與協助都給予相當正面的肯定。

表二　各類教學設計滿意度調查

	100-90%	90-80%	80-70%	70-60%	60-50%	50%以下
學習單討論	8	32	33	4	2	1
科學人閱讀	12	45	17	5	1	0
議題延伸報告	10	43	19	6	1	1
專題演講	41	26	11	2	0	0
校外教學	47	27	6	0	0	0
科普好書分享	17	4	19	1	1	0

　　「科學之美」課程的規劃以多元的授課模式呈現，原本預期學生對於科普書籍和科學人雜誌的閱讀會覺得負荷太重，學期末課程問卷分析的結果發現學生其實還蠻沉浸在此規定的閱讀作業中，如：「增進許多科普知識。有很多機會可以接觸科普讀物，很喜歡這樣的安排」、「期末的科普書閱讀及期中的達爾文賞析都非常有趣！讓我這個非理工組的學生也感到興趣盎然」、「老師說的故事或議題都很有意思、很有趣，也發人深省。還知道了很多平常不會去看的科普好書」。藉由此課程，開啟學生閱讀的不同視野的確是課程很重要的一項設計，未來課程對於科普書籍的選擇或許可以做更彈性的規範，讓

每一組同學都能選到最喜歡的書來閱讀。整體課程中，專題演講和校外教學是學生印象很深刻的段落，規劃邀請和校外活動時，授課教師希望能延伸和深化學生課室學習的經驗，舉例來說，課堂中談到演化的化石證據時，邀請石尚礦物化石博物館的執行長為我們解說從化石談演化，學生除了獲得許多科學知識之外，也從執行長身上看到找到自己的興趣而勇往直前的典範；而校外教學的規劃則帶領學生去苗栗海邊挖化石，試圖讓學生親臨現場，並讓學生體會幾萬年前的海膽或扇貝的化石以何種型態存在，應該如何挖掘，這期間包含許多連絡的細節，像如何配合潮汐安排抵達的時間等，帶學生出去進行校外教學對授課教師來說比上課更累且更花時間，但看到學生挖到化石感動的神態，似乎所有的辛苦都值得。

透過課程希望學生從不同角度去理解科學是這門課很重要的核心，透過學生的回饋的確可以看見許多幾乎不接觸科學的學生有了改變，如：「了解科學不是大家所認知的死板，科學也有美的一面」、「原來科學不是想像中的枯燥乏味，藉由許多小故事來了解並體會科學之美」、「以淺顯易懂的例子說明科學的思維，十分有趣」、「透過多元有趣的學習，重新讓我接納科學，也逐漸發現科學之美與神祕和廣闊」、「老師講課很有趣，都是以前沒接觸的內容，讓我了解科學不只是像考試那般無聊」、「從高中唸社會組後，就沒有再接觸到科學，謝謝老師給我這個機會再認識科學」、「原先認為死板板的科學有了不同的觀感」、「科學其實沒有想像的艱澀，充滿著想像不到的趣事，聽著科學家的故事就能感受其中的樂趣」，也有讀工科的同學提及課程讓他重新思考科學的價值，如：「工科讀了那麼多年，越讀越深入，卻也越來越失真，我喜歡的科學，是能替生活解惑的科學，而不是艱難的公式，這是上了這門課才了解到的」。從學生回饋中理解授課教師認真準備教材與多元的授課模式的確讓學生重新認

識科學。除此之外，學生也談到上過這堂課後，會較關注科學的相關
事物，也有學生說這門課是他們上過最豐富、最充實和最精采的通識
課，這些回饋對於授課教師來說都是莫大的鼓勵，也是支持授課教師
繼續努力的動力。

四、結語

　　兩種文化的作者Snow（1964）在第二版書中樂觀預測「第三種
文化」的出現，希望文人與科學家至少願意交談，至今文人知識分子
和科學家之間的鴻溝仍然不容易跨越，但肩負第三種文化責任的科學
家正試圖從人文的角度觀看科學的發展（布魯克曼，2008），以精簡
的論述撰寫科學文本及科普書籍，試圖讓一般大眾有管道可以接觸新
且重要的概念，以「槍砲、細菌與鋼鐵」的作者戴蒙為例（戴蒙，
1998），試圖綜合分子生物學、動植物遺傳學、生物地理學、考古學
和語言學等，來解釋世界各大洲在過去一萬多年間人類歷史的演進路
向，他的著作使得一般大眾有機會思考人生更深一層的意義與對於我
們是什麼有更進一步的反思。作為通識教育科學領域課程的授課教
師，其實也肩負了這所謂第三種文化的責任，帶領著學生感受科學中
蘊涵的人文精神，以及在不同的文化與社會脈絡下科學背後的意義與
價值。當我們談科學素養時，似乎不會強調閱讀與寫作的重要，但這
樣的能力也可以在通識教育科學領域的課程設計中實踐，舉例來說：
教師可以透過評量方式以及作業的規劃，讓學生在不同的主題下閱讀
科書籍並進行口頭報告的分享，口頭報告可包含：作者簡介、時代背
景、內容結構、名句賞析、綜合心得等。也可進行科學文本的解析，
透過理解、分析、組織與評鑑內容來撰寫書面報告，書面報告可包
含：整理知識發展的脈絡、思考知識表象下的深層美感並反思此發展

對人類社會與文化的可能影響等，協助學生連結思維與書寫的關係並鼓勵學生進行反思性的寫作，相信會深化學生的閱讀與理解能力並提升其論述的能力。

對於開設通識課程的老師來說，通識教育是最適合反思自身學習與研究發展的場域，科學領域的教師必須試圖讓學生理解廣博的知識是創新的來源，如：知名的諾貝爾物理獎得主湯川秀樹（2000）從莊子儵和忽為混沌鑿七竅的故事，聯想到宇宙萬物最基本的東西並無固定形式，並受到李白詩的啟發而提出時空量子的空域概念，一個物理學家在理性邏輯的思維下，從東方經典中獲得直覺與靈感而得到創造性的突破，讓我們不禁要思考應如何在大學通識教育中讓學生理解這樣寬廣知識的重要性而樂於學習與閱讀。費曼曾經在與藝術家朋友談話當中被嘲弄為只知花的知識而不知花的美的科學家（費曼，1991），此時費曼的想法是：「……美不僅存在於肉眼可見之處；微渺的世界裏同樣可循，……具備科學知識會引發各種有趣問題的討論，這只會讓我們在賞花時增添興奮、神秘與敬畏之感，絕不會減損分毫情趣……」，這就好比當我們仰望星空，心中浮現「銀燭秋光冷畫屏，輕羅小扇撲流螢，天階夜色涼如水，臥看牽牛織女星」這首詩時，除了同理與感傷渴求人間幸福的宮女宮中的寂寥生活外，若我們知道牽牛星與織女星事實上相距16光年，兩顆星星都比太陽亮且大很多，這些超過人類想像力的尺度，會帶領我們更加謙卑的面對人類在宇宙中的定位，也更真實的感受現象下深層的神秘與敬畏的美感。

公民科學素養的培育，除了課堂中以多元的方式呈現對知識的理解外，很重要的是如何讓學生具備在面對不可知的未來時所需的科學精神、方法、態度與公共參與的意願，因此開設大學通識科學領域課程的教師必須有一個清楚的理念去貫穿一門課，最好能從跨領域的觀點引導學生在課程發展的脈絡中學習，或是根據某些主軸下的議題規

劃去進行參與式的社會實踐,也就是藉由課程讓學生理解科學作為人類文明重要資產的意義,反思科學在現代社會的角色,並意識到參與或試著理解科學性社會議題的重要,若在教學歷程中善用作業的規劃與引導,相信也能提升學生利用多元且正確的管道搜尋科學性議題相關資料的能力,或是提升學生接觸科學新知並閱讀科普書籍的動機,端看老師如何從理念、課程目標、評量、作業規劃、閱讀教材等做一系列的統整與融通,然而前提是授課教師必須對科學素養有宏觀的視野和清晰的反省。當然,科學素養的範疇非常廣泛,教師們不可能透過1-2門課完成所有的事,所以設定自己的優先順序並將目標和策略做好連結是重要的,我們希望教育本身的脈絡是連貫的、永續的和具有智力上滿足的需求。

參考文獻

1. 布魯克曼著；霍達文譯（2008）。《新人文主義：從科學的角度觀看》。台北：聯經。

2. 林樹聲、任宗浩、李哲迪（2007）。〈科學之美的內涵及其教學與相關問題〉。《科學教育月刊》，第299期，頁19-34。

3. 徐光台（1995）。〈從科學史的觀點來看通識教育中科學教育與人文教育的會通問題〉（2008）。《通識教育季刊》，第2卷第2期，頁1-21。

4. 陳恒安（2005）。〈南華大學通識課程自然領域經典教學：以達爾文《物種起源》為例〉。《南華通識教育研究》，第2卷第1期，頁27-42。

5. 理查·費曼著；尹萍、王碧譯（1991）。《你管別人怎麼想》。台北：天下文化。

6. 湯川秀樹（2000）。《創造力與直覺：一個物理學家對東西方的考察》。河北科技。

7. 楊倍昌（2012）。《科學之美：生物科學史閱讀手記》。高雄：巨流出版。

8. 賈德·戴蒙著；王道還、廖月娟譯（1991）。《槍砲、病菌與鋼鐵：人類社會的命運》。台北：時報出版。

9. 謝青龍（2009）。〈從Lakatos的「科學研究綱領」論科學經典、科學教科書與科普書籍之關係〉。《教育與社會研究》，第17期，頁1-32。

10. Bauer, H. H. (1992). Scientific literacy and the myth of the scientific method. Chicago: University of Illinois Press.

11. Bybee, R. (1997). Toward an understanding of scientific literacy. In W.

Graber & C. Bolte (Eds), Scientific literacy, (pp.37-68). Kiel, Germany: Institute for Science Education (IPN).

12. Carlton, R. (1963). On scientific literacy. NFA Journal, 52 (4) 33-35.

13. DeBoer, G. E. (2000). Scientific literacy: Another look at its historical and contemporary meanings and its relationship to science education reform. Journal of Research in Science Teaching, 37(6), 582-601.

14. Hurd, P. (1958). Science literacy: Its meaning for American schools. Educational Leadership, 16, 13-16.

15. Husen, T. & Postlethwaite, T. N. (1994). The *inter-national encyclopedia of education* (2nd. ed.). New York : Elsevier Science Ltd.

16. Snow, C. P. (1964). The Two Cultures and a Second Look: An Expanded Version of the Two Cultures and the Scientific Revolution. Cambridge: Cambridge University Press.

美學融入數學通識課程之實踐

──以「藝術的數學密碼」課程為例

徐惠莉

中國科技大學通識教育中心

一、課程理念與目標

　　常有學生問我：為什麼要學數學？這個問句也傳達出這群孩子是多麼的排斥數學。有的人認為數學枯燥乏味；有的人甚至對數學產生懼怕心理，覺得上數學課、解數學題，是最頭痛的事。儘管我們努力的說明數學在生活中的重要性，但學生們總覺得數學和他們無關。為了打破學生對數學的刻板印象，本課程企圖以生活中的美感經驗與數學的關係進行教學，改變學生學習數學的態度。藉此真正擺脫數學只是紙上運算枯燥符號的學習方式，讓「生活處處皆數學」的觀念得以確實推展。

　　數學對於人類文化藝術的影響，遍及繪畫、建築、音樂與文學諸多方面，甚至是新媒體美學與藝術教育的創作等等，仍需依靠數學所提供的思維架構與工具串連起來。是故，本課程將透過最為人所熟悉的生活藝術與文化藝術，以藝術與數學相通的特質，啟發學生在生活中的數學感覺，使學生不再畏懼數學，樂於親近數學。體驗藝術與數學極其豐富的普遍意義和極其深刻的美妙聯繫，將過往習得的數學知

識與現實世界產生連結，發現生活中的數學美感，進而培養數學本質的人文精神。

二、課程內容與教學設計

課程設計以生活中的數學創意為教學素材，又或者是藝術作品中具有數學意涵的部份，做為進入數學世界的密碼為主軸。透過課堂講述、專家演講、活動操作和小組討論等等方式，介紹課程單元主題的數學原理，或是數學歷史演進，又或者是數學家對問題的發想。引導學生以數學的角度欣賞藝術作品，並且鼓勵同學勇於嘗試以數學原理進行藝術創作，藉由在創作的過程中學習詢問、參與、關聯，賦予生活意義，讓每位學生擁有賞析、品評藝術的數學能力。以下將分主題安排與教師教學週記兩部分，分別說明課程單元的安排與教學設計的執行方式。

(一)主題安排

以圖形、數字的詩、自然、音樂、生活創意五個主題設計與數學相關的課程內容，內容著重在引發學習數學的興趣，故以二至三週為一主題單元，讓同學能在一個單元結束後，自我回顧課程內容，藉由生活中對數學活動的觀察，擴大在課程所學的廣度。此外，在每個單元中介紹與主題相關的1~3位數學家或藝術家，讓同學暸解他們的生平事蹟，欣賞數學與人文藝術交會之美。再者，以科普書籍做為指定閱讀書單，引導學生閱讀與數學相關的課外書，將數學與科學文化做連結，感受數學的力量，進而主動學習更專業的數學技能，提升閱讀數學的深度與廣度。在以上架構原則下，教學進度的規劃如表一。

表一 「藝術的數學密碼」課程進度表

週次	課程主題／內容概述	課程活動與作業
第2週	紙的藝術（Ⅰ）莫比斯帶 莫比斯帶是一種拓撲學結構，只有一個面，和一個邊界。本單元主要介紹莫比斯帶如何呈現在繪畫、建築、小說、現代科技諸多的產品上	製作莫比斯帶性質的紙環組合，依規定的方式剪開，觀察並描述圖形的變化
第3週	專題演講：數學之紙 演講人：洪新富老師	簡易立體書的製作
第4週	紙的藝術（Ⅱ）摺紙 利用紙的特性和數學原理，摺出三角形的重心、摺出平行四邊形、正五邊形等等。在操作紙的過程中，瞭解圖形變化的數學意義	1. 摺出拋物線圖形 2. 將一張A4大小的紙對折12次後，打開……，會有什樣的摺痕出現？請算出有幾個「谷」？有幾個「峰」？請找出它們的規律
第5週	憂鬱中的魔方陣 從一幅名為「憂鬱」的銅版畫中發現魔方陣，講述中國數學家楊輝提出三階、五階等奇數階造陣方法，以及西方數學家對魔方陣的研究	1. 完成七階、八階魔方陣。 2. 觀察Franklin Magic Square的數字規則，以線段連結數字繪出美麗的圖案

週次	課程主題／內容概述	課程活動與作業
第6週	數字迴文詩賞析 從欣賞東西方的文字迴文詩開始，到尋找迴文數的模式。再進一步探究幾個特別的數字，數學家們如何運用它們設計出有趣的數字遊戲	利用計算機尋找可以製造迴文的數字，並計算形成迴文數的步驟次數
第7週	從達文西密碼談起（Ⅰ）費波那契數列與黃金比 從丹・布朗著的暢銷小說「達文西密碼」出現的費波那契數列（又稱為黃金分割數列）開始，到觀察自然界中到處可見費波那契數列，以及與黃金比有關的美麗事物	1. 以尺規作圖的方式，繪製愛奧尼亞螺線 2. （作業）發現生活中具有黃金比或費波那契數的圖像，以照片上傳討論區與大家分享
第8週	達文西密碼談起（Ⅱ）和諧之音 介紹數學家畢達哥拉斯及其相關的數學故事。認識畢氏音階	敲水杯玩音樂
第9週	期中考核週之數學競試 以小組分工合作的方式進行，並且以第二~八週課程單元主題及其應用做為競試內容	1. 數學競試 2. 水杯音樂會

週次	課程主題／內容概述	課程活動與作業
第10週	數學美術館（Ⅰ）歐基理德圖形 以教堂窗戶的三葉草、四瓣花的圖案，以及古文明的建築遺蹟等等的幾何圖象，進入點、線、面的幾何殿堂。再以平移、旋轉、翻轉的數學性質，拼貼出美麗的圖形	作業：各組同學以電腦軟體或是手繪方式，運用本週單元主題之數學原理，設計正n邊形的拼貼圖形，並將作品上傳至討論區
第11週	數學美術館（Ⅱ）鑲嵌圖案設計 從欣賞自然界的蜂房、古希臘的拼磚，以及荷蘭版畫家艾雪的作品之際。以數學的觀點解構圖形的設計，解說鑲嵌圖案中的數學性質	分組活動：以感性的標題，理性的作圖步驟，現場實作鑲嵌圖案設計
第12週	數學美術館（Ⅲ）碎形專題演講 講題：藝術的數學密碼 演講人：陳明璋教授 　　　　國立交通大學通識教育中心	作業：演講結束後，小組上傳心得報告於討論區
第13週	足球的美感（Ⅰ）柏拉圖立體 雖然自然界非常善於製造球體，但人類卻發現它特別困難製作。課程就從大家所喜愛的足球造型進化歷史談起，再認識柏拉圖立體	利用分子結構球建構五個正多面體，觀察點線面出現n重旋轉的構圖

週次	課程主題／內容概述	課程活動與作業
第14週	足球的美感（Ⅱ）阿基米德立體 宇宙萬物都存有與自己相對或相反的另一個個體。說明柏拉圖立體的對偶空間形狀，以及阿基米得如何改良柏拉圖立體	1. 討論正六面體橫切面的圖形與最大面積 2. 利用分子結構球建構阿基米德立體中的截多面體，討論哪一個多面體最接近球體
第15週	生活藝術（Ⅰ）五連方月曆 從方格紙上，剪下五個大小相同的正方形，用這五個方塊能排出多少種形狀呢	1. 以五連方塊圍出最大的城池 2. 藉由五連方的特性設計一組有趣的月曆，用五連方圖形蓋住月曆上的每個日期，只留下今天的日期
第16週	生活藝術（Ⅱ）裝嵌遊戲 索馬立方體是丹麥作家海恩在一場量子物理學家的演講中得到的靈感的。將3×3×3的正立方體裁切成七個的完全不同造形的積木，藉由教具的操作，進入迷人的索馬世界	在指定時間內拼出索馬立方體設計的立體圖案

週次	課程主題／內容概述	課程活動與作業
第17週 第18週	期末課程心得報告及作品發表會	1. 各組以8~12分鐘進行報告，各組的學習檔案與作品展示於教室講台前方，提供同學拍照與提問 2. 以小組互評、助理與教師評分做為期末報告的成績依據

（二）教師教學週記

　　依據課程主題進行教學，授課教師記錄每週課堂觀察與教學心得，在不斷與同學互動的過程中，逐漸發現同學的關注與需求。如此得以及時在課程進行的安排上做部分的變動，希望能達到最好的教學效果，學生能有更好的學習成效。以下提供4個單元的教學記錄與部分學習單解答。

1. 紙的藝術（I）莫比斯帶

　　因為是第1次的課程活動，且加退選尚未結束之際，為了讓修課同學瞭解課程進行的方式，也希望能解除大家對學習數學的擔心害怕，激發學習的好奇心，繼續地參與本課程。所以選擇實作較為單純的莫比斯帶（Möbius strip）做為教學主題。我們暫時揚棄了以抽象的符號來說明拓樸學的原理，也不用紙筆證明它存在的某些特性，而是用剪

刀和紙操作出莫比斯帶的變化，利用其特性說明拓樸學的基本概念，並且介紹了許多以莫比斯帶原理創作的作品，像是項鍊、裝置藝術、交通號誌燈等等。

雖然我們在開學的第1週有詳細說明課程的操作模式，並鼓勵同學們互助合作完成小組學習單，若有不了解的地方，務必隨時發問。但因為本課程與傳統的數學教學差異頗大，修課學生難免有疑慮，因此在第2週安排操作簡單卻不失樂趣的活動，藉此讓學生了解課程進行的模式，消除同學對數學課的恐懼感，有助於未來課程的推展。

我們使用隨手可得的回收紙製作莫比斯環，以特定的旋轉方式與其他紙環聯結，同學們按照學習單的說明將紙帶剪開後，常因為超出他們預期的想像結果而驚呼連連。活動進行時，教師與助理採取主動詢問是否需要協助，又或者是以提問來引導學生，使其思考要做些什麼？以及為什麼要這樣做？

5. 將一個普通的紙環與一個半圈莫比斯環垂直黏在一起（如左下圖），再將半圈莫比斯環的帶寬三分之一處，沿著帶緣剪一周，而普通的紙環沿著帶緣自中間剪開環面，會有什麼結果？

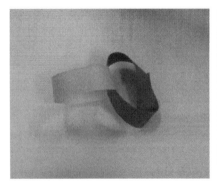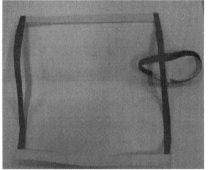

圖一　紙的藝術（Ⅰ）莫比斯帶課程學習單第5題解答

　　課程活動是熱絡的，但學習單的作答卻不盡理想，原因之一是學生對於學習單上的問題敘述不了解；另一方面是學生的觀察力不夠，且不擅於以文字描述圖形的變化。經由此次的活動，授課教師將特別留意問題敘述要更明確，更要加強教學助理在活動過程中的觀察力，鼓勵小組成員勇於表達自己的想法，協助同學們能清楚的表達數學概念。

2. 憂鬱中的魔方陣

　　文藝復興時代的德國畫家同時也是數學家杜勒（Albrecht Durer），他的銅版畫「憂鬱」作品中充滿了諸多的數學意涵。課程就從欣賞這幅畫開始，解說畫面中出現了哪些數學原理，最後將焦點放在畫面右上角的一個4階魔方陣。所謂「4階魔方陣」就是將數字1, 2 ,3 ,……, 16 填入4×4的方陣中，使得使得縱、橫、對角線的四個數字和都相同。魔方陣令東西方的數學家們著迷，並且分別提出製造魔方陣的諸多研究，我們以講述中國數學家楊輝提出的奇數階造陣方法為主，以及西方數學家對魔方陣提出諸多的有趣研究。此外，魔方陣中數字編排方式都能創造出規律和諧的線條圖案，也因此成為藝術家們創作的靈感來源，例如美國建築師、設計家Claude Fayette Bragdon 將魔方陣的線條圖案用於織布的創作上。學習單的設計以配合課程內容主題，一在強調實際體會製造魔方陣步驟；二是欣賞魔方陣創造出的圖像。因此學習單的第5題，我們選擇以曾經擔任過美國總統的富蘭克林先生設計的8×8階的神奇魔方陣，找出數字間的規律性，連結出對稱又有美感的圖像。

　　本次課程強調古今中外對魔方陣的研究與應用，所以並未讓學生發揮太多的數學創意，主要是希望同學們能專心聽講，將課程內容驗證於學習單上。因此在課堂活動中出現了兩個特別的現象。如果上課

有認真聽講並做筆記的小組成員，便能很順利地完成學習單，感受到以魔方陣繪圖的樂趣；而那些上課只是聽過就算了的小組，往往需要教師與助教重複說明上課內容，花費較多的時間與力氣來完成學習單，毫無樂趣可言。這次的課程讓大家體會到，認真上課是學生的責任！

2. 利用本課程介紹的方法，造一個 7階魔方陣。

3. 利用本課程介紹的方法，造一個 8階魔方陣。

4. 寫出八陣圖中的數字規則。

5. Franklin Magic Square with Lines

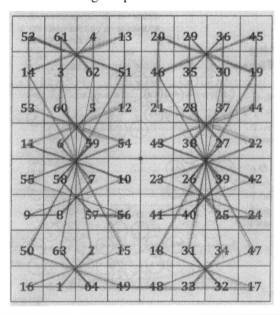

圖二　憂鬱中的魔方陣課程學習單部分問題與解答

3. 達文西密碼談起（II）和諧之音

數學家萊布尼茲（Leibniz）說：「音樂是一種隱藏的算術練習，

透過潛意識的心靈跟數目字在打交道。」數學與音樂有絕對密切的關係，然而大家都喜愛悅耳的音樂，卻對抽象的數學符號望而怯步。因此，我們希望藉由音樂來認識數學。流傳至今世界上最古老、最具系統性的音階理論，是由古希臘數學家兼哲學家畢達哥拉斯所創建。相傳音樂是畢氏所創建，當他經過打鐵舖，聽見和諧打鐵聲而入內觀看，發現鐵鎚的重量比與音階的高低有關（洪萬生等，2009）。課程的開始先請同學聆聽一段由無理數 π 之小數點後的無窮數字設計的音樂，接著介紹畢達哥拉斯學派在「萬物皆數」的信念下，如何以五度音循環法定音階。因為課程內容著重在以數學原理說明如何訂定音階，多數同學反應很沈悶，並且質疑音樂只求好聽，即使不懂音階的演進過程，也無損於大家對音樂的喜愛。雖然學生們覺得課程內容無趣，但還是認同數學之於音樂的重要性。

課程活動安排各組以敲水杯定音階，體會畢氏在聽見打鐵聲時的心情。再者，活動過程中授課教師也會適時的說明敲水杯玩音樂的物理性質。以大小不同的水杯，調整杯中水位的高低定出C~B音階，教師提供幾首樂曲的部分小節，由小組成員決定敲打的樂曲，利用本週課程活動進行練習，並於下週期末考核週表演。在此要特別感謝李慧玫老師，協助授課教師定出一組水杯的音階，當同學們無法訂出音階時，遂以此組水杯為依據。但因為水杯品質不一，即使在相同水位高度下，音調仍會有差異，學生們必須再微調水位高度。小組成員在反覆練習後，大都能敲擊出熟悉的旋律。同學們認為這個活動非常有趣，但是對於在這單元中學生對理論講述與操作活動的感受，出現如此大的落差，讓授課教師自覺這不是好的課程設計，因為沒有達到以活動使學生體會數學創造音樂的美妙。如何加強本單元講課內容與課程活動的關聯性，將是授課教師急需改進之處。

4. 足球的美感（II）阿基米德立體

　　延續柏拉圖立體的課程內容，進一步探討如何製作更近似球體的形狀。西元前三世紀，希臘數學家阿基米得著手改良柏拉圖的形狀。他創造的部分形狀是把柏拉圖立體切掉小塊而成，例如剪掉正四面體的四個頂點，則原本的三角形變成六角形，切割面形成四個新的三角形，如此構成一個截角四面體（Du Sautoy，2011）。課程活動以教具分子結構球建構阿基米德立體中的截角四面體、截角八面體、截角二十面體、截半立方體與截半二十面體，又這些立體圖需要花費較長的時間才能完成作品，受限於材料與活動時間，每組以隨機的方式決定建構上述立體圖形之一。在討論過幾個立體圖形後，哪一個是未來最有可能製作足球的基本圖形呢？同學們各自都有想要的形狀，大家都很期待看到下一屆世界杯足球賽的足球造型。

　　同學們最感興趣的課程活動是：形狀想像練習。想像在門上掛一個立方體形狀的裝飾品，其中一個頂點繫上繩子。如果從頂部的點與底部的點畫出一條想像的線，然後從這條線的中點，以和這條想像的線垂直的方式切開這個立方體，裝飾品變成兩塊，各有一個新的面，這個新的面是什麼形狀？我們為同學準備保麗龍正立方體與美工刀，以裁切正立方體觀察橫切面，印證小組討論的答案。因為有實體的操作，讓空間概念轉化為平面問題時變得較為容易，同學們實際觀察到裁切點的位置與截面的形狀關係，以不同的方式切開正立方體，會有三角形、四邊形、五邊形與六邊形這4種不同的截面。

3. 正六面體的截面有幾種圖形？請分別畫出最大截面的三角形、矩形與正六邊形。

4. 截角四面體解答。

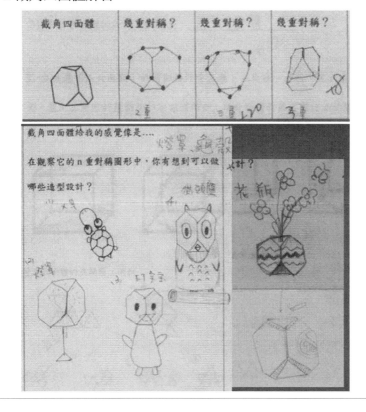

圖三　足球的美感（II）阿基米德立體學習單部分問題解答與學生作品

三、學習成果

　　經由課程的執行，授課教師深刻體認到以生活中的美感經驗與數學的關係進行教學，是可以改變學生學習數學的態度。藉由「從歷史文化中發現數學創意」與「以數學原理賞析藝術作品」兩大主軸設計的數學課程，對學生在數學的學習上有多少影響呢？以下我們提供部分同學在數學美術館與期末作品說明學習成效。

（一）數學美術館（III）碎形

　　碎形是一種幾何形狀，彎彎曲曲的，有著不規律的變化，像是一般平滑幾何形體破裂後而產生的形狀。碎形最大的魅力，來自於他們百變多端的美麗圖案（廖思善，2006）。在第12週的專題演講中，陳明璋老師介紹以碎形原理開發的繪圖軟體，幾個簡單的幾何造型，經由迭代的作用，最後呈現出絢麗的畫面，讓修課同學也想用數學軟體試試看，自己可以創造出什麼樣的碎形畫面。但因為碎形需要許多數學知識，為了使同學們有較多的碎形先備知識，因此授課教師利用FB社團，在演講活動之前說明自我相似與迭代的碎形性質。而在演講活動結束之後，以尋找生活中的碎形為作業，圖四是同學在本校圖書館前拍攝天空的雲朵，教師相信同學們開始懂得欣賞生活中的數學之美，所以才能發現如此美麗的碎形圖像。

圖四　美麗的碎形圖像—雲朵

（二）期末報告與作品發表

　　數學一定要進入生活之中，方能顯現數學之有趣與實用，才可以讓學生願意學習數學。為了了解學生在修習這門課程後，是否能有正面積極的學習數學的態度？又能發揮數學多少的創意於環境中？因此，我們以佔據學生生活與學習時間最大的場域——學校，拋出幾個與學校相關的事物做為期末報告的主題，藉以驗證其學習成效。報告主題重點有：

　　(1) 校園數學風（瘋）：自課程單元選取數學素材融入校園，針對學校的設施、裝置藝術提出發想並製作模型；又或者以校園環境設計數學步道。

　　(2) 中國科技大學伴手禮：自課程單元選取數學素材設計以學校為主體的紀念品，贈送目的可以是招生、新生入學、畢業校友或是老師。

　　(3) 若小組有其他想做的主題，請與老師討論，評估其可行性。

§幾個有趣的期末作品

1. 校園數學地圖

　　創作發想來自於課程單元：從達文西密碼談起、足球的美感、碎形專題演講。小組成員以校園踏查，發現數學美景，並製作地圖。地圖中列出14個具有數學意涵的場景，例如幾何造型的涼亭、碎形裝置藝術、對稱的教學大樓、費氏數的植物等等。小組成員是建築系的學生，自從修習這門通識數學課程，才發現許多設計理論都來自於數學，而在瞭解數學原理之後，實有助於創作理念的表達。授課教師認為同學們能將數學應證於校園景色，發現校園數學之美，實踐了生活處處皆數學。

2. 數學大富翁（圖五）

　　作品理念來自於小組成員想為授課教師推廣數學通識課程。許多學生對數學都是避之唯恐不及，對數學不但抗拒且厭惡。但當數學變成遊戲時，其中的樂趣是會引起許多人的求知慾與好勝心，希望藉此改善懼怕數學的想法。小組成員利用學習單的數學題目，置入闖關遊戲中，遊戲規則類似於坊間的大富翁遊戲。授課教師認為，將整學期的數學題目巧妙地融入遊戲中，可見作品設計的用心，感謝同學們為老師準備的數學推廣作品。

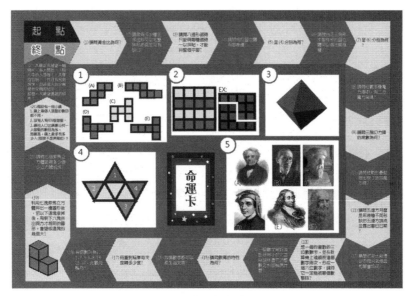

圖五　數學大富翁

3. 招生翻翻樂

創作發想來自於數學之紙專題演講。小組成員利用摺紙課程學到的技巧，設計一份很獨特的招生簡介，做為送給未來的學弟妹們的伴手禮。伴手禮，顧名思義代表著人與人之間情感的聯繫，也就是要讓來參觀的人可以帶回令他們印象深刻的禮物，而這份有趣的招生伴手禮，讓人更想了解這個學校。小組成員現場說明做法，並操作如何翻閱，以上下、左右的翻轉，呈現出4面不同的學校導覽。同學們都覺得這是個非常適合作為招生活動的作品，若能再加強每個頁面的美工設計，這就會是個很棒的招生禮物。

四、學生回饋與教學反思

課程雖已執行完畢，多位教師及班級成員皆給予不少迴響與鼓勵，但仍有多項改進事宜，以下將分兩方面說明，一從教師的立場，二從修課學生的立場。

（一）從教師的立場

(1) 教師以數學教學的熱情感動學生，使其願意和老師一起重新認識數學，師生相處融洽。但部分學生在課程活動的參與上，常會出現兩種情況，一是熱鬧有餘用心不足，學生抱持著玩遊戲的心態參與活動，卻不認真去探究數學思維的脈絡，對於這類的學生，老師尚可以提問的方式，在好奇心的驅使下認真思考問題；另一種情況則是存在著「通識課是營養學分」錯誤想法，以完全置身事外的態度，看著其他小組成員完成活動任務，這類排斥參與活動，總是想盡辦法閃躲老師與助理的關切的學生，有的會因為受到組員的壓力，而勉為其難地開始參與活動，也有最後不再出現於教室的，這是最讓老師感到挫敗的事。

(2) 閱讀是一切學習的開始，因此本課程希望能藉由數學的閱讀，擴大數學學習的深度與廣度。然而，從期末的問卷分析得知，多數同學未能跟著課程的進行，時常翻閱教師為課程製作的閱讀小書，以至於成效很低。原因在於本校學生少有閱讀數學科普書籍的機會，若無老師的帶領，是很難體會閱讀數學的樂趣。如何使學生自發性的閱讀數學課外書籍，將是未來課程設計時需特別留意之處。

(3) 本課程幾乎每週都有小組活動，非常感謝教學助理提供教師與同學諸多的協助，像是教具的製作與操作以及資料的彙整，讓課程活動進行順利，教師有較為充裕的時間回答同學的問題。但若教學助理

還能夠勝任帶領同學討論問題，引導同學進行網頁討論，或是一起進行科普書籍的閱讀，學生將會得到更好的學習成效。因此教師必須有長期且完整的培訓教學助理計畫，加強教學助理本身數學專業知識與數學素養的提升。

（二）從學生的立場

部分依據以第17週問卷資料與期末心得做說明，可以分為四項：

(1) 大多數的同學喜歡這樣的數學課，也都能感受到教學團隊的用心與認真，並說出感謝。以下節錄同學在問卷「我對課程教學及學習上的心得或感想」所寫的部份內容：

> 每次的課程有很有趣，從中學習到數學與藝術，老師每次介紹國外的數學家與藝術家都讓我很感興趣。
>
> 我原本以為圖形都只跟美術有關，沒想到內含許多數學原理，讓我覺得新鮮有趣！
>
> 在上這門課前，從沒想過能用如此多的道具在數學上，真的太厲害了！

(2) 因為課程活動的互動性高，教師和學生們建立了良好的情誼，所以在每次的課程結束後，學生們總能提出最即時的的建議與看法。以下節錄同學在問卷「我對課程的建議」所寫的部份內容：

> 寫學習單的時間可以再多一點。
>
> 可以不要這麼多學習單嗎？
>
> 器材的運用要再清楚一點。
>
> 我不是很喜歡使用FB當討論的地方，因為並不是一天到晚都在用，有時加分題發佈時人根本不在，回來看到都沒有機會了。

平時系上作業就很多，有點應付不過來了。

(3) 同學們在期末心得表達對課程的不同感受，那些在學習過程中發生的故事，喜歡的單元、遇到的困難、和同學一起完成的學習單或作品。這些也都讓教師因為再次的回顧課程而感動，當然也將成為未來課程設計的依據。以下節錄學生在期末學習心得的部分內容：

> 原來藝術跟數學是無割捨的，就因為數學的存在，才讓藝術變得如此完美。無論是在幾何圖形或是黃金比例上，數學家都強調盡善盡美。
>
> 在上課前老師都會先在社團中發文，每次都很期待星期五的到來，每上一次課就又多了解一樣與數學有關的藝術。很喜歡和組員絞盡腦汁的思考，很努力的完成每一次的學習單，並且從中發現許多樂趣。在我們想不通的時候，老師和助教也會細心的教導，每完成一題題目，就感覺有大大的成就感，真的很感動。
>
> 我是一個不喜歡數學的人，我覺得會基本的加減乘法，其實在往後的人生裡面就很夠用了。但費波那契讓我覺得數學好像在生活中扮演著不可或缺的角色般，每當我回家經過公園，看到當初拍上傳社團照片的那片花叢上的花和葉子，我是真的會想到費波那契這個偉大的發現，感覺它時時都在提醒我們數學的重要和存在。
>
> 原來我們建築系學生使用的繪圖軟體中，陣列跟旋轉再加上平移，可以把簡單的一個元素，組合成一片有個人特色的瓷磚；……課程中聽到了黃金音樂，雖然我真的覺得不是那麼的動聽，但是好像就跟黃金比例一樣，只要被冠上了黃金，大家就覺得真的很厲害。

五、結語

英國數學家哈帝（G. H. Hardy）曾說過：「一位數學家，就像一位畫家或詩人，是模式的創造者。如果他的模式比畫家或詩人的模式能留存的更久，那是因為這些模式是用理念創造出來的。」數學家喜歡思考最簡單的可能性，而這種最簡單的可能性是想像的，不見得是現實存在的（Lockhart，2013）。數學家從他們的工作中得出美學的喜悅，卻因為人們只看到過於抽象的想像符號，使得數學讓人感到冷峻、嚴肅而難以親近。因此，本課程企圖將蘊藏在生活中的數學行為轉化成教學素材，呈現數學的多樣性與和藹可親的美，讓學生更樂於親近數學。

數學是一門藝術，是具有創造力的，然而人們對待數學的態度與其他類型的藝術如音樂和繪畫卻又是如此不同，譬如多數人願意仔細聆聽一首歌曲旋律，感受音樂帶來的感動；但是當人們第一眼看不出來數學是什麼的當下，數學遂輕易地被放棄了。身為一位通識教育中心的數學老師，最希望的是學生不要輕易放棄學習數學，並且在學習中認同數學有如藝術，數學可以是美麗的，是令人感動的。數學帶給大家的感動什麼呢？我認為是學生們願意用心地去觀察生活周遭的數學活動，繼而喚起自身的數學感覺，啟發數學的創造力：解決問題的創造力和美的創造力。「藝術的數學密碼」受到同學的喜愛，我認為是因為教師團隊以最大的教學熱情帶領學生重新學習數學，使其成為每位學生的人生學習過程中之美好學習經驗。期盼每位修課的同學，將課堂中習得的數學創造力運用在自身的專業領域上，並樂於與他人分享成果。

參考文獻

1. 洪萬生、英家銘、蘇意雯、蘇惠玉、楊瓊茹、劉柏宏（2009）。《當數學遇見文化》。台北：三民書局。

2. 廖思善（2006）。《動手玩碎形》。台北：天下文化。

3. Lockhart , P. 著；高翠霜譯（2013）。《一個數學家的嘆息：如何讓孩子好奇、想學習，走進數學的美麗世界》。台北：經濟新潮社。

4. Du Sautoy, M. 著；郭婷瑋譯（2011）。《桑老師的瘋狂數學課：「數學界的莫札特」帶你破解質數、形狀、機率、密碼、預測未來的世紀謎團》。台北：臉譜文化。

山與海的美麗與哀愁
——「環境與人」通識實踐之路

何昕家

國立臺中科技大學通識教育中心

一、初衷：課程設計理念

　　本課程最重要的核心概念與思維，是將現在的學子，未來的公民，帶回環境的現場。這樣的概念與思維起因於，人類與自然環境原本就是相互依存，但因為人類的科技快速進步，讓人類漸漸與自然環境脫離，也漸漸形成人與自然環境間巨大的鴻溝，造成現在人與環境、人與人之間產生不同的困境。本課程鑒於此社會脈絡與現象，透過課程，縮短學生與自然環境的鴻溝，拉近學生與環境的距離，透過三種力量，分別為知識脈絡的力量、環境現場的感染力、自我與社會的實踐力，試圖將學生拉回到環境的現場，瞭解環境、感知環境，進而對環境負責任。以下將簡述這三種力量（圖一）。

　　(1) 知識脈絡的力量：此股力量，包含課堂知識的講授以及多元的演講。課堂知識的講授含括兩種知識，第一種為啟發學生對於環境的感知與覺知，第二種為深化學生對於環境的態度。這兩種課堂講授，主要引導學生從對於環境的感知覺知，深化到對於環境的態度。

　　(2) 環境現場的感染力：此股力量穿插在整學期課程之中，包含兩

個環境現場的感染力,因為臺灣獨特的地形,因此安排海與山的環境現場,帶學生親近、體驗與探索。

(3) 自我與社會實踐力:此股力量強調的是實踐與行動,讓學生有課堂與戶外學習,再加上時間與行動,讓學生能更加深刻與體悟人類與自然間密不可分的關聯性。

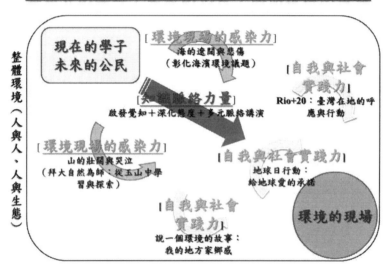

圖一　課程整體理念架構圖

二、縝密:課程教學內容細部設計

透過圖二,能瞭解到本課程整學期架構與安排,透過起、承、轉、合等四大階段,建構本課程主體,啟與承的部份就是知識脈絡的力量,啟主要是建構起學生與環境間的連結,承主要是深化學生與環境的態度與關係,轉主要透過多元環境,轉變學生的觀感,及增強學生的感受,這一部份也就呼應環境現場的感染力,最後的合,也就是

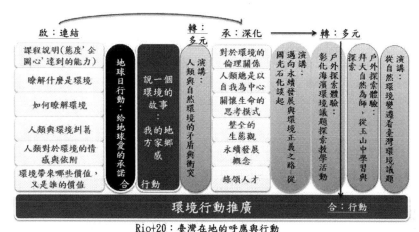

圖二　課程細部規劃設計圖

呼應自我與社會的實踐力，學生除在課堂上學習之外，也能有實際的行動與實踐。以下將詳細敘述其實際執行與操作內容。

（一）「啟」與「承」：知識脈絡的力量

「啟」大致上為前半學期課程，前半學期課程以連結學子與環境的關係為首重，因為現今大多數學子對於環境敏感度低，甚至無感，若沒有先尋找到此連結點，便進入環境議題相關理論與討論，學子總是認為這是和自身沒關係的。在上半學期深度剖析環境，包含什麼是環境、如何瞭解探索環境、人類發展歷程與環境的關係、人類對於環境的情感依附、環境的價值、環境的公平與正義。

「承」大致上為後半學期課程，經由前半學期深度瞭解環境後，後半學期則是深入探討人需要對環境有倫理嗎？最後帶出人類與環境，新取徑的可能性，大致上包含對於環境的倫理關係、人類總是以自我為中心（人類中心主義）、關懷生命的思考模式（生命中心主義）、整全的生態觀（生態中心主義），最後引導綠領思維。

圖三　課堂操作架構圖

　　本課程無論是一學期的課程規劃設計，或是每一節課，課程進行的方式，依循圖三架構，圖三架構是轉化自瑟夫‧柯內爾（Joseph Cornell）的《流水學習法》《Flow learning TM》。

　　一學期的課程，在前面幾週課程，是連結起學生與環境的關係，再進一步講授相關知識，讓學生的知識承載量是足夠的，進而再直接體驗，也就是安排像山一樣思考：從玉山中學習與體驗活動，最後讓學生操作不同環境議題的推廣，也是讓學生進行反思及批判性思考過程，進一步進行推廣行動，透過此行動能將相關能力素養內化至學生心中。

　　每一次單節上課，也是以此架構為主。一開始可能會以最近的環境新聞事件、或是相關紀錄片為開頭，引起學生學習動機，進一步講授相關知識，讓學生透過一開始的新聞事件或是相關影片連結到相關知識，然而再搭配一小段影片，從影片帶出每次上課討論的議題，進而進行相關議題討論，討論結束後，便進行不同意見交流與分享，透

過每次上課內化一些不同想法與概念，讓學生了解。以下將不同授課方式與公民素養間關係進行說明。

(1) 以新聞事件或影音（紀錄片）為引起動機或延續課程內容講授：讓學生了解到上課內容是與真實世界發生事件是連結的，也透過與學生互動討論，這些新聞事件或紀錄片觀點是否正確，或是有所偏離，透過此培養學生批判性思考，並且培養其媒體素養，不要讓學生認為媒體所呈現的一切為正確。

(2) 課程基本知識承載量：透過新聞或是影音（紀錄片）引導後，便進入每一次上課不同主題內容講述，每一次上課有課程關鍵字，讓學生明確知道這一節課，是有哪些需要學習的重要概念，也讓學生了解到通識課程也有其基本知識承載量，因為本課程絕大多數是以自然環境為主軸，融入科學素養於其中，讓學生有其科學素養的培養。

(3) 不同議題思辨討論與分享：經由課程基本知識承載量引入後，可以輔以新聞事件、影音（紀錄片），帶出這一堂課讓學生討論的議題，引導學生能先思考自己的想法與意見，再進一步與小組內成員分享，最後每一堂課會依時間允許，讓部分同學上臺分享其看法與意見。透過此，希望學生民主素養，因透過聆聽不同的意見、尊重不同意見，了解到有多元的意見而獲得提升，並且學習傾聽與尊重，而勇於發表自己的意見與看法。

（二）「轉」：環境現場的感染力

「轉」大致上安排在整學期課程中，扮演重要的轉化劑。因為臺灣豐富多元的地理環境，尤其是從海濱到高山，通常約4-5個小時，這是顯少見的地理環境，也是因為有如此多元與豐富的地理環境，臺灣環境議題也呈現多元的困境，因此針對環境現場的感染力，本課程讓帶學生接觸以及回到環境的現場，瞭解海的遼闊與悲傷以及山的壯闊

與哭泣。也因為本校位於中部地區，因此以彰化海濱與玉山國家公園為兩大主要環境現場，進行「山的壯闊與哭泣──拜大自然為師：從玉山中學習與探索」以及「海的遼闊與悲傷──彰化海濱環境議題探索與體驗戶外探索體驗活動」。兩個轉化劑的課程，均搭配一場課室演講，以及戶外探索體驗課程。

1. 山的壯闊與哭泣─拜大自然為師：從玉山中學習與探索

(1) 歷程與內涵

前置演講主題為「人類與自然環境的矛盾與衝突」，針對人類與自然環境的矛盾與衝突，以玉山國家公園場域進行演講。希望能讓學生對於之後的戶外探索與體驗有初步瞭解，以及有不同經驗的學習。

環境現場探索體驗與學習，因基於前述因臺灣多元豐富地形因素，海與山的現場其實距離學生是很近的，但是學生心中對於山與海的距離是很遠的，因此就由中部地區玉山新中橫路段的開發與衝擊，再與玉山塔塔加自然美景，讓學生產生強烈的對比，透過此強烈的對比，讓學生更能瞭解到其人類對於自然環境的衝擊。

特地安排兩天一夜的行程，第一天從瞭解水里、民間採砂石的環境議題，進而到集集攔河堰瞭解水資源議題，中午進行在地市集體驗，下午便沿著新中橫公路一路上山，沿途看到許多工程開發，包含許多擋土牆施工，也看到龍華國小在危險地段不斷重建，後來因屢受災害侵襲損毀，因此便異地重建。進行探索當天，天候不佳，加上施工延誤上山的路程，後來便從阿里山進入玉山，當天晚上及隔天早晨，學生也與許多登山客進行非正式交流，學生從中也學習很多不同經驗。第二天，也是因為天候不佳，因此原訂步道也無法行走，但是我們還是克服重重困難，以輕便裝備，進行不同經驗與大自然接觸，也因天候因素，我們便提早下山，下山沿途，學生更加能體會自然環

境的破壞與衝擊，與人類是習習相關；接續參觀當地產業結合文創產業，稱為梅子夢工廠，讓學生瞭解到產業轉型再生；最後參觀水力發電廠，瞭解水利發電原理與構造，也品嚐透過水力發電的餘電製成的冰品。兩天一夜的山的多元體驗與學習，讓學生瞭解到山的衝擊破壞與山的美景，透過認知上的衝突，能讓學生瞭解到其開發與自然環境兩難與重要性。

這個活動是本課程中重要的戶外自然體驗活動，是綜合所有素養，包含本課程主軸倫理素養，以及媒體素養、民主素養、科學素養的綜合統整活動。一趟兩天一夜的自然體驗與探索過程中，必須具備對於自然環境的科學素養，才能了解看透環境議題；必須事前閱讀所有相關資料，包含網路、影音，必須具備媒體素養，進行批判性思考；小組間必須相互溝通協調與分工合作，這也是必須具備民主素養；最終，需要具有倫理素養，來進行環境議題的討論。此活動，有提出三大面向，六大議題，包含水資源（水資源利用分配、河川議題）、開發議題（產業開發、人為開發與大自然爭地）、人類衝擊（環境災害、永續生活概念），讓不同小組進行自然環境探索體驗時，可以針對各組所負責部分進行資料蒐集，也是為了期末行動而準備（圖四）。

(2) 學生回饋

圖四　山的壯闊與哭泣——拜大自然為師：從玉山中學習與探索照片

回頭想想，一件事真的可以有兩個說法甚至更多，官方在集集攔河堰附近建造了水資源中心，叫我們要節約，叫我們要珍惜。教我們很多知識，似乎是告訴我們他們的工程並沒有錯。我想如果之前我沒有上課過、老師也沒提點的話。我可能會被誤導吧。（學生1）

這次真的是很難得的經驗，以後也很難再親身碰到這些畫面了吧（包括驚險的超級差天氣與路況）。看到沿途一連串的開發與整治，其實我覺得對於這些開發仍然是個很矛盾的議題，要也不是，不要也不是。因為開了這些路讓我們能看到山頂上的奇景，但也直接破壞了山裡的環境，很多做法看似在維護生態卻同時也在破壞，如果我們不能停止開發，必定得想出對兩方都能公平的方法，很簡單卻也很難，也許這就是至今我們仍無法免於大自然暴力討債的原因吧。人類自大的以為能贏過大自然，殊不知只是取它的資源再直接或間接的傷害它以達到勝過大自然的假象，怎麼想都是個很作弊的方式。（學生2）

2. 海的遼闊與悲傷—彰化海濱環境議題探索與體驗戶外探索體驗活動

(1) 歷程與內涵

前置的演講主題為「邁向永續發展與環境正義之路-從國光石化談起」，分享彰化海濱重大環境議題：國光石化，延伸到永續發展與環境正義課題，讓學生要親自到環境現場時，能夠有初步的先備知識以及覺知。

環境現場的探索體驗與學習為彰化海濱環境議題探索與體驗，特別邀請彰化環境保護聯盟理事長蔡嘉陽博士，全程協助解說以及剖析環境議題，蔡嘉陽博士先在正規課程中，進行相關演講。後續也帶領學生至環境現場深刻瞭解其環境議題，包含探索芳苑潮間帶的美，福寶溼地的生態多樣，也瞭解到六輕對於西部海岸的衝擊，彰濱工業區的影響，以及原訂國光石化預定地，現在以撤銷興建的重要性（圖五）。

(2) 學生回饋

圖五 海的遼闊與悲傷——彰化海濱環境議題探索與體驗戶外探索體驗活動照片

在這一次的校外教學，我看到了不少人為了他們的家園捍衛的水源與糧倉，也看到不少大學生參與這項活動，讓我覺得為了

環境做的事情不一定是以一種方式去表現與表達，在彰化福寶濕地發現了許多紅樹林生態植物，原來紅樹林是外來的生物種，他把原有的生態破壞掉，因為不同的生態有屬於他的棲息方式，不要為了別的地方生態中出現的動植物，是用於這邊的動植物生態裡面，在漢寶濕地中我看見了海邊的路，雖然當初看得是一片片大海，經過了退潮的時間，我看見孩上有一條路遠遠的通道海的另一邊，聽著蔡嘉陽老師的介紹，原來是養蚵的蚵農他們每次在退潮的時段都會用車子去運送蚵到菜市場去賣。（學生1）

雖然我們都一直在宣導要保護環境、也知道如果不試圖保護環境，我們將來會有甚麼不可收拾的悲劇。可悲的事情是大多數的人都會有「不見棺材不掉淚」的情操。禮拜日去參訪，看到海岸，看到砂石堆，看到被腐蝕的貨櫃還有僅存的潮間帶，有別於宜蘭墾丁的海風和浪花，就差那麼一點點就被唯利是圖的投資者吞噬。蔡嘉陽老師用投影片列出國光石化緊抓著的優勢，然後在後面依依抓出國光自稱的優勢中，裡面的紕漏、盲點，讓我覺得自己好像被穿透，看到自己真的就只是一個大學生，對於我們的環境、生活、未來、社會連一點基礎的認知都沒有。比如說，國光石化說他們可以提供多少多少的就業機會，我剛開始也覺得：「對呀，現在失業率那麼高。」但老師後來就說，他們問國光：「你們能提供甚麼樣的工作給這裡的人民？」國光卻只回說：「可以提供警衛等等。」老師便向我們解釋，國光提供向警衛的工作給他們，反而是害他們作息不正常，原本他們可以按照他們平常養殖蚵仔、拉牛車、犁田的生活，縱然看起來很辛苦，對他們來說那是他們最熟悉的生

活，而且那邊本來就有不可替代的文化，為什麼不發展文化特色？我們臺灣已經不需要更多的石油業，為什麼還要犧牲最天然的土地去蓋我們目前不需要用的東西？這完全是流血輸出！（學生2）

（二）「合」：自我與社會實踐力

「合」在整學期課程不同時間點進行相關行動，也包含期中與期末兩大行動進行，主要讓學子瞭解到，課程不僅僅是課本上的知識，實際行動是相當重要，所謂做中學便是重要的理念。以下敘述課程間的小行動，期中的個人行動，以及期末的團體行動。

1. 地球日行動：給地球愛的承諾（期初課程間小行動）

因應世界地球日，身為地球上的一份子，除了平日對於環境的關懷之外，這一天，我們將變身為環境小天使，宣傳愛護環境概念，以及給地球一個愛的承諾。地球日那一週上課時，各自尋找到夥伴一同行動，必須要進行兩件事情。第一件事情：自我承諾；利用廢紙，寫下自我承諾，尋找到適當地點，利用影像紀錄下自我對於地球愛的承諾。第二件事情：推廣出去，期望別人承諾；一樣帶著廢紙，尋找推廣對象，希望對方也能寫下對於地球愛的承諾，並也利用影像紀錄。

2. 說一個環境的故事：我的地方家鄉感（期中行動）

此期中活動，源自於「地方感」一詞，地方感是自我對於某特定地方的感受、情感、與信念，屬於個人的主觀感受，其建構的過程常涵蓋個人經驗、記憶、情感與意念，亦會受到社會文化與自然生態環境的影響。現今絕大多數的人與環境間，有著一股鴻溝，此鴻溝撕裂

人與環境間的情感連結。希望透過對於環境的探索、瞭解,並且深刻的透過各式各樣的紀錄方式(影像、文字),尋回對於環境的情感連結。此次的期中活動,則是從家鄉出發,希望每位學子,回去尋找專屬的地方家鄉感,透過尋找歷程,也尋找回與環境連結的情感。

　　透過此次的作業,讓學生試圖從家鄉開始尋找與環境的連結,也將學生的作品建置在google地圖上,每一位學生也會發現,有同家鄉的同學,但是看法與觀點是會有相異之處,透過此差異,讓學生學習表達自我想法與觀點,並且尊重多元觀點,以及學習接受不同的想法,進而自我反思。部分學生影像與google地圖如下圖六所示。

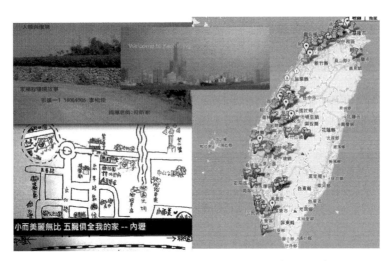

圖六　說一個環境的故事:我的地方家鄉感成果

3. Rio+20:臺灣在地的呼應與行動(期末行動)

　　聯合國於2010年之第64次大會中決議,將於2012年6月20-22日,在巴西里約舉辦「聯合國永續發展大會(United Nations Conference on Sustainable Development, 簡稱UNCSD)」,又稱之為RIO＋20。此係聯合國繼1992年於里約舉辦之「地球高峰會」、2002年於約翰尼斯堡

舉辦之「永續發展界高峰會」後，第三度邀請各國元首共聚一堂，討論與檢討全球及人類推動永續發展上，所面臨的問題及展望。由於UNCSD大會與1992年的「地球高峰會」相距20年，故又稱為RIO＋20。

　　這是一個對於全人類而言一個重要的會議，也是人類關鍵的對話，會議中關注七大議題，包含：綠色就業、能源、城市、食品、水、海洋與災害，再加上永續生活模式。本著國際視野在地行動的觀念與事業，希望針對這七加一的議題，提出臺灣現狀與呼應。

　　學生透過資料蒐集、消化、吸收、討論，從國際議題出發，最後回到臺灣所面臨的議題，試圖讓學生擁有國際觀以及在地關懷，學生將這八大主題，製作宣導短片，上傳到網路平臺，進行宣導與分享，讓更多人了解與知道國際的議題與臺灣的現況，透過此活動試圖培力學生從國際觀進而在地關懷。以下為學生成果作品影像（圖七）。

圖七　Rio+20：臺灣在地的呼應與行動成果

三、內省：自我反思

（一）授課內容知識承載度

　　本課程每一節課均有關鍵概念，希望學生能了解並融會貫通，前半學期課程，屬於連結學生與環境相關概念、技能、知識等，較貼近學生生活，學生較能了解與應用。下半學期課程，進入屬於環境倫理哲學思維，學生便較無法接受太多的知識概念，而難以融會貫通。因此，未來開課應該更加思考不同單元課程知識承載度，若有些許課程知識承載度降低時，那是否應該可以增加其相關技能培養，或是態度的啟發。由此，體悟出每一堂課，可以包含知識承載度、技能培養與態度啟發等三大主軸進行調配，而不一定每一節課都是三者並重。

（二）授課時間掌握

　　本課程計畫中，每一週課程均包含新聞時事、影片引起學生動機，進而講授相關概念知識，再進一步連結相關紀錄片，提出議題進行討論，最後進行多元分享。往往，最後的多元分享常常會因為時間不夠，而不是每一次都能進行，但是多元的分享，是啟發學生民主素養的重要活動之一，透過多元的分享，學生才會知道除了學習闡述個人想法意見外，也必須尊重不同的看法，因此，未來必須再協調每一節課的時間分配，或許把授課時間分為十等份，或許能安排為1、3、1、3、2。1為新聞時事引起動機，3為講授相關概念知識，1為連結相關新聞時事，3為議題討論，最後一個2為進行多元分享。

（三）戶外環境探索體驗經驗不足

　　本課程進行自然環境探索與體驗，因為想透過此探索體驗，讓學

生從中探討相關環境議題，進而進行推廣，但因為前置作業未能完善，因此議題部分是由老師決定，學生再認領議題，進行探索和體驗，並蒐集相關資料，最後進行推廣活動。但是若學生先備知識夠完整，或許也能讓學生自行探索議題，進而進行推廣行動，這也是另一種可行的方式。

（四）滾動式課程發展對於教學助教（TA）（後均以TA簡稱）的困擾

本課程一直處於是滾動式課程發展，會依學生狀況以及當時現況，即時調整授課方式與內容，但是老師有時會突然交代需要進行新的部分，如此一來，便會造成TA的困擾。未來，會盡量減少大幅度變動課程整體，小幅度的修正是必要的，因而待課程執行達到穩定狀態，主軸將會確認，僅會是部分小幅度修正，以呼應學生狀況。

（五）教師與TA的關係與互動

> 沒有所謂完美的TA，也沒有所謂完美的老師。
> 只存在著擁有良好溝通協調的老師與TA。
> 以學生為核心，社會脈絡為導向，共創課程美妙的樂章。

一直以來，到底老師與TA間的關係為何？這個疑問，常常存在老師與TA的心中，尤其是第一次擔任TA以及第一次與TA合作的老師，常常心中會出現有些疑惑，例如：老師的疑惑在於要請TA協助什麼事情？協助這些事情的TA能力可以嗎？TA要不要到課堂上來？……等大大小小疑問，而TA的疑惑則是在於這樣的工作量是正常的嗎？跟老師要保持哪種關係？跟學生又要保持哪種關係？……等多樣化的問題。當今針對TA的相關培力活動與課程，常常會以TA該要盡哪些責任為主

軸，以老師為核心，TA該做哪些事情為主要內容，較少提到看待老師
與TA的關係，或是針對老師與TA的關係中，需要如何培力老師，老師
從課程規劃設計與進行的角度來看，扮演著與TA互動關鍵的角色。因
此本文將透過筆者與TA互動的歷程，提出老師與TA關係該如何看待以
及面對，針對第一線辛苦的教師以及TA能提供部分的經驗，筆者所提
僅只於冰山一角，因為每位老師與TA都有獨特人格特質，因此以下的
經驗分享僅為筆者個人歸納分析所提出，不見得可以符應各種狀況，
更何況，每個學校校風及氛圍也有所差異，諸多變數之下，更顯筆者
的經驗絕對無法放諸四海。可以提醒老師與TA思考相互的關係，以及
尋找適合的相處之道。老師、TA、學生與課程這四者之間，存在著一
種簡單的關係。也就是：

$$[（TE（老師）+ TA（教學助教）+ ST（學生））x 溝通] x$$
$$S（社會脈絡）= C（課程）$$

可以了解到，縱使有完美的老師、完美的TA以及完美的學生，沒有相
互溝通，對於課程而言，都是屬於一種非正向的發展，而反思社會脈
絡，也成為一種讓學生與TA與真實世界連結的方式。

　　老師與TA間存在的關係，若是用一種社會上的現象來形容，是哪
一種現象呢？應該可以用「戀愛」的感覺來形容，核心思維是溝通與
包容，大致上可以區分為尋覓、熱戀、適應、倦怠、穩定與創造等六
大階段。

　　以下將分述不同時期，本課程老師與TA的工作與任務。

1. 尋覓與熱戀

　　這一部分，將可能尋找過去修過課程的學生，或是曾經擔任過課
程TA的學生。尋找到後，便詳細說明整體課程的規劃設計，讓TA充分

了解，並且必須激發其熱情。

2. 適應與倦怠

必須與TA溝通該做的事情，有任務導向、每週課程需要協助，或是課程願景，均需達到共識，並且也需要體認TA也是學生，因此也要關心其他事務。若是TA或學生有面臨倦怠感，應了解狀況，並且試圖再度激發熱情，若真的無法再度激發，便必須思考，是否針對課程進行部分修正。

3. 穩定與共創

經過充分溝通協調後，與TA便能有絕佳的默契，在穩定的課程，TA總是創造令人驚喜的活動，以及與學生的互動更加融洽，此時，老師的工作能夠將教學有更深入及豐富的變化，以增加TA與學生間的互動機會，TA也能透過擔任此工作有成長與學習，所謂教學相長便是如此，透過此增加溝通協調、組織、思考邏輯……等相關能力，當然，全程跟課過程，也同樣是修了一門課，因此是相當具有多元成長的經驗。以下將敘述更加詳細的內容。

課程中，每一週將進行不同主題之分組探討，主題間均有一定相關性，每週進行主題探討時先由授課教師進行引導，分組探討時由TA實際在各組中進行問題釐清及協助，這樣分組探討的同時同學便能掌握主題，不會漫無邊際而無法聚焦。

課程中，也搭配學習內容安排了校園與周遭環境及校外探索活動，這部分的教學活動由分組活動來達成，而TA可以隨行協助同學，若同學進行戶外活動隨時有問題能馬上反應，TA便能即時協助同學。

TA也必須在課程網站上，針對作業及課堂討論議題，給予學生帶領與指導，也必須固定回答學生產生之疑問。

1. 教師與TA間之教學分工

　　教師負責課程大綱研擬、授課與作業之閱讀與評語，TA則負責講義資料準備、小組討論帶領、引導小組議題探索活動、網站討論資料的維護與回應。

2. 教學課程帶領討論之課前課後準備工作與應完成事項

　　討論的課前準備為印製討論的書面資料，包括討論的題綱與討論的參考資料；討論的課後準備工作，主要是以電子郵件聯繫學生，催收討論的心得感想，並鼓勵網站上的後續討論。

3. TA帶課後討論成效評量方式與基準

　　以學生討論前準備的資料、討論的參與情形、與討論後的感想雜記為成效評量的依據。

　　TA不僅是成為老師的助手，也希望透過課程協助不同的事務，能增加其溝通、組織與表達能力，也期望能擔任TA的過程成為負責任的環境公民。

四、展望：自我期許

　　　大學的目的，不是教導單一的技能，而是提供廣博的通識基礎，不是造就某一行業專家，而是培養領導群倫的通才。學生從大學所獲得的，不是零碎知識的提供，不是職業技術的販售，而是心靈的刺激與拓展，見識的廣博與洞明。(耶魯報告，The Yale Report of 1828)

臺灣的學子一直以來從小學、中學以分科教學為導向，雖然九年一貫改變為領域方式，但還是以領域單獨教學為導向，幾乎很少跨領域統整教學，到大學後更是直接進入更細微的專業學習，而在大學的通識教育，便是提供專業學習之外不同領域學習及拓廣視野的機會，若沒有通識教育滋養與拓廣，進入專業的學習後，可能會培養出非常專業的技術人員，但卻缺乏其不同素養。大學教育則是學子進入社會關鍵時期，希望學子透過通識教育養分發展多元素養。因此大學的通識教育是在專業學習之外，另一種接觸多元價值的機會，也是提供學子不同視角看待世界，思考能跳脫單一線性思維，而以多元思維角度看待每一件事。

通識教育領域是相當浩瀚，環境教育所觸及的課程與內容，是所有一切的基底，因為人類的發展是離不開地球這個大環境，所有一切事物都在地球這個大環境中發生，而環境教育相關議題在通識教育領域中是較少被碰觸的。不管任何專業，最後進入社會後，均會對環境有所影響，但現今的主流價值漸漸造成人與環境間鴻溝，因為如此的鴻溝，讓專業領域的教學忘卻需思考專業與環境間關係，是否對環境產生衝擊，因此不同環境議題慢慢浮上檯面，因為全球暖化影響造成的極端氣候一再衝擊臺灣，透過如此的覺察，臺灣環境教育法，對於環境教育定義為「指運用教育方法，培育國民瞭解與環境之倫理關係，增進國民保護環境之知識、技能、態度及價值觀，促使國民重視環境，採取行動，以達永續發展之公民教育過程」，環境教育最重要的是要了解與環境的倫理關係，因此讓筆者更加堅信環境教育需透過通識教育傳遞相關倫理價值給不同領域的學子，讓學子未來能成為對於環境是負責任的公民。

Aldo Leopold在沙郡年紀一書中揭露了重要概念：「土地倫理會改變人類的角色，使他們從土地社群裡的征服者變成社群裡普通的成員

和公民,這樣的角色,便包含對他其餘的成員夥伴的尊重,以及對整個社群本身的尊重。」這一段話一直是進行不同環境教育課程中重要的核心哲思,因為社會洪流的影響,讓學子與環境脫節,甚至產生巨大鴻溝,在不同環境教育課程中,最初與最終,一定要讓學子尋找到與環境間連結,若無法啟發與找到此連結,講授再多的環境概念、知識、技能……等,也僅是一般的訊息,而無法觸動學子,讓學子真正了解其重要性,進而回到本身的專業領域,思考可以如何帶給環境友善,筆者透過通識教育接觸最多元的學子,將環境帶入課堂,學子下課後,能將視野延伸至大環境中。

通識教育常常面臨的困境,便是學子會把通識課程視為不重要的學習,若每一位投入在通識教育中的老師若能用熱情、熱誠將不同的素養、內涵傳遞給學子,相信大多數的學子是會感受到,當學子感受到,通識所要傳達的理念便悄悄的在學子的心田播下種子,留待學子日後慢慢發芽成長。教育是百年樹人,通識教育也是相同,因此可能當下學子不會展現出成長的脈絡,但,用熱情撥下的種子,一定會有開花結果的一天,這一天是身為通識教育的老師所引領期盼。

參考文獻

1. Cornell, J. (1989). Sharing the Joy of Nature：Nature activities for all ages. Dawn Publications.

2. Lane, J. C. (1987). *The Yale report of 1828 and liberal education: A neorepublican manifesto*. History of Education Quarterly, 27(3), 325-338.

3. Leopold, Aldo. 1989. *Thinking Like a Mountain*. 129-132. In Aldo Leopold. A Sand County Almanac and Sketched Here and There. Oxford University Press, New York, 1987. 【吳美貞譯《沙郡年紀：李奧帕德的自然沈思》天下文化出版1998年3月】

歌詠・舞踏・戲說生命樂章
——「音樂劇場」課程設計與實踐

王維君

國立台灣科技大學人文社會學科

一、前言

　　科技大學學生的專才養成過程，較缺乏通識培育與藝術薰陶。而來自家庭、升學、情感、人際互動等壓力，且對生命的探索及自我的定位有些茫然，需要有傾聽內在聲音、抒發情緒的管道，以及釐清自我存在的意義與增進人我健全互動與溝通的。為因應全球經濟型態之改變，迎接知識經濟時代，創造力更是二十一世紀公民所需追求的軟實力。身為世界公民不僅要擁有人文社會及自然科學的基本知識，更要培育文化素養、生命智慧、分析思辨能力、表達溝通技巧，以及終身學習成長的動力，並且關懷社會、具世界觀，瞭解自我存在的意義，尊重不同生命與文明的價值，對宇宙、對生命充滿好奇，並知道如何探索與解決問題（王維君，2013）。

　　音樂劇場廣義來說是指以音樂為主導，結合文字、戲劇、舞蹈、舞台等其他元素的一種綜合表演藝術形式。無論寫實或抽象，透過音樂、語言、動作及其他視聽覺之元素，以一種高度縝密的時空、視聽結合，表達人類內在與外在經驗之生命歷程（王維君，2013）。基於

鍛造大學生全人的核心能力之理念，特開設「音樂劇場」①課程，期望藉由這門綜合藝術的探索與創造，不僅是美學的薰陶，文化的洗禮與傳承；由聲音肢體的開發而強化自我認同；共同創作中，學習與他人協調溝通的能力；經由課堂主題探討的激盪，引領學生對社會議題的關注與自我生命價值的探索；更因與其他課程的跨領域整合與交流，讓學生學習獨立思考與團隊力量整合，探索人文與科技的交會，進行理論與實作的對話。

二、音樂劇場課程設計

（一）教學理念

　　新世紀的大學教育，應以鍛造學生核心能力為要務；鍛造學生核心能力，應以通識教育為核心機制。教育部通識教育中程計劃（96-99）指出：「連結各知識領域的通識教育，最能讓背景不同、志向互異的學生獲得足以面對複雜世界的知識能力，因為通識教育最能促成以能力導向為基礎的教學，最能實踐以問題解決為基礎的學習，最能培養知識反思能力、知識統合能力及知識創新能力。」因此台灣科技大學通識教育的目標在打造台科學子之七力，即為公民責任能力、全球化競爭力、溝通能力、解決問題能力、終身學習能力、藝術創造力、及多元關懷能力。

　　本「音樂劇場」課程設計以全人教育的理念為依歸，旨在鍛造台科七力，開展學生表達、溝通與辨析，培養學生批判思考、理性分

---

① 本「音樂劇場」課程曾榮獲教育部102學年度全國技專院校績優通識課程、102學年度第一學期教育部公民核心能力課程計畫課群類績優獎，本課程亦獲100、101、102學年度第一學期教育部公民核心能力課程計畫補助。

析、表達溝通、知識反思、整合與創新能力；參酌古希臘音樂理論家及哲學家波埃提烏斯（Anicius Manlius Torquatus Severinus Boëthius，約480-525 或526 A. D.）之全人音樂理念、二十世紀卡爾奧福（Carl Orff, 1895-1982）的「完全劇場」（Total Theater）、與凱勒（Wilhelm Keller, 1920-2008）及魏德曼（Manuela Widmer, 1952- ）的「基礎音樂戲劇」（Elemental Music Drama），發展成結合音樂、語言、舞蹈、戲劇的音樂劇場之音樂教育形式。期望學生透過課程中的引導，對音樂產生長久之興趣，使其能隨時存在於學生生活之中。故不再讓音樂學習侷限於音樂欣賞，而以音樂劇場理論為教學主題及音樂劇場實作為媒介，讓學生透過對音樂的探索、演奏、演唱、創作之過程，將理性的知識轉化為個人內在的認知概念，更進一步達到以音樂自我表達之目的。

（二）教學目標

　　戲劇和教育的結合，在國外已有近百年的發展，主要以英國的「教育戲劇」（Drama-In-Education）和美國的「創造性戲劇」（Creative Drama）為代表。戲劇教育不僅要教學生學習戲劇的語言，同時也能引導學生探討戲劇中的議題。近幾年來，音樂劇成為台灣表演藝術界的熱門領域。而音樂劇融合許多表演藝術元素，如音樂、戲劇、舞蹈、文學等，適合統整教學所用，透過「從做中學」的概念，引導學生探索、創作及賞析，同時也發展音樂之認知、情意、技能，以及美感、語文、社會各方面的能力。

　　本課程尤其著重在記憶、理解、應用、分析、批判、演唱演奏等複雜心向動作反應之實作與創造，因此訂定以下教學目標（王維君，2013）：(1) 能主動的聆聽、分析與評鑑、演奏和創作的過程，來體驗音樂中的音樂元素，進而強化音樂的學習；增進審美的經驗與層次提

昇。(2) 引發對音樂及五感的探索與嘗試，增進對自我肢體與感官的認知，啟發與提昇創造力。(3) 在即興的氛圍中，享受創作樂趣，並由表演藝術活動的參與及創作滿足自我實現。(4) 自我生命價值的探索且能注意時事，關懷社會議題，且能運用媒體發聲，並遵守媒體倫理。(5) 能結合音樂藝術之表達與多媒體劇場形式之運用，對舞蹈、色彩、光影、建築等藝術的鑑賞與連結應用；探索人文與科技的交會，進行理論與實作的對話。(6) 能與跨領域夥伴合作，學習相關科學理論及聲音製作、多媒體製作、色彩工程、空間硬體設計、與音效規劃。(7) 從小組的討論與創作中，尤其本計畫是課群的組合，學生們有許多跨領域整合與交流的機會，增進思辨、領導統御、整合、表達能力及，與他人協調合作的能力。

本課程期望培育學生的公民素養如下（王維君，2013）：

1. 美學素養

(1) 透過對劇場形式拓展音樂空間，採用音樂、語言、肢體、視覺、舞台空間等元素之融合，開拓對音樂藝術的新認知，並發揮個人藝術創造的潛能，及對藝術欣賞與評論的能力。

(2) 艾略特（David J. Elliott）音樂教育實踐哲學的體現，以主動的聆聽、分析與評鑑、演奏和創作的過程，來體驗音樂中的音樂元素，進而強化音樂的學習。

(3) 相關舞蹈、色彩、光影、建築等藝術的鑑賞與連結應用，色覺與聽覺及五感間共感覺之聯繫，增進審美的經驗與層次提昇。

2. 倫理素養

(1) 創作及聆賞音樂劇場作品之主題與時事及社會脈動結合，關懷社會與人倫思維。

(2) 從戲劇的表演中，由揣摩角色及角色扮演來培養同理心，整合知識情感與生命經驗的歷程；由肢體與聲音的開發，產生自我認同，尋找自我生命的意義與價值。

(3) 發掘學校所在之社區或城市的音樂文化內涵及音景特色；從環境的體驗與保存中，學習欣賞及尊重不同的文化族群與特質，並激發對文化承傳的使命。

3. 民主素養

(1) 教學方式，以學生為主體，小組共同商討主題構思並協調合作而進行創作。

(2) 從小組活動與團隊創作中之辯論與互重，培養學生尊重個體的民主素養、領導統御能力、表達溝通技巧，並於分工協調中發展群體的和諧合作關係。

4. 科學素養

學習相關科學理論及聲音製作、多媒體製作、色彩工程、空間硬體設計、與音效規畫為科技的整合應用。

5. 媒體素養

(1) 結合音樂藝術之表達與多媒體劇場形式之運用，傳達音樂劇場創作的中心主題，構思並創作屬於自己的生命故事。

(2) 學習活動宣傳、藝術行銷與報導。

(3) 對藝術活動的評論與省思。

（三）課程架構與實施方式

依上述課程目標所設計的音樂劇場課程實施方式，以主題式的貫

穿，不僅授課教師課堂講授、樂曲教唱、聲音及肢體的開發，也穿插學生之小組實作活動形式，藉由小組討論與活動，讓學生能共同體驗感受創作樂趣，並且觀摩同儕間優秀成果，提高學習成效；更安排校外專家講座，讓學生們有與實務專家學習及對話的機會，打開更廣闊的音樂藝術視野。另外，也試圖與社區及第三部門交流。

課程架構：分前後兩段

1. 學期前段

期初至期中考之學期前段，內容有兩大主軸：一為經典作品的研究，包括歌劇、音樂劇、崑曲、京劇、歌仔戲等之介紹，以累積其創作的靈感與養份。二為培養展演的能力與技術，包括劇本寫作、演奏、演唱、肢體開發、佈景道具之製作、燈光服裝之設計等，以達期末音樂劇場的整合演出。

學期前段為實作先備能力與知識建構期及音樂劇場前製期，兩者是交叉進行。

(1) 實作先備能力與知識建構期：包含授課教師對音樂劇發展史，表演形式與風格的介紹，及業界專家之實務經驗分享，還有教師為培養學生創意思考、肢體表演、聲音表情、劇本寫作、舞台設計等技能所設計小組討論、活動，及小創作。

(2) 期末音樂劇展演前製期：包含角色、場景之設定、劇情架構之建立，還有選角及分工。分工包含編劇、導演、舞台監督、演出組（演員、鋼琴伴奏、樂團、合唱、舞者）、技術組（服裝、化妝、道具、燈光、音效、舞台設計）、及宣傳等。

2. 學期後段

學期後段為自編自導自演音樂劇的實際製作期。由期中考後,則進入排演、製作、宣傳、整合、以及最終的展演期。而期末為達成完整的教學歷程,則還涵蓋檢討、回饋與反思的階段。

(四)評量要點

1. 評量理念與策略

張中煖(2005)提出知識性、記憶性、客觀的標準答案,容易以分數評比,然涉及情感、創意、較主觀質化呈現的結果,則不易評量。因此音樂劇場課程由於實作的性質較高,評量應著重於在「質性」的評量上,以學生學習的過程為中心,就參與整體活動的過程表現作評量。進行評量時,必須具備以下的觀念:(1) 評量必須根據活動目的及教學目標而進行。(2) 演出不是課程的終點,演出後的評量及回饋,才是課程的重點。(3) 評量內容與重點不僅是學習能力,還需評估學習前後與過程中的改變。(4) 評量過程是為了幫助學生建立自省的能力,所以教師應扮演鼓勵者角色,多使用討論、遊戲、表演的方式代替制式的評量(許允麗,2008;張曉華,2007)。(5) 評量方式多元:教師可以現場觀察、課堂討論、書面資料、錄音與錄影、紙筆測驗和評量紀錄表等,為學生的表現作評量。(6) 列入學生自評及同儕互評:不論是紙筆評量或討論作語言回饋,都可由觀摩同儕表現與自我評估中,增加其參與感與省思的機會。

2. 成績評定方式

(1) 課堂參與、出席狀況-10%

(2) 網站討論－課後討論題之回應、藝文新聞分享與評論－10%

(3) 講座心得－10%

(4) 小組活動與討論－20%

(5) 專題製作－40%

　　A 期中專題製作

　　B 期末展演

(6) 期末回饋－10%

三、音樂劇場作業設計

（一）暖身活動

　　暖身活動的設計，目的是讓學生透過視、聽、動覺，去感受及表達自己與他人、個人與週遭環境間的相互關連性。

1. 情緒感受與表達

　　(1) 情緒大觀園：要求學生假想不同身分、情境，善用面部表情、肢體表情、及聲音表情，演唱同一曲段而表現指定的情緒。

　　(2) 間諜遊戲：設定一個假設的身分、姓名、職業、長相特徵、以其身分來思維、對話及行動。

2. 認識舞台區位

　　「走位」是安排人物在戲劇情境中移動與靜止的各種狀態，需考慮單一角色的台詞與肢體動作、各角色間的互動關係，以及進出舞台之出入口與佈景配置。舞台區位以類似九宮格的方式，來將舞台空間分為九個區位。以演員面對觀眾的左、右為左舞台與右舞台，上、下

舞台亦然，其中觀眾最先看到的地方，視為最強調的區位，由強至弱依序為：中下區、右下區、左下區、中中區、右中區、左中區、中上區、右上區、左上區。認識舞台區位之活動重點：

　　(1) 瞭解舞台走位術語，及舞台上相關位置。

　　(2) 觀賞戲劇片段，分析角色之定點及走位區位。

　　(3) 練習：教師給予情境，要求學生設計動作及台詞，並在表演中指定角色區位（定點及走位）作表演。

3. 以肢體呈現畫面

　　(1) 靜態：先「看圖說故事」、然後進行「圖像模仿秀」，讓學生嘗試不靠道具，以純肢體呈現畫面。最後可進階到「名畫再現」。

　　(2) 動態：如「律動練習」，感受音樂中的音樂要素，依教師指示進行肢體律動與隊形變化。「影子遊戲」，兩兩相對，聽音樂動作，一人發想立即動作，另一人則以影子仿效鏡射的動作，一段音樂後，交換進行。

4. 音樂音效及聲音表情之練習

　　(1) 發聲練習
　　(2) 瞭解及分析音樂特性及傳達的情緒
　　(3) 默劇配樂
　　(4) 配音員

（二）單元活動設計

1. 尋找自己的主題曲

　　(1) 單元設計：讓學生在創作的過程中，表達代表自己的特色。

透過學生在挑選歌曲或是改編歌詞的過程中，可了解到學生的生活環境，求學背景甚至是興趣等。

(2) 作業指引：小組討論後，小組成員自選一首歌曲為本組的主題曲，進行改編創作，以表現整組成員的特性或心聲，而後輪流發表。

2. 關鍵任務

(1) 單元設計：讓學生透過創作發想，嘗試重新演繹關鍵字詞的意義。學生在挑選歌曲或是重新定義字詞時，可藉此與學生討論自我定位與價值觀。

(2) 作業指引：以抽到的關鍵字（如社群網站、低頭族、夢想、幸福、等待、通勤）發想，重新定義其概念（如低頭族：沉溺在現實與虛擬的不斷切換，失去與現實中人事物的連結；通勤：點到點之間的一段旅程）。以一首歌曲為素材，可沿用或改編，而演繹其概念、情境或故事。

3. 節奏音景即興創作

(1) 單元設計：除了常見的打擊樂器之外，生活中的任何素材都可成為節奏創作的元素，而藉由從生活中尋找創作元素，可讓學生對生活中的小細節更加注重，同時也激發其想像力，於創作中碰撞出不一樣的火花。

(2) 作業指引：小組成員由教師及助教引導搜尋音源，以簡單打擊樂器、人體節奏樂（Body Percussion）及自製樂器（包括金屬、木質、或紙等指定材質）進行節奏練習與即興創作。將蒐集到的素材決定其音源的發聲方式，且分辨其音高之高低、音量之強弱、及時值之長短等特性，記錄於「音源材料記錄表」中。在ABA三段式的結構下，設定AB段兩種對比或差異的各音樂構成要素如節拍、速度、音量等，

考慮所用素材之音量、音高等特性進行分類，先設定頑固節奏型為基礎，再循序加入新素材並以層疊方式表達各節奏型。教師及助教引導學生以記譜法或圖示法，將所設計的節奏型記錄下來，譬如可以不同的具象圖形或抽象符號代表各種音色素材，而圖形與符號的大小代表音量之強弱，圖形與符號的橫向長度則代表時值的長短等。如此可強化節奏之內在感應，更能以視覺的輔助檢視其節奏創作的層次及對比表現。

(3) 評分原則：A 符合音樂素材表格之設定，B 節奏表現層次，C 對比性，D 音色的豐富性與創意性，E 流暢度，F 全組的團隊精神。

4. 名畫再現

(1) 單元設計：小組成員由教師及助教引導搜尋藝術名畫，了解繪畫如何藉由不同的藝術形式作為創作觸媒，研究藝術品的時代背景、社會文化、創作意涵等，作為編劇及演出參考。選擇適當之配樂及演出方式，以戲劇表演重新詮釋畫作故事，而最後一幕定格呈現該幅名畫。

(2) 作業指引：A 搜尋重點為原畫之名稱、畫家、創作背景、及原畫內容及呈現方式。B 重新詮釋，包括抽取、轉化前述研究成果，作為新編劇之參考，且融入一首主題曲及節奏音景的運用，並選擇適當之配樂、音效及自製視覺媒體之輔助，以戲劇表演重新詮釋畫作故事，而最後一幕定格呈現該幅名畫。C 記錄小組內之分工之狀態。

(3) 評分標準為：A 主題呈現（30%），B 主題曲運用（20%），C 節奏音景創作（20%），D 創意（10%），E 其他（服裝、道具、團隊合作……等）（20%）

(4) 小組活動呈現：如圖一、二、三所示。

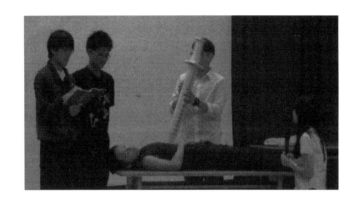

圖一　名畫再現學生演出（一）：蒂爾普醫師的轉身術；重新詮釋名畫「杜爾博士的解剖學課」

圖二　名畫再現學生演出（二）：媽我可以吃了；重新詮釋名畫「人之子」

圖三　名畫再現學生作品（三）：分鏡圖：Creation of Zombie；重新
　　　詮釋名畫「亞當的創造」

5. 音樂劇新演繹──改寫音樂劇故事梗概

(1) 單元設計：運用教師指定的經典音樂劇中的選曲，可保留原故事架構及元素，也可完全拆解原音樂劇，訂定新劇的時空與角色，重新排列曲目的順序，進行新編劇本梗概的發想與創作。

(2) 作業指引：藉由角色、時空設定與台灣/音景元素之融入，考慮時間與空間敘事之「場面調度」，進行劇本梗概的創作。劇本梗概需詳細列出時空背景交代、場景設定、人物性格、歌曲安置及呈現，並簡略敘述故事發展的結構。其故事結構：A 可以沿用「頭、中、尾」起承轉合的傳統寫法，開頭為主題鋪陳，呈現主要的人、地、時、事件；中段加入衝突與危機；結尾則問題解決、完成使命。B 或者以反傳統的寫法，以一個主題來貫穿。

(3) 評分標準：A 角色設定（15%），B 情節結構邏輯（15%），C 台灣元素融入（15%），D 主題呈現（30%），E 創意（25%）

四、師生集體創作改編音樂劇

（一）「悲慘世界之台灣演義」（改編自「悲慘世界」，圖四 為該劇宣傳海報）

第一幕

場景：紡織工廠、甘納迪夫婦家前院

時間：民國七十年

又到了紡織工廠發薪水的日子《At the end of the day》，女工芳妮卻被老闆剝削減薪，人生坎坷之外卻還要擔心自己和女兒柯瑞特的生活。長期營養不良且被虐待的狀況下，終於倒下。而在臨終前，將女兒託付給默默喜歡著自己的紡織廠工人尚蓋強（台語發音），唱著《I dream a dream》含笑而終。

第二幕

場景：甘納迪夫婦家前院／甘納迪夫婦豪宅

時間：民國八十年

失去母親的柯瑞特生活更加艱苦，老闆娘一家人對她更是狠毒，時常欺負她，而珂瑞特在幫忙家務的同時唱起《Castle on a cloud》。甘納迪夫婦則在他們開的黑店中，高調高歌《Master of the house》。尚蓋強為工廠爭取到了許多訂單，但卻不知是被奸詐的老闆利用。而奉公職守的警察沙威唱著《Stars》，誓死效忠法律，欲緝拿尚蓋強歸案。

第三幕

場景：公園／維軍廣場

時間：民國八十年間

參加勞資反抗運動的人越來越多，抗議群眾大聲吶喊勞資剝削問

題，一群人在酒店夫婦家門口抗議《民歌組曲+向前行》、《Do you hear the people sing》。在那裡，大學生馬阿寺對柯瑞特一見鍾情，可是愛波寧對馬阿寺卻情有獨鍾，三角戀情萌生《A heart full of love》。愛波寧孤單、落寞的單戀情懷《On my own》。欲逮捕尚蓋強的沙威卻誤抓了學生恩左，尚蓋強陷入天人交戰《Who am I》。恩左深陷危機，尚蓋強祈求老天的護佑，出面解救《Bring him home》。

第四幕

場景：甘納迪夫婦家庭園

時間：民國八十年間

這天，忍耐已久的抗議民眾終於將訴諸行動，以馬阿寺為首的群眾激烈的與甘納迪夫婦鬥爭。每個人心中有個期望，期待明天會是個新局面《One day more》。

圖四　「悲慘世界之台灣演義」宣傳海報

（二）搖滾黑色喜劇「再見老媽子」（改編自「媽媽咪呀」，圖五為該劇宣傳海報及演出相片）

第一幕

本省籍五十來歲秀珠女士的喪禮上，外省籍先生葛蘭發出場，與秀珠年輕時迷戀的帥哥李船長，在喪禮上唱著《Our Last Summer》，回憶過去和秀珠一起的美好時光。親戚朋友們陸續到達喪禮會場。在

人群中，還有葛蘭發昔日的舊情人素蘭。

第二幕

多愁善感又文藝腔的女兒葛豆和拜金的未婚夫Kevin為了喪禮的事情忙得不可開交，在焦頭爛額之時，他們發現了母親的遺囑。Kevin因為秀珠遺囑中並沒有留遺產給葛豆，感到非常憤怒。兩人因此大吵一架《The Winner Takes It All》。未婚夫憤而離去。禮儀公司小職員黃律宏，默默地在喪禮會場上幫助葛豆處理喪禮事宜，並且道出《I Have A Dream》。女兒在一旁看到，覺得他是有夢想的人，因此產生好感。

第三幕

葛蘭發的舊情人素蘭私下去會他，使出渾身解數《Honey Honey》。葛蘭發頓時感到動心，懷念起年輕的歲月。秀珠其實只是詐死，欲試探女兒未婚夫的真心，她暗地裡看到丈夫和舊情人密會，趁夜深人靜時，偷偷跑出來散心，遇到年輕時迷戀的李船長，驚慌失措唱出《Mamma Mia》。

第四幕

葛豆獨自一人孤單寂寞唱出《Gimme Gimme Gimme》。小職員黃律宏在意旁看到，偷偷唱出《Super Trouper》，表達對葛豆的愛慕之情。

第五幕

葛蘭發從素蘭那裏脫身，雖然心裡有點矛盾，不知所措，但是想到和秀珠多年以來的感情，緩緩唱出《SOS》，中途秀珠加入合唱（兩人同台，但處在不同地點，並沒有遇到對方）。

第六幕

喪禮會場。直銷人員葉基紹混在人群之中，一邊推銷一邊唱《Money Money Money》。快散場時，小職員黃律宏看見葛豆十分傷心，決定勇敢示愛，唱《Take a Chance On Me》。混亂中，直銷人員

葉基紹打翻了一瓶產品「返老還童霜」，潑到躺在棺材中的秀珠臉上。秀珠在驚嚇中，就從棺材中跳了起來。眾人驚嚇之餘，更對「返老還童霜」之神奇功效嘖嘖稱奇。葛蘭發和女兒葛豆赫然發現秀珠還活著，喜極而泣，奔上前去抱住她。歡樂大結局，眾人隨著《Dancing Queen》的音樂起舞。喪禮變成婚禮，女兒與小職員結為連理。

圖五　「再見老媽子」海報及演出相片

五、教學反思

（一）學生學習前後測比較

　　本課程活動兼顧認知、技能、情意三個面向，由圖六分析可見，課程活動後，學生在各構面之表現能力皆有顯著進步的趨勢，尤其又以實際參與製作音樂劇後，對音樂劇本質與內涵，及其運作方式了解

的部分進步最多。

課程前，來修課學生們的起始狀況，以情意領域最高（M=2.93），技能領域次之（M=2.44），而後為認知領域（M=2.32）。修習過一學期「音樂劇場」後，將學生各項評量成果之前後測作t-test分析，每項都達*p*<.01顯著性。比較各領域之學習成效，進步幅度以認知領域最大（M=1.39）、技能領域次之（M=1.12）、而後為情意領域（M=0.87）。

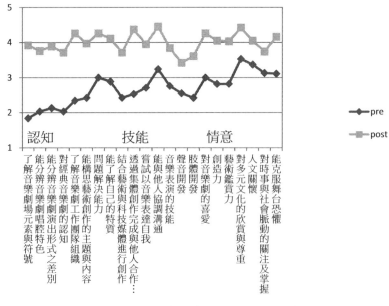

圖六　課程前後測各項能力指標比較

（二）音樂劇實作歷程對學生的影響

戲劇是一種解決問題的過程。透過戲劇的歷程可促進改變，並運用戲劇的潛能反映並轉化生命經驗（Jones, 2012）。戲劇中的角色扮演、說故事以及創造性的表達經驗，可以協助生活於極端狀態的個

人，找出生活意義並重建平衡（Landy, 1998）。「扮演」促進演員對於戲劇角色的認同與同理，透過角色交換的方法，進入他者的生活腳本，深入感知他者的內心情感與思維脈絡。「觀看」則促成參與者對於戲劇角色的疏離與批判，進而釐清他者意義觀點的形塑成因（涂繼方，2012）。而藝術創作活動在創作過程，可以表達、宣洩與淨化其負向情緒經驗，有助於情緒穩定（黃傳永等，2011）。

因此，在戲劇中凸顯現實生活的情境或反映真實生命的困境，對戲劇創作者、表演者、甚至觀眾而言，皆有其極大的意義。本課程的核心不只是欣賞經典音樂劇場作品，更重視實作歷程。期望音樂劇展演的歷程，讓學生經歷自我探索與尋求自我肯定。無論角色扮演或旁觀鏡照，皆是提供個人審視與反思現實生活中，自我與他者的互動的一個絕佳機會。從角色的扮演，增進瞭解自我的多元可能；而身份的轉換，可澄清與轉化自我的生活價值觀。本課程中演出文本採用集體創作的方式，在這樣的創作空間中，每位學生皆可自由表述自己的意見，投注自己的生活經驗與渴望，但還需學習與他人協調溝通，尋求大多數人可接受的平衡點，並凝聚共識，最終創作出師生集體智慧的精華。

由學生期末回饋印證，音樂劇實作確實對學生的影響如下：

(1) 增進對音樂內容、戲劇元素、經典作品的認知。

(2) 豐富了對表演藝術之認知。

(3) 熟悉音樂劇場的製作、分工流程、與產業生態。

(4) 提升劇場專業技能的磨練與增能，如演唱、演奏、表演、舞蹈、道具製作、媒體製作、劇本創作、台風、口條等技能。

(5) 激發創造力及提升審美能力。

(6) 克服上台恐懼、開發潛能、提升積極的自我概念。

(7) 加深對音樂劇的喜愛，與參與表演藝術的意願，成為未來支持

表演藝術的人口。

(8) 交到一群志同道合的好朋友，尤其同心協力完成不可能的任務，有著革命情感，其情也堅。

(9) 從合作學習中，學習協調溝通技能，以及尊重他人、包容異己的精神。

(10) 更從同儕身上學習優質的態度、價值和技能。

(11) 拓展問題解決的能力。

(12) 跨領域整合中建立全人觀。

（三）困難與待突破處

一、時間的壓力：課堂時間有限，前段時期為了要培養學生的知識及技能，除了教師講授課程外，另安排些專家講座及課堂活動，因此壓縮到後段的排練製作時間。課程時間緊湊，少部分學生反應課後有其他活動，無法配合加練，但大部分同學為了達到演出的完美性，自願犧牲許多課餘時間加緊練習。

二、排戲時難以兼顧到每位演員及各技術組的排練，所幸有助教及各組組長的幫忙，始能分頭進行且顧及進度。

三、缺少能具備歌舞戲三者的演員：音樂劇表演對演員來說是一大挑戰，需兼備歌、舞、戲三方面能力，對專業的演員來說都不是一件易事了，更何況是非相關科系、尚無任何戲劇演出經驗的大學生。因此，讓學生依專長與興趣分組，採分工策略，作適性適才發揮。

四、演員歌舞能力難在短時間培養：雖演員歌舞能力難在短時間培養，必須有天賦及基礎技能。學生們雖然喜愛音樂，也勇於表演，但音樂上與舞台表演上，由於缺乏基本功的訓練，所以很多時候需要老師與助教的協助，花了很多時間在補足基本功。但經歷整學期的課程與訓練，學生們增進了演唱演奏、舞蹈的技能，且對戲劇的符號表

達及跨領域的運用,敏銳度增加。

五、道具、佈景、服裝的準備及製作上的困難:由於製作經費有限,且演出場地設備不足,增添製作的難度。所幸師生同心協力,在較克難的環境中,運用身旁能夠得到的資源,再加上巧思,始能完成在視覺方面的製作及呈現。

六、協調與溝通:因期末公演工作分工較細,所以要花許多時間與精神將各小組統整在一起,且各小組之間的磨合與討論,也是花了不少工夫才有共識,知道彼此所需,以及自己所能夠貢獻與配合團隊的方式。

六、結語

音樂劇場藝術是涵蓋音樂、戲劇、文學、美術、舞蹈、建築等,以及現代科技之綜合藝術表現形式。無論寫實或抽象,透過音樂、語言、動作及其他視聽覺之元素,以一種高度縝密的時空、視聽結合,表達人類內在與外在經驗之生命歷程。音樂劇內含廣泛的元素,能發展各方面的潛能;戲劇能訓練其說話及溝通能力、舞蹈能訓練其身體協調能力和靈活性,而音樂能增強他們的感受力與音樂性,而音樂劇的完整籌備演出歷程,除了舞台表演之外,學生參與舞台佈景、道具、服裝的設計與製作,學習與其他組別合作。整體而言,更能提升學生的自信心、表達能力及團隊合作精神。藉由這門綜合藝術的探索與創造,不僅是美學的薰陶,文化的洗禮與傳承;更由聲音肢體的開發而強化自我認同;共同創作中,學習與他人協調溝通的能力;引領學生對社會議題的關注與自我生命價值的探索。

生命不是去理解,而是去實踐!期末音樂劇展演動員本課程及課群全體師生,集結了一群愛演,愛玩音樂,不怕操,學習力強的學

生。從編劇，舞台，道具，化妝，服裝，燈光，演唱，演奏，舞蹈，音效，場景媒體設計，宣傳等，依照同學們的專長與興趣分工，協力製作完成，最難能可貴的是過程中的協調與合作。最終精彩的舞台呈現，不僅轟動校內外，更重要是體現團隊生命的結晶。學生的回饋，甚至觀眾的迴響，對我是極大的鼓舞。相信會秉持獻身藝術教育的初衷，繼續耕耘下去。

參考文獻

1. 王維君（2013）。《音樂劇場教學理論與實務》。台南：台灣柯大宜音樂教育學會。

2. Robert J. Landy著；李百麟等譯（1998）。《戲劇治療──概念、理論與實務》。台北：心理。

3. Phil Jones著；洪素珍、楊大和、徐繼忠與郭玟伶譯（2012）。《戲劇治療》。台北：五南。

4. 涂繼方（2012）。穿越三層故事：臺北市河堤國小演／教員社群之實踐。國立台北藝術大學碩士論文，未出版，台北市。

5. 許允麗（2008）。《兒童音樂劇團現況調查研究》。台北：東和音樂社。

6. 張中煖（2005）。〈我對表演藝術教育的看法〉。《美育》，第147期，頁2-7。

7. 張曉華（2007）。《創作性戲劇教學原理與實作》（增修二版）。台北：成長文教基金會。

8. 黃傳永、賴美言、陸雅青（2011）。〈表達性藝術治療對憂鬱情緒兒童之團體輔導效果研究〉。《臺北市立教育大學學報》，第42卷第1期，頁21-52。

從生活體驗美
——「美學與生活」課程設計及教學策略

林智莉

亞東技術學院通識教育中心

一、美學教育的重要性

　　中國人向來強調務實致用，對美學教育的重視相對也開啟較晚。在臺灣開發初期，居民生活困頓，但求三餐溫飽，無暇顧及其他，遑論美學教育。然而隨著時代進步，臺灣逐漸邁入已開發國家，擺脫初期胼手胝足、只求溫飽的生活形態，對生活品質的要求日益提升，無論在生理或心理層面，都逐漸擺脫純粹功能性考量，進一步追求心靈的愉悅、舒適，而這種對生活品質的講究，正是對「美」的感受與要求。這種要求是每個進步國家的發展歷程，循著軍事、政治到經濟發展的軌跡，接著便是對文化與生活品質的重視，此一新發展目標代表一個先進國家的文化水準、競爭力與創造力，亦即所謂的「軟實力」，而「美」正是其具體指標。

　　所以臺灣在步入已開發國家的過程中，美的教育與提倡顯得格外重要。因應世界潮流，教育部早在1997年公布「藝術教育法」倡導藝術教育，1998年推動國民教育九年一貫課程時，基於藝術教育理念的轉變與科際整合的概念，統整傳統音樂、美術分科教育為「藝術與人

文」領域,定義「藝術學習與人文素養,是經由藝術陶冶、涵育人文素養的藝術學習課程。」(教育部,2002)2004年時任文化建設委員會主委的陳其南也提出「文化公民權」(culture citizenship)的概念,宣布臺灣社會將由經濟公民與政治公民跨越到文化公民,建立以文化藝術與審美為共同體的公民社會,足見國家開始意識到美學教育的重要性與積極提倡的作為。

然而美學教育的意涵與內容為何?國中小九年一貫「藝術與人文」領域課程具體訂定「探索與表現」、「審美與理解」及「實踐與應用」三大教學目標,然在大學教育中,早期的美學教育著重於專業訓練,被歸類於美術、藝術或哲學等相關系所。但當廿世紀末出現藝術教育過於強調以學科本位為中心,致使教學模式呆滯的反省聲音;又因近於形式主義美學的審美與批評理論也逐漸流於知識堆砌,與生活嚴重脫節,於是學者紛紛指出藝術教育無法自外於社會環境,提出應該注重藝術教育與社會、社區及生活的關係(張全成,1998)。受此影響,國內也興起一股生活美學教育風潮,主張要提升全民藝術涵養,必得讓藝術走出博物館,藝術教育走出校園,與生活實際結合,成為日常生活一部分,在耳濡目染中培養藝術欣賞的興趣與能力(漢寶德,2004)。

這樣一種美學概念與教育,民國初年國學大師蔡元培有更深刻的見解,他說:「美感教育可以陶冶感情、美化人生、鍛鍊意志、養成道德、充實生活與改造社會。」(李雄輝,1979)易言之,美學教育可謂是人格與生命教育的總體。黃光男教授也秉持相同的看法,他更具體提出通識教育中美感教育的範疇及重要性:

(1) 美感教育是精神領域的教育:是孔、孟學說中以「仁、德」為心的善性教育、是希臘學者的完人教育,柏拉圖所謂「善就是美」,所以美感教育是道德或宗教教育「為善」的部分。

(2) 美感教育是心理教育與社會教育，是心理滿足的範疇：當一個人心智成熟，有是非分辨的能力，就能獲得社會行為認同的快感，所以是快樂的提升，或生理需求到心理的肯定，屬於生命理想的範疇。

(3) 美感教育是藝術教育：這一部分是學校通識教育課程最重要的部分，包括藝術的創作與藝術形式的認識與學習。

(4) 美感教育是利他教育，也就是分享教育：在美感教育中必然是利己利人的動源，對於「人際關係」或「企業夥伴」接納、了解、共識與分享的過程中，便是人格修養、道德共識的過程，也是通識教育的「全人」意涵教育（黃光男，2012）。

就上所述，美學教育的範疇很廣、影響甚巨，不只侷限於藝術認知、欣賞、品鑑與創作，還包括倫理道德、社會改造與生命教育。這樣的論述並非大而無當，因為概括而論，美感教育就是一種心靈感動的教育，即蔡元培所謂「美感教育使人對世界無厭棄。」（李雄輝，1979）而心主宰人的一切，正是所有教育的出發點，若能培育個人對社會人、事、物活潑敏銳與關懷感動的心，自然就能涵育對待自我與群我的良善之心，這才是美感教育的最終目標。

延續這種概念，教育部在2011年提出的「現代公民核心能力養成計畫」中，特別凸顯倫理、民主、科學、媒體及美學五大公民素養的重要性，其中就包含美學素養的提升。素養（competence或literacy）是指個人在適應社會生活與外界溝通時所需要的基本能力，在計畫中美學素養被定義為：

> 「美感」是國家文化水準之基本指標；在任何先進國家，民眾是否具備「美學素養」為一相當明確之活力指標，其標示國家競爭力及產業創意程度。美感對象不僅針對藝文，亦針對生活世界之種種事物，泛指對於事物（非道德性）統整性價值之體

會。美感應自幼培養，在高等教育階段，應再輔以美學素養，增加「體認」層次，以豐富美感之領受力。（教育部，2011）現代公民須具備營造美感社會的能力。體驗的對象不限於藝文，亦對於生活世界中公共領域之事物，具統整性價值之體會，提昇體認層次，豐富美感之領受與實踐。（教育部，2013）

其中再三申明美感對象不僅侷限於藝文事物，而是生活世界之種種事物；教育層面也不僅於知識層面的認知，而是包括體驗、領受、體認到實踐的階段，尤其強調高等教育應加強「體認」的層次，並培育具有營造社會美感的能力。易言之，這樣的美學素養教育更著重於感官（包括身心靈）對生活週遭事物的感受與領略，進而發展為實踐與創造的能力。所以美學教育在大學教育中不能再只侷限於傳統的「藝術教育」，更應擴展其範疇與領域至「生活教育」，即對生活觀察、感知、體認與參與的美學教育。

二、「美學與生活」開課緣由與理念

綜上所論，美學教育的重要性已不言可喻，然在一般技職院校更顯急迫。技職院校學生養成過程本就強調學習一技之長的重要，對人文、藝術及生活的感受力普遍低落，尤其偏重理工科系的學校，學生更沒有機會接觸與欣賞藝文作品。以本校學生為例，生活普遍單調、貧乏，除了學校課業、實習工廠外，其餘時間便是打工與電玩，非但對日常生活缺乏觀察、體驗與享受等感知、感動能力，對藝文表現更顯陌生、恐懼，甚或排斥。然而面對二十一世紀興起的文化創意風潮與美感要求的提升，如何讓學生在專業技術中挹注更多文藝美感？如

何在生活中提升品味？如何跳離機械式運作而有更豐富、多彩的生命經驗？這便是「美學與生活」課程開課的緣由。

　　美學家漢寶德談論美感養成必須經過幾個步驟：開始是美的認識，自理性判斷到感性知覺；然後是美的體驗，與美的經常接觸而熟習，形成直接反應；最後則是在現實生活中不斷呈現，變成人格的一部分（漢寶德，2011）。此一說法與陳瓊花教授所謂「美感的認知、自覺與公共性」不謀而合（陳瓊花，2013）。認同上述理念，本課程規劃時，亦依循此一徑路，設計三個教學單元，分別為「哲學美學」、「生活美學」與「實踐美學」，循序漸進，希望透過「哲學美學」單元建立學生對美學相關基礎理論的理性認知；再由傳統美學議題進入日常生活，引導學生開啟感官覺察與體驗的感性能力，養成品味生活的習慣，進而內化為生活美學的自覺；最後經由對公共議題的關懷與省思，透過藝術創作，落實美學實踐，達到公民美學的教育目標，發揮文化公民的精神。

　　本課程具體設計理念如下：透過議題討論建立學生基本美學概念；透過生活觀察，開啟學生五官感受；透過現實問題解決，內化知識為生活能力與習慣。

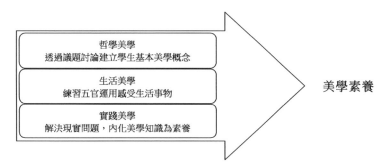

　　另外，依據教育部「現代公民核心能力養成」對「美學素養」的定義，強調美感的體驗、體認與實踐能力，本課程訂定五點具體教學

目標：

　　(1) 培養廣泛接觸藝文及生活美學的興趣，進而內化為生活常態。

　　(2) 對藝文或生活事物的觀察、感知、審美等情意整合能力。

　　(3) 對藝文、生活事物及視覺影像之美學品鑑、賞析與辨識的能力。

　　(4) 對藝文及生活美學的深度感知，進而思辨及批判其蘊涵之人文精神與社會關懷。

　　(5) 透過各種形態之藝文創作，表達一己對個人、族群、社群或社會的審美感受及價值省思。

　　依據課程理念與具體教學目標，設計18週課程大綱如下表一：

表一　「美學與生活」課程大綱

週數	內容	指定閱讀與活動
第1週	課程說明：生活處處有美	──
第2週	美的本質	・小組討論：完成小組學習單「誰是你們心目中的第一美女」
第3週	什麼是「美」：美與美感經驗	・課前閱讀：朱光潛／〈我們對於一棵古松的三種態度──實用的、科學的、美感的〉 ・小組討論：「情人眼裏出西施」電影欣賞與討論

週數	內容	指定閱讀與活動
第4週	美感如何產生？距離‧移情‧聯想	・課前閱讀：朱光潛／〈子非魚，安知魚之樂？——宇宙的情化〉 ・小組討論：完成小組學習單「濠梁之辯」
第5週	美學與藝術	・課前閱讀：漢寶德／〈藝術與美之間〉，《漢寶德談美》
第6週	生活美學與感官作用	・課前閱讀：朱光潛／〈當局者迷，旁觀者清——藝術與實際人生的距離〉
第7週	感官作用： 眼——形體之美	・課前閱讀：蔣勳／《美的覺醒：蔣勳和你談眼、耳、鼻、舌、身》 ・美的隨筆：分享一張自己最美的照片
第8週	感官作用： 耳——聲音之美	・課前閱讀：蔣勳／《美的覺醒：蔣勳和你談眼、耳、鼻、舌、身》 ・美的隨筆：分享一首最優美音樂或聲音

週數	內容	指定閱讀與活動
第9週	感官作用： 鼻、舌──氣味之美	・課前閱讀：蔣勳／《美的覺醒：蔣勳和你談眼、耳、鼻、舌、身》 ・美的隨筆：分享一道最美味的食物
第10週	感官作用： 身──肢體之美	・肢體美學
第11週	電影美學	・授課或專題演講 ・美的隨筆：分享一部最感人的電影
第12週	空間美學	・授課或專題演講
第13週	美的饗宴：台藝大文創園區與DIY實作	・校外教學：台藝大文創園區校外教學
第14週	「美化亞東大作戰」（一）：發現問題及撰寫「美化亞東」企畫書	・美的隨筆：發現亞東最美角落 ・活動：企畫書撰寫及報告
第15週	「美化亞東大作戰」（二）：報告進度、遭遇困難及解決方法	・活動：小組報告
第16週	「美化亞東大作戰」（三）：完成模型實作及成果報告	・活動：成品分享
第17週	公開票選最佳空間美化獎	・活動：票選活動
第18週	學期總回顧	・「美的隨筆」分享

三、「美學與生活」的教學策略

（一）「哲學美學」單元：透過課前閱讀與議題討論學習美學知識

　　美學發展有其歷史脈絡與知識體系，即使美學素養教育指標逐漸擺脫純粹知識的傳授與認知，將重心轉移至生活層面的感受與體認，然而作為一門大學課程，知識性仍是所應堅守與把握的教學目標，誠如陳瓊花教授在談到課程知識承載與美感經驗的平衡時所言：「美學相關課程的教學中，美感經驗其實還是先有認知，然後讓學生去體驗或者實際操作。」（宋秀娟、薛清江，2012）美學教育不應只停留在「自我感覺良好」的主觀愉快。所以如何在課程中與傳統知識理論接軌，或如何在個人審美經驗的主觀感受中，具備知識承載的深度，是本課程規劃設計時考量的課題。

　　本課程認同上述理念，設計由傳統美學理論入手，先建立學生對基礎美學概念的認知。為使學生對本堂課將涉及的幾個美學概念，包括「美學」、「美」、「美感」、「藝術」與「生活美學」等有基本認知，同時釐清「美學」並不等同於「美感」，不懂「美學」亦能享受美的生活，然兩者雖非息息相關，卻亦能相輔而成，因此前五週安排講授包括「美的本質」、「美感經驗」、「美感的產生」與「美學與藝術」等議題。

　　「美」是個抽象概念，為使學生能充分掌握與理解，在教學策略上採取「三階段教學」模式，透過「課前閱讀」、「課堂講解」與「議題討論」三階段學習方式，反覆強化單元主題內涵，使學生在多元反覆的訊息接收與強化後，對抽象、深奧的美學理論能有初步認知與瞭解。實際操作方式：每週上課單元皆有指定閱讀，要求學生於上

課前須讀畢該指定文章，並撰寫「本文主旨」及「閱讀心得」，對該議題有初步概念（圖一）。閱讀文章的選擇，經過多年課程調整，漸以美學散文取代美學理論，因為是自學，淺顯易懂的美學散文較易閱讀，能建立學生自信，有效達成課前閱讀的目的，包括朱光潛《談美》、漢寶德《漢寶德談美》、蔣勳《美的覺醒：蔣勳和你談眼、耳、鼻、舌、身》等書。

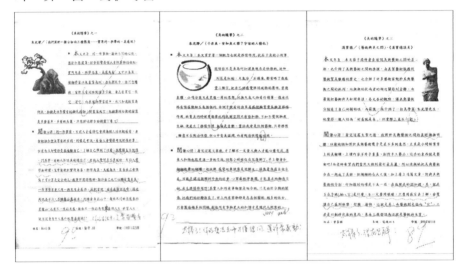

圖一　「美的隨筆」學習單

正式上課前學生必須繳交閱讀心得，帶著準備好的心情與知識概念進教室。每堂課講授約70分鐘，接著進行課堂小組討論。每堂課根據講授主題，設計貼近學生生活的相關議題，透過小組討論，引發生活經驗之連結，將抽象哲理具象化、生活化。每單元相關議題設計如下：

表二 「美學與生活」課程指定閱讀與討論議題

單元內容	指定閱讀	討論議題
美的本質	──	・議題：「誰是你們心目中的第一美女？」 ・作業單設計目的：希望學生透過票選「美女」的討論過程，更清楚掌握一己對美的理解與標準，並經由定義「美」，訓練歸納同質性概念的思維能力。另藉由討論誰是第一美女的過程中，亦能引發學生對「美的本質」與「美感經驗」之質疑，進而進入第二單元美感的產生之教學。 ・問題： 1.請選出小組公認的第一美女 2.陳述至少五項理由 3.請整理上述理由後，為「美」下一個定義

單元內容	指定閱讀	討論議題
什麼是「美」：美與美感經驗	朱光潛／〈我們對於一棵古松的三種態度——實用的、科學的、美感的〉	・「情人眼裏出西施」電影欣賞與討論 ・作業單設計目的：藉由觀賞電影「情人眼裏出西施」討論以下問題。這是一部以輕鬆幽默方式討論「美」的定義的電影，劇中論及「美的本質」、「美感的產生」、「美的標準」、「美感經驗」等美學議題，透過電影導引與問題討論，希望同學思考「美」與「美感」的差異以及影響美感產生的原因，並期望對「美」重新省思。 ・問題： 1. 請從「美」的角度出發，分析整部電影中男主角霍爾對女人欣賞態度轉變的原因？ 2. 你們認為導演在這部電影想要處理什麼美學議題？你們認同導演的想法嗎？為什麼？ 3. 看完這部電影，你們覺得什麼是「美」？請再對「美」下一次定義。

單元內容	指定閱讀	討論議題
美感如何產生？距離・移情・聯想	朱光潛／〈子非魚，安知魚之樂？──宇宙的情化〉	・議題：解讀「濠梁之辯」。 ・作業單設計目的：《莊子》一書中的「濠梁之辯」本就是一則談論「美感經驗」的哲理故事，藉此議題討論希望學生更進一步瞭解「美感」的本質與特色。 ・問題： 1.莊周與惠施論辯的原因是因為看待外物的觀點不同，兩者差異為何？ 2.你們覺得這場辯論誰勝誰負？為什麼？
美學與藝術	朱光潛／〈當局者迷，旁觀者清──藝術與實際人生的距離〉	・議題：什麼是藝術？ ・作業單設計目的：透過杜尚的「噴泉」這個對藝術定位充滿挑戰的趣味作品，讓學生重新思考藝術的定義，及藝術與生活的關係。 ・問題： 1.你們覺得杜尚的「噴泉」是個藝術品嗎？ 2.你們覺得藝術品需要具備哪些條件（至少五個）？
生活美學與感官作用	漢寶德／〈藝術與美之間〉	

　　三階段教學設計中，小組討論尤為重要，不僅可以重新統整與歸納課堂所學，更能培養學生溝通、表達與包容他人想法的人際相待能力，誠如黃光男對美學的定義，這也是一種美的表現與能力。

　　以「美的本質」一講為例，筆者模仿西哲蘇格拉底與克里托布盧論辯長相而定義美的過程，設計「誰是你們心目中的第一美女？」此一作業由小組討論選出大家公認的第一美女，再分析其成立的條件，最後歸納條件試圖為「美」下一定義。下定義對學生而言並不容易，然而透過具體事件討論、分析與歸納後，學生更能掌握其本質。羅列學生答案如下：

　　(1) 美就是自信與個性。

　　(2) 認真的女人最美。

　　(3) 美就是從內在自然而然散發的氣質。

　　(4) 美就是想像力。

　　(5) 自然就是美，美就是不造作。

　　(6) 美不是只憑個人主觀意識，還要加上客觀條件，唯有這樣組合才叫美。

　　(7) 美就是讓人感到愉快。

　　(8) 美就是合適，不突兀。

分析上述答案，涉及美的本質、美感的愉悅性，以及美感產生的原因等，雖然對「本質」一詞的掌握仍不十分清楚，如「認真的女人最美」這個答案，將美侷限於「人」此一物類而非討論它的共性，但透過熟悉議題的探討，學生更易將抽象哲理概念與生活經驗連結而作出論述，因為經驗本身就是學習的關鍵，有助於對學習客體的認知與理解。

（二）「生活美學」單元：透過生活觀察紀錄喚起生命經驗，培養美感自覺

　　第二單元生活美學是本課程的重心。生活美學不假外求，它就發生在每日生活的食、衣、住、行、娛樂當中，學生缺乏的並非客觀的美感感知對象，而是主觀個體感知的敏銳性，亦即缺乏主體的自覺性，所以本單元所欲培養的是學生對美的「自覺」。

　　美的自覺不來自知識的傳授，而是生活的感受，強化生活美感的具體策略就是培養敏銳的知覺，故本單元除了安排五個單元講授感官的視覺、聽覺、味覺及嗅覺、肢體與心理作用外，並設計一份「美的隨筆」作業單。

　　「美的隨筆」即訓練學生做生活美學紀錄，共計九篇。除上述四篇指定閱讀的心得感想外，配合本單元課程進行，學生須在上課前完成相關主題的生活美學紀錄共五篇，包括：「分享一張自己最美的照片」、「分享一首最優美的音樂或聲音」、「分享一道最美味的食物」、「分享一部最感人的電影」及「發現亞東最美角落」（圖二）。作業包括圖與文兩部分，同樣須於上課前完成並繳交。此一作

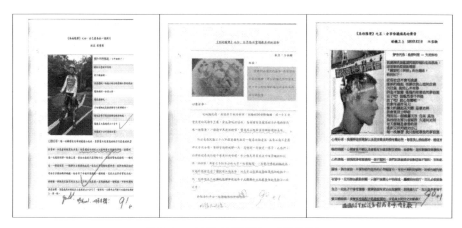

圖二　「美的隨筆」學習單

業藉由探索生活美好事物的過程，開啟學生眼、耳、鼻、舌、身、意的感官知覺，連結他們的生命經驗，激發熱情，養成感官的敏銳度與美感自覺。

針對此一作業，每堂課進行前或下課前十分鐘，挑選出優秀作品三至五篇，邀請學生上臺分享，透過經驗分享與其他同學的生命經歷連結，引發共鳴，在相互討論或經驗吸取過程，達到觀摩、交流之效，此一做法常能得到迴響。

（三）「實踐美學」單元：透過公共性美學實踐，落實公民美學精神

公民美學的實踐，即是美感教育與生活議題結合的具體呈現，此一結合使美感教育於個人審美經驗與生活品質之外，更深化為對社會公共議題的關注與投入，對社會群體的批判與關懷，提升美學教育至更高層次的生命教育，表現出道德的良知。即陳瓊花教授所言：「道德教育也是美感教育的附加效益與價值，一個重視生活美感與多元價值的社會自然會肯定個人主體與生命價值。」（宋秀娟、薛清江，2012）這正是美學素養提升國人生活品質的高尚目標。本課程訂定之教學目標「對藝文及生活美學的深度感知，進而思辨及批判其蘊涵之人文精神與社會關懷」及「透過各種形態之藝文創作，表達一己對個人、族群、社群或社會的審美感受及價值省思。」亦即希望透過批判思辨與藝術創作，落實美學教育之公共性，實踐美學教育之道德價值。

公共性美學議題繁多，由校園出發與學生切身經歷最為密切相關，故本課程設計「美化亞東大作戰」期末作品展，以校園改造為題，由學生每日活動的校園環境議題入手，學習觀察與發現校園環境問題，提出解決策略，最後透過各種素材與形式的創作，表達對校園

環境改造與美化之理念。

　　創作是將個人理念、想法透過外在形象呈現的一種歷程，從無到有，將抽象思維具象化的過程，對不曾或不常從事創作的人而言極具挑戰性。為了使校園美化活動能順利進行，獲得較佳成果，特意安排兩場預習活動。其一為「空間美學」專題演講，邀請具有實務經驗的公共藝術專家講解空間美化的概念，及實際進行的操作步驟與注意事項。其後安排一次文創藝術觀摩與實作，帶領學生至臺灣藝術大學文化創意園區參觀，使學生瞭解文創的內涵；並安排學生於園區內進行藝術品DIY創作（圖三），透過小巧藝術品創作，嘗試發揮一己創意與巧思，展現一己對美的看法。此一活動常能看見學生對藝術創作從恐懼、投入，到最後作品產出時，信心滿滿的驕傲。

圖三　藝術品DIY創作之學生作品

　　期末「美化亞東大作戰」正是落實美學實踐的作業設計，正視學生對校園環境的抱怨，引導他們運用課堂學習知識、技能，發揮公民美學權，對於問題提出改善之道，並嘗試付諸實踐。作業設計理念上，希望透過問題導向學習（PBL），訓練學生發現問題與解決問題的能力，從中做學，內化知識為生活能力。執行流程包括：發現問題→面對問題→反思討論→解決問題→再反思。活動規劃四週：(1) 發現問題及撰寫「美化亞東」企劃書；(2) 報告進度、遭遇困難及解決方法；(3) 完成模型實作及成果報告；(4) 全校公開票選活動與檢討。透過此一公共議題的美學創作過程，整合美感的認知、情意與技能，建構學生一己的知識體系。

　　根據多年的教學經驗，第二週「報告進度」極具關鍵性，當週常有學生因為觀摩他組作品，重新構思或再修改自己的作品，在相互激勵下，形成良性競爭，於期末成果發表時常能有更突出的表現。由此得知，教學過程中，同儕觀摩學習是個相當重要的歷程與學習方式。

　　最後，為使學生認真對待此一作業，特別設計全校成果發表會暨投票活動，邀請全校師生一起參與，透過公開場合發表，作品有更多曝光機會，不但學生會更重視這份作業，也賦予作品更大意義；此外，為了爭取更多票數，學生必須闡述創作理念，藉此也可訓練他們的表達能力，圖四為歷年學生作品。

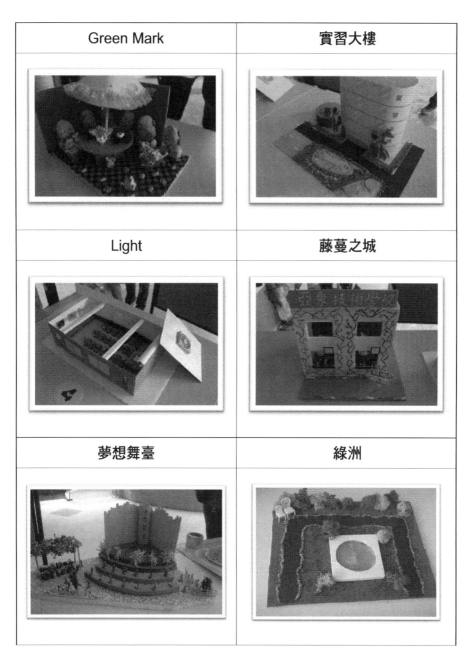

圖四　「美化亞東大作戰」之期末學生分組作品

四、「美學與生活」學習評量與成效

本課程採取多元評量，檢視學生學習成效具體落實於作業設計，包括：(1) 課堂小組討論作業單四份，佔20％；(2)「美的隨筆」九篇，佔30％；(3)「美化亞東大作戰」口頭、書面報告成績及最後票選結果，佔30％；(4) 學生學習檔案，佔10％；(5) 學生課堂表現，包括出席率及上課參與度，佔10％。

作業設計分個人成績與小組成績，「美的隨筆」九篇及課堂表現為個人成績，共佔40％，其餘60％為小組成績。個人成績所佔比例不低，如此設計，能避免投機取巧學生，依附團隊他人努力而取得高分。

除了老師評分外，於「美化亞東大作戰」口頭發表時，也設計同學互評的評分機制（表三），期使學生在聽取他組報告時，能專注並有參與感。為使學生評量更具公平性，設計該單元的評分標準如下，此一評分標準表不僅作為學生給分時的依據，更重要的是，學生事前準備作業時，亦能依此而有具體努力的方向。

表三　「美化亞東大作戰」期末簡報評分標準

評量項目	比重	評量標準					分數
		極佳	優	良	可	需改進	
		90分以上	80分以上	70分以上	60分以上	60分以下	
簡報內容	40%	簡報內容充實完整	簡報內容大致完整	簡報內容普通	簡報內容尚可加強	簡報內容十分貧乏	
口語表達	30%	1.充份掌握報告內容 2.口條十分清晰流暢 3.充份完整表達個人意思	1.能掌握報告內容 2.口條清晰流暢 3.可以完整表達個人意思	1.大致掌握報告內容 2.口條大致清晰流暢 3.尚能表達個人意思	1.尚能掌握報告內容 2.說話勉強聽得懂 3.勉強表達個人意思	1.無法掌握報告內容 2.口條不清 3.不能表達個人意思	
簡報製作	20%	簡報製作非常精美、用心	簡報製作精美、用心	簡報製作大致可以	簡報製作尚可加強	簡報製作草率，不見用心	
團隊精神	10%	全員到齊	一人缺席	二人缺席	三人缺席	四人以上缺席	
總分							

　　除上述量化成績分數外，本課程另於學期末要求學生書寫對課程的整體心得感想，透過學生回饋意見，做為課程檢核與改善之依據。列舉學生學習回饋如下：

　　　　這學期的美學與生活是我大學三年以來最喜歡的博通課，智莉老師上這門課用很輕鬆愉悅的方式讓我們認識美。除了透過

閱讀文章了解美，還讓我們做感官作用：眼、耳、鼻舌的分享，讓我們品嚐生活週遭的美，也讓我了解到「美就在我的身邊」、「美也可以很簡單」。這次課程我最喜歡的就是去台藝大做噴砂玻璃杯，第一次嘗試覺得很新鮮也很好玩，可以在玻璃杯上畫上自己設計的圖案，感覺非常有成就感呢！雖然時間不多，割圖案的時候也很趕，但還是收穫滿滿喔！課程尾聲是美化亞東大作戰，每個小組都很努力的想把校園改造得更漂亮，我們這組也不例外，很用心在想要如何把校園改造成大家會喜歡的校園，我們注意到學生很重視的社團表演、社團活動，缺少一個可以展現的舞台，讓大家都能在上面一展長才，從設計到製作，大家意見都不同，花了比較長的時間溝通和討論，決定好之後做的速度加快許多，完成的那一刻大家都歡欣鼓舞，對我們來說，這不只是作業，也是值得實現的夢想。──機械系韻芬

這學期修到美學與生活，一開始什麼都不懂，慢慢地聽老師的介紹，也開始了解美學在生活中的應用。我最喜歡的課程有感官作用的每一堂課、美的饗宴、美化亞東大作戰。感官作用印象最深刻的是肢體之美，請來陳凱怡老師，一開始大家都不敢大膽地展現自己，但因為老師的遊戲，讓我們開始活動，也教我們一段舞步，還互相競爭，每一組都很優秀，……。最後的重頭戲是期末作業，美化亞東大作戰，一開始我們這組沒好想法，所以先想出美化地點，再來是作品的靈感來源、取名原因、作品展示方法，我們都很積極參與，在展覽的前一天完工，讓我在這期間學會了團隊合作和互相討論，總之這學期我在這堂課學到很多，還認識很多不同系的學生，很感謝老師。──機械系哲彣

在這一次的課程中，我感受到美與美學的不同，也知道如何去欣賞一件美的事物，……。去台藝大之前，我從未想過我會有這種從設計到自己畫出作品的想法和能力，當看到成品時，有一種感動從心裡浮出，感受自己也能創作一件美的作品，而受到老師的稱讚時，心裡更是有難以言喻的感覺。在美化亞東時，本來暗自以為組中有不同系的組員，結果至多就是普通，但最後大家都努力跟絞盡腦汁，設計出超乎當初所預料的成果，中途有或多或少的衝突，以及無法配合的種種，但最後的成果是讓我們心滿意足的，即使投票結果我們不是最好，但那就是我們心中的第一名，是我們最美的事物。──醫管系庭瑜

對於美或許我們每個人都有另一種見解，在美學與生活課堂中，智莉老師利用不斷推翻理論的模式帶領我們慢慢抓到美的奧妙，利用課堂邊寫邊記憶的方式讓我們記住上課內容，也用心安排每一場活動，不僅是帶動跳的體態美、台藝大的文化美、美化亞東的立體美。在老師的分組下，我們與別系同學也可以如此合作無間，老師教導方式事半功倍，又是另一種「美」。台藝大當天，老師細心品味我們每個人的作品，給予我們讚美、親切的答覆，在其他老師身上很少見。課堂上沒有給任何同學壓力，但大家都能準時繳交指定的作業。這堂課老師給予的讚美與啟發，帶給我另一種更美更有創意的思維。──材纖系明杰

細讀學生回饋，發現經過這堂課，學生不僅重新思考與認知美的意義，也重新肯定自己美的能力，而課程中所受到的啟發與感動，更深深烙印在他們的心裡。本學期最後一堂課開票統計美化亞東作品的票數時，每組學生都屏氣凝神望著黑板，希望自己的作品能有好的成

績，可知他們的努力與投入。再試看上述明杰同學的回饋心得，不正企圖以一種帶著「美感」的文字與我相呼應！一顆美的種子在此播下，將來發芽成長，內化為生活的形態，正是本堂課所期望企及的教學目標。

五、結語

美學教育對於偏重理工科系的技職校院而言是急迫且重要的，因為美學教育不僅可以提升學生的文化素養，更可以豐富其生命內涵，契合所謂通識全人教育之理念。本課程設定之教學目標聚焦於培養學生美感的知能、自覺與公民責任。然而對技職學生而言，「美學」非功利性的抽象理論、感受或實踐是不切實際、不易接受或理解的。如何達成教學目標，本課程中運用了一些教學策略，包括：在哲學美學單元，對於抽象的美學理論，採取課前指定閱讀與課堂議題討論，讓學生對抽象理論有更多思考、討論與印證的機會；在生活美學單元，著重引導感官的啟發與對生命經驗的連結，設計「美的隨筆」作業單，讓學生透過生活紀錄，培養觀察力與感知能力，養成美感的自覺；最後藉由美學實踐，改造校園，一來落實所學，二來喚起對公共事物的關心，運用所學，改善問題，發揮身為現代公民的美學責任。

參考文獻

1. 宋秀娟、薛清江（2012）。《現代公民美學素養教學研討會暨成果發表會會議手冊》。

2. 李雄輝（1979）。〈蔡元培美感教育思想研究〉。《國立台灣師範大學教育研究所集刊》，第22輯，頁1-9。

3. 陳瓊花（2013）。〈公民美學與美感教育〉。《通識學刊》，創刊號，頁5-20。

4. 教育部（2002）。《國民中小學九年一貫課程綱要藝術與人文學習領域》。台北：教育部。

5. 教育部（2011）。〈教育部辦理補助公民素養陶塑計畫徵件事宜〉。台北：教育部。

6. 教育部（2013）。〈教育部辦理補助公民素養陶塑計畫徵件事宜〉。台北：教育部。

7. 黃光男（2012）。〈通識教育的美感教育課程〉，《通識在線》，第39期，http://www.chinesege.org.tw/geonline/html。

8. 漢寶德（2004）。《漢寶德談美》。台北：聯經。

9. 漢寶德（2011）。〈關於大學的美學素養教育〉，《通識在線》，第32期，http://www.chinesege.org.tw/geonline/html/uploads/epaper/32/CV32_3-6.htm。

探索西方美術的奧祕與趣味
──從「西洋藝術賞析」課程說起

鄒淑慧

元智大學藝術與設計學系

一、「看懂藝術」真的很困難嗎？

知名的美國當代設計師兼教授Chip Kidd在2001年所寫的著名小說 *The Cheese Monkeys: A Novel in Two Semesters* 裡，生動地描寫一位藝術教授Misty如何用各種方法強迫他的學生學習，其中一段有關學生在教室裡被要求看作品寫感受的情節，某位學生這麼地書寫：

Misty在幻燈螢幕上，放了一張我看過最無聊的繪畫作品。上面有……嗯……五個「人」吧！你大概會猜他們是人類，因為他們有眼睛！至少有三個人是女的，形狀尖尖的，像戴著傻瓜帽的侏儒笨蛋。最左邊的那個很明顯的看起來像是黑鬼，但畫家可能後來改變心意，從脖子以下又讓她變成白、粉紅、杏黃和暗紅色。這些看起來像是女人的「東西」都有著目瞪

圖一　畢卡索・亞維儂的少女

資料來源：http://www.artcyclopedia.com

口呆的表情，好像她們剛被告知得了子宮頸癌！右邊那兩個皮膚有問題的，好像被刑求一樣架起來，我祈禱還是不要知道為什麼。整張作品明顯地根本離完成還很遠，畫家就決定放棄，可能他感覺到這樣可以少製造更多的恐怖畫面吧！」（Kidd, 2001, pp.67-68）

這位學生面對的是全球最知名的西班牙畫家畢卡索最著名的作品之一《亞維儂的少女》（*Les Demoiselles d'Avignon*, 1907）（圖一）。畫裡描述在巴塞隆納的亞維儂街上的五位妓女，這件作品象徵西方立體畫派的誕生。但從一個完全不瞭解也不知如何欣賞此作的美國大學生眼裡，大師的傑作似乎如此不堪入目。這段文字或許只是小說中的某一段情節，其實未嘗不是許多「視覺藝術欣賞」教室裡會出現的真實現象！多年來，在我的「西洋藝術賞析」課裡，類似的劇碼也經常上演。

欣賞藝術需要知道 know-how，沒有相關的基本知識和起碼的美術素養，要看懂藝術確實不是容易之事，更遑論從賞析的過程中得到樂趣。藝術是由人創造，以各種形式反映不同時代和地區的社會面貌或文化特徵，傳達不同的內容題材或特定意義。儘管是在西方社會被視為經典的名家作品，其自然散發的藝術魅力，對西方學生來說，都可能是對牛彈琴，更何況有著文化隔閡的台灣學生！本人自2001年開始教授「西洋藝術賞析」，經過多年的觀察、思索、試驗、研究、到實際應用，我發覺這是一條極具挑戰，但沿途滿目美景的不歸路。當中個人所面臨在教與學的情感起伏，如層層相疊的大小漣漪，綿延無止盡。從最早思考的「這門課究竟應該涵蓋什麼？」、「學生要看什麼？怎麼看？」、「看與欣賞又有什麼不同？」等基本問題開始，到後來常問的「培養所謂的藝術賞析能力，或提升自我的審美品味，

真的是這門課最重要的教學目標嗎？」等，一連串排山倒海的問題，不斷在我的備課過程中翻轉。面對教室裡以理工學科背景為主的學生群，到底要如何打開他們的心胸和眼界來欣賞藝術、談論藝術？畢竟要看懂藝術並非易事，特別是這門課明白指出課程內容是「西方藝術」，面對可能是學生完全不熟悉的西方藝術產物時，教學設計與課程實踐似乎更具挑戰。

我自己數十年來沈浸在藝術世界當中，自然地感受到藝術處處可見，美無所不在，但深知若是心中無美感，藝術將無所存在。多年來的觀察，感覺到很多學生對「藝術」或「美感」的認知普遍存在幾個現象：(1) 對周遭環境的習慣性視而不見；(2) 缺乏產生美感認知的熱切動力；(3) 無法適切以語言表達所見所感。其原因主要是是缺乏足夠的審美經驗。美學家Clive Bell曾說過：「美感經驗是世界上最有價值的東西之一。」（Wolterstorff, 2004）美感經驗來自適當的理解，換句話說，適度的理解可以導致美感經驗的產生。「西洋藝術賞析」課程從一個簡單的念頭發想：如何營造一個讓學生可以愉悅地沈浸於美感經驗的氛圍。我想讓學生去體驗這個被認為是世界上最有價值的東西。「看懂藝術」不是最終的目的，我期許透過有效的教學設計、漸進式的引導、條理的闡釋、以及積極的對話，把學生從一個陌生的化外之地，牽領到栽滿奇花異果的藝術花園，用審美經驗打開他們的心靈視野，讓同學感受、體驗真實的世界，把觀看和思考藝術變成基本的生活態度。

二、課程理念與目標

（一）課程理念

　　「西洋藝術賞析」，顧名思義，就是對西方藝術的欣賞和評析。但無論是欣賞或評析，都必須具備一定的知識基礎。美國學者Terry Barrett認為，在教學面向上，藝術賞析涉及極複雜的交疊知識和觀念，包括美感反應、美術史、美術評論、美術教育、美學教育和美術館教育；而在學習面向上，可能含括認知、感覺、詮釋、品味、喜好、評斷等不同能力的訓練（Barrett, 2007）。國內的王秀雄教授強調藝術賞析的功能價值，他指出視覺藝術賞析是融合感性、知性與判斷三位一體的心智活動，能提升生活情趣、增廣知識、涵養價值觀等（王秀雄，1998）。綜合來看，「欣賞」這件事本身就是一個非常複雜的認知行動，必須仰賴外在的相關知識和內在的情感動力，後者是我在思考本課程理念時相對較重視的一塊，我希望牽引學生從原本可能因不知或不解而無感的遠距離觀看，走到因理解或熟悉而願意主動親近，甚至能愉悅地無距離體驗和享受藝術。課程架構摒棄傳統的知識脈絡系統，每個單元以一個有趣的大哉問引發學生的好奇心，將原本應是深奧難懂的美術史和美學知識，轉化為活潑開闊的內涵格局，靈活運用各種圖像媒介和案例，用課堂內的對話情境激發學生的多元思考技巧，逐步解開大小哉問的謎底，帶領學生探索西方藝術裡的「What、Who、When、Where」，如形式、風格或美學，以啟導其美感認知潛能，更希望學生理解「Why」的前因後果，體悟藝術的魅力並非只是表象的形式，藝術的傳達力來自藝術家、社會、文化、歷史或時代的種種因素，藝術的感動力可以喚醒每個願意親近藝術者的心靈深處，發展個人不同的洞察力、表達力、想像力和創造力。

欣賞和理解藝術的入門方法可從許多不同的角度切入，本課程主要教導學生觀看藝術應該有的基本態度，將慧眼、悅心、清腦合體並用，並鼓勵學生發揮個人想像力，體會藝術的無窮魅力。課程設計的理念從問題出發、探索與理解到生活應用，都期許在愉悅的學習氛圍之下，學生能自發地參與和享受審美經驗的樂趣，圖二顯示本課程的整體概念。

圖二　課程整體概念

（二）教學目標

藝術之所以令人讚嘆和感動，往往是因為藝術家以獨到的美感形式或深刻的情感投入，轉化成各種創意表現，使人們可以從中獲得豐富的審美享受。藝術的表現題材經常反映不同時代或地域的社會現實面貌，透過藝術欣賞去觀看西方世界，品味異國的視覺圖像，可增加學生的國際文化視野，豐富個人的生命體悟。理解西方藝術創造的多元樣式可以幫助學生培養對周遭視覺文化環境的認知和批判能力，建

立自我的感性生活美學態度。藝術賞析的過程必須運用許多生理和心智的能力如觀看、思考、判斷、想像、推理、情感投入、表達等去參與和理解。從另一個角度來看，藝術欣賞是一種參與，本課程提供藝術經驗的開放空間和對話情境，讓學生用眼、心、腦積極參與，透過探索和發現的過程，建立理解和詮釋的橋樑，發展情意與智能的潛力。基於上述，本課程的教學目標包括：培養欣賞藝術的基本態度、認識西方藝術的美學觀、瞭解藝術表現的形式和風格、探索西方文明的社會現實面、提升美學意象的感知度和敏銳力、建立自我的感性生活美學態度、以及發展對周遭環境意象的批判能力。

三、教學設計與實踐

（一）教學設計：問題與探索

美國學者Michael J. Parsons曾提出不同年齡層對藝術的吸引和理解有不同的偏好：幼兒與小學階段比較容易去注意作品的某個特徵，如鮮豔的顏色或變化的線條；國中開始會注意到作品的表達方式；高中以後特別會被風格和形式（style and form）所吸引，並傾向自主性地對作品意涵有自己的理解和想法（Addiss & Erickson, 1993）。換句話說，大學生可能會去留意甚至辨識不同的藝術形式樣貌。在元智通識課程教授「西洋藝術賞析」多年，學生屬性始終以理工背景佔大多數，因此在教學設計策略的思考上，我決定從他們的學習習性出發。面對這些理工科的學生族群，一開始構思課程的設計時，我難免會有些疑慮，如何讓這些理工腦袋，摒除可能用科學理性態度，過度分析藝術品的習性。所幸，諾貝爾物理獎得主Richard Feynman以樂觀正面的態度，幫我排除了先前的小疑慮。他說面對一朵花的欣賞，

他可以看到比他的藝術家友人更多的東西，因為除了花的外在形式，他還可以想像花朵細胞裡的複雜運作存在著另一種美，這是他的藝術家朋友可能無法體會的。此外，身為科學家，他瞭解昆蟲是因為能夠「看見」花朵的顏色，而被吸引前來傳授花粉。所以說，藝術欣賞與原先的學科訓練並不相違背，科學腦袋不會是藝術欣賞的減法，反而是加法，當事人可以觀看到更多有關花外表以外的科學神祕和趣味（Feynman, 1999）。

排除了非文科背景不會成為欣賞藝術的障礙之後，接著要面臨的，可能就是要如何提昇學生的學習興趣，成為「識懂藝術」（art-literate），而非「藝術文盲」（art-illiterate）的人。藝術表現涵蓋基本的視覺形式和時代與地區的文化美感，要怎麼讓他們覺得這些西方的藝術產物值得一看，或跟他們有關係呢？要怎樣才能滿足理工學生可能天生有的追根究柢求知態度？我決定以問題為導向，定調在「問題與探索」（Questions & Explorations）的框架下規劃課程單元。每週的課程名稱以一個有趣的問題出發，把學習藝術當成探索問題，把美感經驗轉化為發現樂趣，在愉悅的學習氛圍裡，師生一起找到解答，將屬於舊知識的美術史、美學或評論重新再探索，使學生在發現和理解的過程中，激發多元思考的技巧，創造個人的新感知力。

（二）教學實施：故事與對話

本課程交叉以講述、對話、小組討論、影片輔助、校外參訪和專家演講（視情況而定）為基本授課方式。典型的「視覺藝術賞析」教學策略常應用Edmund Feldman所提出的四步驟：描述、分析、解釋、評價（Feldman, 1982）。為使學生能從作品的講解和分析中培養美感經驗和欣賞能力，講述部分靈活運用此四個步驟，並融合1980年代開始興起之「學科取向的藝術教育」（Discipline-Based Art Education, 簡

稱DBAE。Dobbs, 1992）概念，提供學生有關西洋美術史、文化發展與美學的知識、賞評的方法和練習，但不包含其中的「美術創作」，畢竟這是通識課程，而非美術或設計科技的專門課程。

認識藝術應是一種令人愉悅的美感經驗，學習知識可以用趣味性當調味料。為了提高學習興趣和專注力，讓藝術史和美學變得不再是枯燥和死板的學科知識，除了上述基本授課方式之外，本課程的教學策略特別強調「說故事」的結構和「開放對話」的運用，以呼應Addiss和Erickson所提出的教導非藝術類學生的藝術欣賞最好的教學模式之一是以「敘事」（narrative) 出發（Addiss & Erickson, 1993）。藝術的「故事」可以幫助學生理解作品的美感形式或特殊意義，每一件作品、每一個藝術家、每一個社會背景或多或少都有一些背後故事或軼事可以陳述，這些故事不是無中生有，必須根據史實，故事內容的曲折變化常是吸引學生在教室內願意專注聽課的關鍵之一。從歷年來在開學初的問卷調查裡，不少學生反應希望在課裡「聽故事」即可印證「說故事」是可行之道。此外，藝術賞析課程常要求高品質的投影效果，教室燈光必須盡量黑暗，在這樣的物理環境下，如果只是聽老師講課，容易使學生難以專心，因此課程講授當中，我會盡量創造與學生的對話情境，以提昇學習興趣。而在每一堂課的最後盡量留出約10分鐘的「隨便聊」時間，針對該堂課的內容或作品，讓學生天馬行空表達意見。這類開放式的分享時間最容易形成「靜者恆靜」的現象，因此必須適時變換類遊戲式的「實作練習」（如隨筆素描）或即興的「One-Minute Response」書寫，如為校外講者演講，則以「演講學習單」做為聽後心得的回應。以上的教學策略都是建立在「認識藝術是一件好玩的事」之信念上。

（三）課程內容：每週單元

西方藝術的發展歷史悠久，其所呈現的美感樣式和表現手法是現代人生活美學的重要根據之一，其題材內容反映不同文化和社會的現實面貌。為幫助修課學生發展基本的美學鑑賞能力與充實個人的精神內涵，本課程內容以西方經典藝術作品為主體，但不是根據傳統的年序發展介紹西方藝術脈絡，我希望自己是園丁，負責把迷人的西方藝術花園之大門打開，讓修課的學生得以入內，為他們講解園地內栽種的奇花異果，讓他們用自己的喜好和品味去欣賞園內的一草一木。每週單元目標的設計，我以Benjamin Bloom六層次思考模式的修改版（Marzano, 2000）為基礎，簡化為學生應該要「知道什麼」（knowledge）和「知道怎樣做」（skill）兩大向度，前者是有關理解藝術的知識，後者為個人的行動應用。下表一顯示1031學期的每週單元名稱與其對應的上課內容與活動：

表一　課程單元與活動大綱

週次	單元名稱	課程內容與活動
第1週	藝術究竟是什麼？	1. 藝術的定義和本質 2. 隨便聊：為什麼藝術值得一看？
第2週	藝術為什麼這麼好玩又瘋狂？	1. 藝術世界的有趣花絮 2. 當代藝術的面面觀 3. 隨便聊：引起廣大爭議的Chapman兄弟作品

週次	單元名稱	課程內容與活動
第3週	要怎樣才能看懂藝術？	1. 藝術的基本形式要素和組織原則 2. 欣賞藝術的基本之道：要看什麼？怎麼看？ 3. 課堂練習：我是怎麼看作品？
第4週	為什麼你覺得她很美？	1.「美」的概念從哪裡來？ 2. 希臘藝術的美學原則 3. 隨便聊：當代模特兒的特殊現象
第5週	為什麼耶穌長這個樣子？	1. 耶穌造型的典故 2. 歷史上有名的耶穌和宗教作品 3. 隨便聊：我心目中理想的神樣貌
第6週	為什麼他們要裸體？	1. 西方裸像藝術的來龍去脈：裸像藝術與希臘神話的關連 2. 常見的裸像藝術形式、題材和作品意涵 3. 隨便聊：你看到裸體藝術作品時的真正感覺是怎樣？
第7週	藝術家是怎樣簽名的？	1. 西方藝術家何時開始簽名？ 2. 有關藝術家簽名的有趣故事 3. 課堂練習：找找看藝術家的簽名在哪裡？
第8週	是誰偷走了蒙娜麗莎？	1. 達文西與吉奧孔達夫人的故事 2. 肖像畫的種類 3. 課堂練習：我也會畫畫！

週次	單元名稱	課程內容與活動
第9週	走出校園看展覽	美術館參觀
第10週	大家來聊一聊好嗎？	每個人分享校外參觀的所見所聞
第11週	為什麼他們這麼胖？	1. 巴洛克藝術的特質與分析 2. 隨便聊：我對胖瘦的觀點
第12週	有哪些倒楣的作品被人破壞過？	1. 百年來曾遭人惡意破壞的重要作品來龍去脈 2. 隨便聊：這些人怎麼了？
第13週	藝術家都是酒鬼和毒蟲嗎？	1. 介紹二十世紀與酒精和吸毒有關的藝術家故事與作品 2. 隨便聊：藝術家也有不同的一面？
第14週	它們到底有多貴？	1. 價格排名全球最高的10件作品 2. 隨便聊：我心目中最昂貴的作品是什麼？
第15週	塗鴉藝術究竟有多瘋狂？	1. 塗鴉藝術的典故 2. 當代街頭塗鴉解析 3. 隨便聊：塗鴉是藝術或破壞？
第16週	偽造藝術真的騙得了人嗎？	1. 歷史上最有名的偽畫事件 2. 為什麼他們要偽造名畫？ 3. 他們是如何偽造？以米開朗基羅和達文西作品為例 4. 隨便聊：這也是詐騙嗎？

週次	單元名稱	課程內容與活動
第17週	期末報告	分組口頭報告與討論
第18週	期末報告	分組口頭報告與討論

因應每學期學生的特質和興趣不同，我會在首週上課進行小型的問卷調查，對該學期學生的特質、興趣和想望有初步的瞭解，然後適度調整該學期的課程單元主題。目前在個人教學資料庫裡已經累積40多個以問題為出發點的課程單元，為了豐富課程內容以應變課堂之需，新的單元仍在持續構思中。

（四）單元舉例說明

1. 單元主題 (Lesson Unit)

為什麼他們要裸體？

2. 課程大綱 (Lesson Content)

透過歷史故事的講解與討論，學生能認識西方裸像藝術的來龍去脈，並藉由代表性作品的分析和說明，學生能夠感知裸像藝術的美感形式、內容題材和作品意涵，以培養個人思考和欣賞現代裸體藝術品或日常圖像的能力。

3. 知識課程目標 (Objectives of Knowledge）

(1) 學生理解裸像的起源與希臘神話信仰和社會風氣的關連
(2) 學生認識西方藝術裡具有代表性的裸像作品
(3) 學生學習西方裸像藝術的美感形式、美學根據和文化意義

4. 技能課程目標 (Objective of Skill）

(4) 學生學習如何觀看西方常見的裸像藝術

(5) 學生建立觀看現代社會的裸體圖像的思考力

(6) 學生觀看現代裸體圖像產生自我意義的能力

5. 課堂活動 (Activities)

兩小時的課程，分成以下四個步驟依次進行：

⊙步驟一：觀看圖像

先以幽默的現代漫畫開場（圖三）吸引學生的注意力和好奇心，接著讓同學們仔細觀察幾張世界知名裸體作品，包括：〈維納斯的誕生〉、〈望樓的阿波羅〉、〈大衛像〉、〈創造亞當〉、〈三美神〉、〈大宮女〉、〈土耳其浴女〉、〈吻〉、〈藍色裸女〉等。

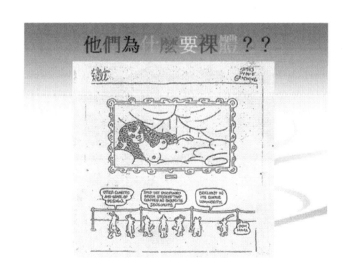

圖三　「他們為什麼要裸體？」

開場漫畫；資料來源：Brian Steele, self-edited materials for TTU, 1994

⊙**步驟二：思考對話**

此階段以「為什麼他們要裸體？」為發想，引領學生在課堂天馬行空表達他們的想法。在這段短暫的互動時間中，絕大多數的情形是一開始全班沈默，此時需要以輕鬆的氣氛和鼓勵的口吻引導學生開口，例如：「你們知道他們是誰嗎？」、「這些裸體好看嗎？」、「你們覺得這些裸體的男女有沒有吸引到你的目光？為什麼？」等隨興問題。一旦有了首位同學開口發言之後，通常會產生骨牌效應，刺激愈來愈多學生願意表達。常有的現象之一是第一個回答的人通常是班上比較活潑的同學，會用開玩笑的方式回答，接著就會有一些零星的火花迸出，慢慢就會有比較多同學願意主動融入對話。

⊙**步驟三：解答釋疑**

進入本單元的內容講述階段，解釋西方藝術裡最常見的中心題材（人的裸體）如何成就西方完美人體形式的來龍去脈、為什麼裸像藝術如此受西方藝術家和藝術愛好者的青睞，因為無論在什麼年代，都可以看到各式各樣的裸像出現，知識焦點放在兩個問題點的解釋與說明，並舉例分析重要裸體雕塑和繪畫作品。

§**問題點一：他們是神？還是人？**

解釋西方人物裸體藝術在不同時代的主要形成：

(1) 第一階段（西元14^th 世紀以前）：無上聖潔的神

在基督教還沒開始以前，古代希臘人的民間信仰篤信神話傳說，不論男神或女神都以聖潔無上的裸體形式示人。例如太陽神阿波羅就被認為具有最完美男人形式的身體；美神維納斯則是理想女人形式的代表。另因希臘的地理位置關係，地中海和愛琴海的陽光與海水，使希臘民族有渾然天成的悠閒自得民族性，認為裸露身體不是傷風敗俗，而是一種生活型態。此外，古希臘人崇尚運動，男性常以自己健美的身體感到自豪，自我裸露是一種自信和炫耀的表徵。當時的運動

員或競技者多是赤身裸體，社會普遍對裸體有一種絕對的崇拜，尤其以斯巴達人為最（Clark, 2004）。

(2) 第二階段（西元14th-19th世紀）：想提高地位的人

文藝復興時代以後，某些王宮貴族或自認為重要的人物為了提高自己的地位，會以裸體像將自己神人化，裸像藝術從神的裸體擴大到人的裸體類式。

(3) 第三階段（西元19th世紀下半葉之後）：藝術的表現形式

學院派的西方藝術家認為人的身體是宇宙萬物中最複雜又多變化的完美造型，裸像人體成為部分藝術創作者不斷實驗和表現的藝術形式之一，即使像畢卡索這類的現代藝術大師，也曾繪製許多系列裸像素描和油畫，激發自己的創作能量。

§問題點二：我們要看什麼？怎麼看？

經過上述的分類脈絡講述，學生大致可了解這些人像為什麼要裸體，接著就帶領他們進一步去鑑賞西方重要的裸像藝術作品。每件作品的分析包含外在形式與美學分析（如材質是什麼？尺寸多大？形式特色是什麼？等）和內在形式分析（如藝術家想表達什麼？如何表達？作品有什麼重要性？）。一旦有足夠的練習之後，學生會逐漸熟悉基本語彙和欣賞之道，日後可憑藉個人的喜好品味，領會到面對真正的藝術品時要看什麼和怎麼看的訣竅。下表二為三階段與賞析作品的對應：

表二　三階段與賞新作品對應關係

主題	賞析作品	藝術家
無上聖潔的神	1.《太陽神阿波羅》／男神代表	作者不詳
	2.《愛神維納斯》／女神代表	Botticelli
	3.《惠美三女神》／優雅浪漫代表	Raphael
	4.《創造亞當》／健美陽剛代表	Michelangelo
	5.《聖母瑪利亞》／現代貞潔代表	Munch
想提高地位的人	1.《擲鐵餅者》／希臘運動員	作者不詳
	2.《勞孔像》／祭司	作者不詳
	3.《大衛像》／牧羊人	Michelangelo
	4.《草地上的維納斯》／貴婦	Titian
	5.《裸體瑪哈》／名媛	Goya
藝術的表現形式	1.《土耳其浴女》／最驚人的裸女群像	Ingres
	2.《吻》／最深情的裸男女	Rodin
	3.《奧林比亞 ／最大膽的裸女	Manet
	4.《亞維儂的少女》／最支離破碎的裸女	Picasso
	5.《斜倚裸女》／最抽象的裸女	Moore

主題	賞析作品	藝術家
※單元結論※		
1. 人體是藝術表現的重要形式，也是西方正規創作（指學校美術教育）的造型模式。 2. 裸像是可以提供觀者沈思和觀照的嚴肅題材。 3. 現代人應該要用有別於觀看一般裸體的角度去理解西方裸藝術的美感形式和真正意義。		

⊙步驟四：開放討論

§隨便聊：你看到裸體藝術作品時的真正感覺是怎樣？

在課堂結束前的最後10分鐘進入「隨便聊」時間，提問學生對這些裸像藝術的看法或分享曾看過相同題材的經驗，以下節錄兩段學生的見解表達：

對話紀錄（一）：安格爾／土耳其浴女

我覺得這是一幅很糟糕的作品，只是一團團肉堆在一起，看起來真的很不舒服，可能因為我比較保守吧！（中語系一年級）

對話紀錄（二）：米開朗基羅／大衛像

我喜歡「大衛像」，好man，眼神好殺，而且手上的青筋一清二楚，真的好厲害，不像創世紀裡的「亞當」，感覺有點娘。（通訊系二年級）

雖然學生的表達有時趨於個人主觀的感受，但學生願意觀察，肯去思考，並勇敢表達觀點，至少表示他們已經踏入藝術的花園，身歷其境在美感經驗當中。

（五）課程特色

在《美學百科全書》中，「藝術欣賞」被定義是「愉悅理解藝術作品的行動」（*Encyclopedia of Aesthetics*, 1998），這涉及對眼前物件的感覺和感知力需先被啟發，然後經過不斷的練習，培養感覺力和敏感度，甚至辨識力，知道區別什麼該被欣賞，才能產生真正的愉悅心理。說故事和對話是營造課堂氛圍的重要技巧，但鑑賞藝術需要仰賴大量的圖像解說，視覺設計活潑且資訊內容適切的簡報是不可或缺的教學實施要點，我掌握以下四個原則，一則為提高學生的上課興趣與專注力，另則為維持本課程的教學特色：

(1) 藝術不無聊／*Art is fun*

藝術一點也不枯燥、不無聊，藝術世界有許多有趣的人、事、物。欣賞藝術不是只在看作品，藝術是看自己、看別人、看世界的經驗。用有趣的問題引起好奇心可拉近學生對藝術的距離感；用類遊戲的課堂體驗活動可增加上課的樂趣，讓學生感覺藝術其實蠻好玩的！圖四的三張PPT讓學生體會此問題：你知道自己適合當藝術家嗎？

圖四　你知道自己適合當藝術家嗎？

資料來源：http://tieba.baidu.com/p/1942397667

(2) 藝術即生活／*Art as life*

講述單元議題之外，課程PPT常運用生活周遭（如環境或經驗）的

有關素材，透過生活化的分析與解讀、課堂內的討論與對話，幫助學生瞭解西方視覺意象的各種形式、內容和美學表現。圖五為「參觀美術館的經驗」的提問開端。

圖五　參觀美術館的經驗

資料來源：http://www.pinterest.com

(3) 啟發想像力／*You've got the power!*

詩人Wallace Stevens曾寫過一篇著名的詩篇 "Thirteen Ways of Looking at a Blackbird"（十三種方式看黑鳥。Stevens, 1954），隱喻無論是創作或欣賞藝術都沒有標準答案，每個人可以用自己的方式去想像和理解。圖六為課堂練習，在未告知此畫的創作者是一隻大猩猩之前，邀請同學進入美感體會的經驗中，發揮自己的想像力去解讀這

圖六　黑猩猩剛果的畫作〈無題〉，1950s

資料來源：http://www.today.com/id/7817380/ns/today-today_

entertainment/t/chimp-art-auction-no-monkey-business/

件作品的內外在表現。

(4) 開放對話／*It's your show!*

每堂課最後的短暫時間「隨便聊」是學生最放鬆的表達時間，他們可以很嚴肅地提出有關課程內容的問題，也可以針對當日「隨便聊」議題大放厥詞。例如聊到「當代的模特兒特殊現象」（第四週）時，很多同學熱絡表達意見，我也用一組1890年拍攝的花花公子月曆和林志玲的照片，解釋不論環肥燕瘦，代表的是該時代的審美品味主流或藝術家個人的審美喜好，苗條纖細的女性體態是在二次大戰之後，西方世界逐漸走向的生活美感品味。

（六）作業規劃

中央大學吳方正教授認為，大學藝術通識教育應該引發受教者能主動思考和做獨立判斷（吳方正，1996）。本課程作業規劃的前提，是希望學生透過實際行動和經驗，重視自己對藝術的感受，練習用口語和文字評析作品，訓練自我生活美學的思維能力。以1021學期為例，主要作業有期中的實際鑑賞行動「走出校園看展覽」和期末的延伸應用行動「當藝術與文字相遇時」；次要作業為不定期在課堂內的即席回應單（One-Minute Response）、演講學習單、展覽學習單或課堂實作練習。以下舉出期中與期末作業和課堂實作練習為例。

§期中作業：走出校園看展覽

「看展覽」是現代年輕人少有的休閒娛樂之一，本課程有些同學甚至承認自己畢生沒有進去過美術館。為了使學生能在生活中培養隨時觀看周遭環境景物之美的習慣性和敏銳度，「看展覽」可以補強教室內只能看作品圖像的不足：展覽空間的特殊氛圍會讓人反射性地感知到藝術的感動力，近距離的觀看藝術品可以強化學生的觀察力，豐富個人的鑑賞力；當「看展覽」變成生活裡熟悉的習性後，對於周遭

充斥各種文化和視覺影像的環境空間自然會產生反省與批判能力。本作業設定學生偕同好友一起去參觀展覽，做紀錄，並在下週課堂內分享看展覽的心靈收穫，內容含每人選擇一件印象最深刻的作品，以客觀的陳述和主觀的感受向全班分享。大多數同學對有機會走到外面的世界，面對「真正」作品的經驗有正面的回應。若有學校經費的補助，我也會帶領全班同學集體去看展覽，讓同學在導覽解說員和老師的協助下，完整地體驗美術館的審美經驗。

§期末作業：當藝術與文字相遇時

本作業的設計目的是希望學生透過個別的審美喜好去尋找能夠感動自己的公共藝術作品（含街頭塗鴉），並且能夠用自己的方式去觀看和表達感受。我想透過「西洋藝術賞析」課程建構桃園在地藝術地圖，名之為「桃花源藝術地圖」，由學生自主地去尋找自己心中的藝術寶地，假以時日，累積足夠的據點串連後，放置在通識教學網站，形成一個屬於修過「西洋藝術賞析」課程的同學所共同擁有的Art Map與學習回憶。每學期雖設定不同的主題，但最終目的都是希望能建構一個自主性的藝術經驗連結。以1021學期為例，茲將作業規定與學生範例陳述於下：

1. 作業目標：

本作業主要是訓練同學用自己的觀察力、感受力和表達力，透過團隊的合作模式，用眼和心去體會校園內或居住社區空間隨處可見的藝術創作。

2. 規定項目：

(1) 請同學自行分組，每組5-6人。

(2) 在校園或附近社區尋找一件公共藝術作品，以照片或影片記錄

作品全貌。

(3) 口頭報告與紙本（或影片），必須涵蓋：

　　A 描述該作品的外在形式特色與內在意涵為何。B 依全組共識，找出一段認為最合適去詮釋該作品的文字，可以是組員的文字創作、一段現代詩、一首歌詞等，解釋選擇理由和對作品的個人感受。

　　這是一個美感知覺新體驗的作業設計，學生按照自己的自由意志去尋找藝術，透過團隊合作模式，共同把大家的觀察和感受凝聚在文字選取和作品的討論上。以例一（圖七左）來說，該組選擇元智附近的新西華社區內的公共藝術作品，並決定用唐朝孟郊的《遊子吟》、童謠《媽媽的眼睛》、和電影主題曲《魯冰花》三首文字作品，表達團隊對這件雕塑作品的審美感知經驗。每位同學也都很用心地以個人的生活經驗暢談對這件作品的直觀感受，例如這段觀點：「以實際層面來說，這件作品的缺點有二：第一點，沒有留給人想像的空間，也沒有可以令人揣測的餘地，對我來說是件無聊的作品，無法玩味。第二點，從空中鳥瞰圖來說，它的擺放位置很奇怪，在一個廣場裡面就只有它這一個雕塑作品，非常突兀，可是它又不是放在正中間，放在以中心點為基準放射斜角出去的位置，介於中心跟角落之間，很怪異。……」（第一組蕭同學）

　　例二（圖七中）是以元智校園的地標作品，李再鈐先生的《無限延續》為感受行動的目標物。該組選擇一段極短但富含哲理的文字詮釋此作：「無邊無際無窮，無限蔓延。無道無天無間，無限光遠。」（第三組）某位組員寫道：「這件藝術作品雖然想要表達的是無限延續的精神，但用了許多的直線與稜角來表示。我覺得這感覺想要表示任何事情都不可能像圓形那麼的圓滿、那麼的平順，一定會有起起伏伏或是受到阻礙的時候。可能是跌落到谷底、也可能是直沖到青雲上，這些事情就好像是無限循環的規則一樣，總有物極必反的時候，

可能當下非常的沮喪、落魄、挫折，但總是會有前面的光明、或者是開闊未來的在等著……」（第三組曾同學）

有趣的是，同一件作品，另一組同學的文字聯想卻是完全不同的感受，這組同學看到《無限延續》，卻體會是愛情的感覺，他們認為現代詩《一千零一夜之牽手》（作者不詳）最能契合此作品展現之情感意境：「你捕捉我的心情／微笑是心底應聲蟲／讓我牽你的手飛吧／青山綠水會／銘記我們／相擁的剪影／怎麼一不小心。你／就成了源泉／開懷的源泉／悲傷的源泉／夢的源泉／詩歌的源泉／你來。在我／還沒有準備好的時候／帶著熱情來／帶著彩虹來／帶著淺吟低唱來／帶著憧憬和未來／在你的懷裡／我溫柔成一條船／一條乘風破浪的船／親愛。你是我的船長／船帆上的風／把你的心。關進我的心／親愛。千萬個漁夫／也休想打開／"我愛你"這個魔瓶／我的願望／為你準備／攜手今世／預約來生／打開瓶口的虔誠／陪著萬分謹慎／你。就是／我的／上帝／永不回頭的／愛情」（第九組）

例三是另一組選擇位在操場入口的校園景觀（圖七右），他們用王菀之的《小團圓》來詮釋：「千轉萬轉，竟如初所算。做個壞一點的打算，缺陷才像圓。」言簡意賅，非常貼切。其中一位同學的個人感受寫道：「這個雕像主要由兩個圓環組成，一個完整的圓環站立著，一個有缺口的圓環平躺在地上。然而當我從正面看向這個雕塑，透過它看到操場，它讓我想到了眼睛。從每一個不同的角度透過它看操場，看到的景色都是不同的，並且是有侷限性的，這就像我們的眼睛，當我們從不同的角度去看事物，我們會看到事物的不同面，只有變換角度，才能更完整地瞭解事物。」（第二組王同學）

例一：母與子／ 內壢新西華社區	例二：李再鈐／無限延伸 ／元智校園	例三：卜昱文／愛心門／ 元智操場

圖七　「當藝術與文字相遇時」作業案例

照片來源：學生拍攝

§課堂實作：我也會畫畫！

　　無論是在教室內、校園裡或美術館欣賞藝術之餘，難免會激發學生躍躍欲試的潛在創作欲望。在單元「是誰偷走了蒙娜麗莎？」的課堂裡，用實作練習「我也會畫畫!」，讓學生用自己的方式創作自畫像，即使是非科班出身的學生也常有令人驚艷之作，如圖八為三位同學完全不同思維和表現的自畫像作品：

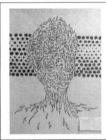

圖八　學生自畫像作品舉例

四、省思與結語

　　早在1890s年開始，美國的小學教育就開始用美術大師的名作幫助孩童的性格和品味發展。到了第一次大戰之後，人類文明走進機械複製作品的新時代，美國興起一個所謂的「圖畫研究運動」（picture study movement），在每間教室裡掛上藝術複製品，讓學生能夠無時無刻直接近距離接觸藝術品（Stankiewicz, Amburgy, & Bolin, 2004）。這是我個人最希望「西洋藝術賞析」課程能夠做到的：面對真實的作品。但這是不可能的任務，就算是複製品都少有可能在教室裡出現，也因此衍生出許多教學上的侷限，例如：學生在教室內面對的是數位化的作品圖像，有時因電腦設備的老舊，無法精準展現作品的真實樣貌（如正確色彩或細節紋理），加上多數教室無法完全遮黑，導致放映的作品圖片有時會有失真效果，也因此多少減低了審美經驗的說服力。正因為必須透過投影放映來講解作品，當教室燈一關，難免讓部分學生輕易進入休眠狀態，所以常常為了營造有活力的教室氛圍，需不斷製造和引導對話情境，反而耽誤了講述的時間，導致經常無法落實課程進度；另一個環環相扣的困境是教學媒體的突發狀況太多，常令師生同感無力與挫折。無論是客觀條件或主觀因素造成的教學困境都是本課程未來必須努力去克服的挑戰。

　　通識教育藝術類課程設計多以同時兼顧認知、情意、技能三面向為主，本課程主要透過賞析過程，讓學生認識西洋藝術的精髓與內涵。教學理念的建構從課堂內的思考引導和知識探索，到教室外的審美體驗行動，在在都希望學生能用愉悅的態度和質問的過程參與課程的學習。終極的教學目標是希望提升學生的藝術認知與素養，願意主動親近藝術，提煉敏銳的感受力，進而能在生活中自發性地看到美感，創造自己一輩子的生活美學態度。過去，藝術主要被視為是一種

令人產生愉悅的產物,現在,許多當代作品凸顯藝術是反映現實世界
的各種指涉。透過課堂內的各種活動設計,學生可以自發性地對某些
作品產生對自己的特別意義,深厚自我的美感興趣和品味之外,可能
因此得到啟發,進而延伸更多的自我思考和積極的態度去欣賞和關懷
周遭環境的人、事、物。老實說,網路科技的發達與普遍使得藝術相
關知識的取得變得輕而易舉,知識性的東西若是無法用在真實世界,
等同是死的,個人覺得「藝術賞析」課程在創造美感學習的同時,更
應該著力於生活經驗和行動的落實,也就是如何幫助學生養成日後願
意參與藝文活動的「主動態度」,且具備敢將自身感受說出來的「表
達能力」,進而落實隨時生活在審美經驗中的「實際行動」,真正用
「感受」與「實踐」去美化自己的人生。最後,我心中的個人期許是
有朝一日能將「西洋藝術賞析」課程擴大到「視覺文化賞析」課程,
畢竟,這是一個被視覺符號充斥的新時代,通識藝術教育應該與當
代的視覺影像和文化符號連結,或許更能有助於學生對藝術作品的認
識,以及對生活周遭文化符號意涵的理解。

參考文獻

1. 王秀雄（1998）。《觀賞、認知、解釋與評價——美術鑑賞教育的學理與實務》。台北市：國立歷史博物館。

2. 吳方正（1996）。〈對大學藝術通識教育方向的一些思考〉，《通識教育季刊》，第3卷第4期，頁13-26。

3. 徐秀菊主編 （2003）。《藝術領域的行動與省思》，師範學院通識教育革新之研究 叢書二。花蓮市：國立花蓮師範學院。

4. 徐秀菊主編（2004）。《藝術領域的課程設計與實踐》，師範學院通識教育革新之研究 叢書三。花蓮市：國立花蓮師範學院。

5. Clark, Kenneth 著；吳玫與甯延明譯 （2004）。《裸藝術：探究完美形式》。台北市：先覺。

6. Addiss, Stephen & Erickson, Mary (1993). *Art history and education: Disciplines in art education, contexts of understanding*. Urbana, IL: University of Illinois Press.

7. Barrett, Terry (2007). Teaching toward appreciation. In L. Bresler (ed.), *International handbook of research of arts education*. New York: Springer.

8. Dobbs, Stephen Mark (1992). *The DBAE handbook: An overview of discipline-based art education*. Los Angeles : Getty Center for Education in the Arts.

9. Feldman, Edmund B. (1972). *Varieties of visual experience: Art as image and idea*. New York: H. N. Abrams.

10. Feynman, R. (1999). *The pleasure of finding things out*. New York: Basic Books.

11. Kelly, Michael (1998). *Encyclopedia of aesthetics*. New York: Oxford

University.

12. Kidd, Chip (2001). *The cheese monkeys: A novel in two semesters*. New York: Scribners.

13. Marzano, R. J. (2000). *Designing a new taxonomy of educational objectives*. Thousand Oaks, CA: Corwin Press.

14. Stankiewicz, M., Amburgy, P., & Bolin, P. (2004). Questioning the past: Contexts, functions, and stakeholders in 19th century art education. In Eisner & Day (eds.) *Handbook of research and policy in art education*. Mahwah, NJ: Lawrence Erlbaum Associates.

15. Stevens, Wallace (1954). Thirteen ways of looking at a blackbird. From http://www.english.upenn.edu/~afilreis/88/stevens-13ways.html.

16. Wolterstorff, N. (2004). Art and the aesthetic: The religious dimension. In P. Kivy (ed.), *The blackwell guide to aesthetics*. Malden, MA: Blackwell.

金針安可度與人？
──「詩與當代生活」的設計理念與執行經驗

陳巍仁

元智大學通識教學部

一、課程目標：通識中的詩歌想像

　　我一直認為，「大學」二字，或許可用一更積極的態度加以解釋。術分科系、業有專攻，使青年取得將來立身之基礎，此謂之「學」。然而雖自同一科系出身，修讀過類似的必選修內容，但畢業生絕非工廠生產的齊一零件，每個人的發展亦各有不同，那麼在求學時期，如何在早被安排好的相同課程中尋找自己的獨特之處，擴展自己的視野，此方為「大」的意義所在。換句話說，學校必須在學系專業之外，大量提供學生不同的生命體驗、思維體系，以豐富其未來想像。由此觀之，大學通識的重要性絕不下於任何課程，學校若能提供一系列多元而紮實的通識訓練，經過排列組合，便能開展一個個全然不同的人生。

　　因此，對文學專業的通識教師而言，如何以課程觸發每個人生命中的文學元素，便是首要任務。除了理念之外，一門課程的設計，更常常始自解決實質問題。「老師，要怎麼看懂文學作品？」「老師，我能創作嗎？要怎麼開始？」「老師，文學有什麼用？」因為身處通

識學門，又長期負擔大一國文教學，提出這些問題的學生來自各院各系，我也才感知大學生對文學的好奇與需求遠比預期來得熱烈，久而久之，我自己亦不斷構思，與其個別零碎回答，不如以一門課系統性地加以釐清，於是我選擇以詩歌為媒介，作為回應的起始點。

在感受力最敏銳的青春年華裡，不能無詩，更不可能無詩。詩便是一種既富美感又最具效率的語言模式，不但可完整表現自我，更能精準傳遞思想與意念，使接收者對此慎重看待。不過在這個只剩轉貼分享按個讚的網路時代，我們越來越不會好好說話，即使發了聲也常常平淡無味，一下就遭人遺忘，「失去表達所喜愛之事物的能力」，其實是當代一種隱沉的悲哀。「要說什麼」、「該怎麼說」、「如何使聽者有所感」，這些都可視為「創作」的基本慾望，亦是與生俱來的文學根苗，和學院科系無關，但在大學中卻很少有課程能滿足此需求。

我一向認為，文學不該由專業系所獨佔。絕大多數的大學生，或被過往以考試為主的「國文」教育弄壞了胃口，或雖有興趣但卻乏人引領，因而喪失了讓美感進入生命的「人權」，一門良好的通識課，當能彌補此缺憾。故「詩與當代生活」課程，在設計上便與中文系現代詩課程有所區別，不以「文學史知識」或「文學作品分析」為核心，而直接以行動帶領學生體驗詩的生活。不將「詩」看做客體，而視為實踐，不把「詩人」固化為職業，而視為面對生命的態度。為了回應大眾最常見「學詩（文學）能做什麼？」的質疑，也為了消弭對高蹈藝術的想像，本課程尤其注重探討詩與人群之關連，在各行各業中都有詩人的身影，而對語言的掌握能力，確實也能轉化為對寫作、文創、出版等未來志業的想像。在課堂上我們既提供體驗，也提供反思，修習此課程的學生，不但可具備論詩、作詩的能力，更可以詩人之身分，將世界改造成另一種樣貌。

二、方法的試探：營造學習身體感

　　詩不易學，更不易教。許多師生早陷於題解、注釋、修辭分析、作者生平等格式泥沼，苦苦難以向前，彷彿詩僅存於課本之中。即使在專業系所，詩也常只被視為知識或學術課題，若論起「詩教」之陶成，卻往往有所不及。詩藝因包含感受及表達兩種基礎能力，如果不靠長期浸淫薰習，便難使根苗獲得養分，然而我們又不得不承認，以今日社會運行之快速、教育競爭之激烈，想要再有歲月靜好，慢學一藝的期盼，無異緣木求魚。我自己也時常想念大學時安坐課堂，眼觀窗外日影西斜，耳聽老師朗誦一首首古詩的情景，即使不對內容多做講解，光是這種氣氛，就足以使詩在心中滋長。但這樣具田園牧歌風格的教學場景，美則美矣，教師縱極誇詩中錦繡，卻也難度金針。學生一來根器不一，二來耐心有限，缺少規劃與評估的課程，效果必難以確保。我相信，即使是傳統的學門，課程的設計與教學的方法都得因應時代需求有所更易，尤其須讓學生「有感」，學習的動能才可生發。

　　詩的教學，該如何兼具薰陶美感的底蘊以及培養能力的效驗，這當然不是一件易事，在累積了幾個學期的教學經驗後，本門課在操作上，已逐漸摸索出一套所謂「學習身體感」的理路。在過去的教學法則中，理論的傳授必然需先於實際的操作，甚至有時因教學資源的限制，課程也只得向理論傾斜。先拋開理論的熟悉與應用實作間是否成正相關的問題，光是學生對理論的吸收率，便頗令人憂心。連續的高強度理解與記憶，很容易使大腦陷入疲勞，即使身在教學現場，亦處於一種無效的「假學」狀態。一個學期十八週，每週一百分鐘的時數其實並不寬裕，因此學習態度不容慢慢培養，應在短期內快速建立。學習更不該是「師：生」或「上：下」的單行道，而應成為自主的身

心知覺。本課程的設計，是以實踐來修正、檢驗理論的吸收，即學即做，減少單純的聽講，而務使學生在手、眼、腦上同時投入，成就感明確，動力自然產生。文學課程因不被認為是「術科」，故也常止於鬆散的「賞析」層次，但如果經過縝密的課程設計，使其能對應並訓練相關能力，課程的含金量便能大大增加。

我們期待的是，學詩能像學騎腳踏車。要學會騎車，並不需依靠太多理論，而是反覆練習身體的平衡、協調，這種能力一旦獲得，便終身不忘。而御風而行，通往遠方的快感，又將引領我們自己不斷精進。詩也應是一種「身心記憶」，在大學裡懂了，就是一輩子會玩下去的事。

三、課程內容與教學設計

《論語‧陽貨》云：「詩可以興、可以觀、可以群、可以怨。」可見孔門詩教的目標不但清晰，而且豐富多元，不僅限於感受、知識層面，還涉及實際之世用，這也是本課程所欲效法的典範。「詩與當代生活」自1001學期起，即開始向教育部公民核心能力課程計畫申請補助，課程的重心，亦著重在養成「美學」、「媒體」、「倫理」三大公民核心能力，以詩而言，便是確保學生一定「能寫能評」、「能用能推廣」、且「能思考能批判」。本課程安排有三大主軸，分別對應三大能力，以下便就其重點與執行方式加以說明。

（一）現代詩基礎寫作能力教程

通識課程的任務雖與系所課程不同，但經由通識習得一門專業技藝的可能性仍不應被低估。本課程的主體既然是「詩」，那麼讓學生先學會寫詩、評詩，便是立基之處，甚至有不少學生選課之目的，正

是為鍛鍊創作能力而來。不可否認，文學的寫作能力與評賞深度都與投注的時間精力有絕對關係，但要入門一窺其妙，甚至具備評斷一段文字是否為詩的眼力，卻不若想像中困難。

　　我將現代詩的質素拆解為四個「心法」，第一是培養「詩眼」，即刻意把世界觀看成另一種樣態；第二是理解何謂「陌生化」的詩語言，區分詩與日常用語的差異；第三則是學習營造「意象」，使詩意烙入人心；最後則是體會詩的「節奏與韻律」等音響奧祕。將以上四個概念結合，要寫出一首像樣的詩便不困難，要用以賞析他人詩作，也有了清楚的根據。本教程以上述架構，設計七週的課程完成基礎訓練，總時數超過三分之一。既要求學生觀察生活周遭的語言環境，也要大量閱讀詩作，先培養語言的敏感度，然後再尋找個人專屬的語言表達模式。此教程設計有「改變我的小世界」觀察作業，讓學生設計一場行動改變自己一成不變的生活，從成果看來，無論是簡單如「走進一堂看來有趣的課並坐下來旁聽」、有趣如「整天都用吸管吃東西」、大膽如「穿上女友的衣服逛街」等，都達到了創意萌芽的目的。緊接著在課堂上以自己的生命祕密創作「意象小卡片」，並隨機交換，讓彼此的故事以詩交流。隨著單元的進展，再輔以「三行詩」、「十四行詩」兩次正式習作，意在立即驗收成效，在短期內以密集練習提昇創作能力。

　　因為此教程學習的強度甚高，為了維持學生的興味，習作課程一向以「分享」為核心，但這部份十分講求時效，也就是教學團隊必須即時將作品評改完畢，將優缺實例製作成教材於課堂加以討論，並公布成果於教學網站。我們發現，學生通常迫切想要知悉他人對自己作品的評價，在課堂上以學生詩作為例，使同儕間相互琢磨切磋，其效果遠比僅觀摩名家作品更佳。更珍貴的是，成名詩人的作品因成熟而少有敗筆，不易顯現學詩歷程的跌撞與摸索，但學生習作中的缺點，

卻很適合拿來作為診斷案例，一旦舉出，幾乎全班都可立即領悟並加以改進，創作品質提昇之速，實遠較傳統教本選文方式為優。

此外，課堂上更安排青年詩人如楊佳嫻、謝三進、李長青等，前來分享創作歷程，討論詩的因子如何在人生中受到啟發，又如何以詩人作為介入世界的角色，幾位詩人皆在大學時期嶄露頭角，且因年紀與現今學生相去不遠，語彙亦相通，詩人的現身說法，每每能給予初學者極大啟發，獲得更多從事文學事業的信心。接下來我們更認為，既然習得詩藝，就不該只局限於課堂，自1012學期起，除原本的教學團隊課後輔導外，更設定了實質目標，嘗試由丁威仁等詩人進行投稿經驗傳授與投稿作品診斷，鼓勵學生參與文學獎，引介學生作品刊登至著名詩刊（如《創世紀》），使讓有志於寫作的學生獲得更完整的指引。連續兩年以來，修習本課程的學生雖非文學科班出身，但已大量獲得元智文學獎之新詩獎項，劉聰蕙（資傳）與林博洋（財金）二位佼佼者，更雙雙獲得前後屆首獎，此課程之成效，由此或可見一斑。

（二）詩的行動與實作

詩的學習若固化於知識灌輸層面，很快便將遭遇瓶頸，因此在基礎建立後，便應迅速進入「遊於藝」的體驗階段，課堂將成為一座繽紛的遊樂場，但必須要由所有參與者共同打造，這也是本課程最具特色之處。課程導入「行動學習」、「成果導向」理念，設計以下三個主題，以全面營造前揭之「身體感」。

1. 模擬詩社

自第五週始，TA便將全班分為八組，與一般分組學習不同之處在於，本課程不稱「小組」而稱「詩社」，組員皆為「詩人」，其目

的便是冀望以詩社為學習組織，展開一連串「詩生活」的實踐，接下來所有的活動、作業，亦皆以詩社為單位進行。為了營造詩人的群體感，增加結社的前備知識，課程設有「那一年，詩人一起結了夥」單元，歷數文學史上有趣的詩人團體，討論其對文學史的關鍵影響，強調一群特別的人風雲際會，便有影響世界的可能，並分享教師自身從高中以來參加、創立詩社，因詩而使生命鮮活豐饒的故事，邀請學生一同打造與眾不同的青春。

　　八個模擬詩社須自取社名、設計LOGO，選舉社長，再按學習單於課餘時間完成組織讀詩會、互評詩作、至圖書館進行尋寶遊戲、分享最愛詩集，甚至聚餐讌飲出遊等聯誼學習活動，自此之後，詩的追求便超乎個人成績之外，成為與夥伴一起努力的目標（圖一）。詩社的意義，除了在實驗課堂外的學習模式外，更希望將詩轉變為一種氛圍，詩藝未必是孤獨的心靈探索，更可以是溫暖的生命交流，即使課程結束，此一能量也能持續凝聚，自1011學期起，前兩個學期的修課同學因不希望詩友的緣份就此消散，更向課外組登記成立了正式社團「不成文詩社」，這不但是元智第一個文學性社團，更是桃園地區第一所大學詩社，甚至有他校同學風聞後特地前來加入，足見詩社在校園中早有需求，一門通識課程若能向外投射影響，甚至參與校園文化的創造，其價值便更能彰顯了。

圖一　模擬詩社社名及辨識標誌

2. 跨媒體裝置詩、行動詩展演

　　詩是文學中最具實驗性質的文類，二十世紀以降的前衛藝術理念，常常先在現代詩裡獲得實踐，詩的創作意念也常常與其他藝術領域如音樂、舞蹈、戲劇、電影融合，形成跨界的新型態，時至今日，隨著新興媒體的多樣化，現代詩更早已擺脫了白紙黑字的印刷形式，成為流動而活潑的藝術。傳統上總認為詩必須被動地由讀者去「閱讀」，但本課程則要求學生思考，詩是否可能以各種媒介，主動滲入群眾的日常，好邀請更多潛在的讀者參與。因此我們劃定校園作為場域，進行了幾次規模不小的實驗，請各詩社以「遊戲式的再創作」，將文字或意念化為可摸、可感、可玩、可互動的藝術成品。

　　為使展演具有正式水準，並讓學生清楚理解作業意義，在進行實作之前，預先安排有兩次「前衛詩藝術理論」先導課程，以顛覆固化的詩歌想像。詩的跨界表現，本質上具有明顯的後現代精神，同時亦具備去典範化、去中心化的抗爭及游擊性格，乍看之下，或許只像個遊戲之作，然而置於藝術史甚或當代環境中，便可看出其不願被主流

納編，亟欲爭取對話的訴求。單元中分別將圖像詩、聲音詩、多媒體詩、超文本詩、裝置詩、行動詩等類型理念一一引介，並提供範例。更安排林德俊（詩人、行動藝術工作者）、顏艾琳（詩人、文創工作者）、高森信男（藝術策展人）等至課堂演講，以補足專業視野。為表示對展出的慎重，各詩社必須先提出展演計畫，經教學團隊與專家提出修改意見後，方能付諸實行。當然此這幾場展演必須支付場地、材料等費用，因此需仰賴教育部計畫之資助才可順利進行，曾獲補助之四個期程，表現內容各有不同，可謂創意迭出、奇趣橫生。

1001學期所展演的是每組三乘四公尺見方的大型裝置詩，於本校六館一樓玻璃屋設置一日，參觀者可於其中與作品或是組員互動，精采者如「工程詩社」設計出內藏詩籤的砲彈裝置，用以轟擊參觀者的身心；「甲骨文詩社」則以許水富的詩作〈痛〉，設計一套味覺的感官遊戲，現場調製出獨一無二的愛情心痛滋味，並可即時品嚐。1012學期為彌補前次展出時間過短的缺憾，特與本校藝文空間Museum Café合作，策劃為時一星期的微型裝置詩（130×60公分）藝術展。本次展演因需置放於固定尺寸的展示台，必須更精巧、更具操作性，故也更接近文創成品，如「微詩社」結合抓鬮遊戲與印章藝術的「現代詩自動產生器：章章有意思」，參觀者可親手用印章蓋出主題分別為春夏秋冬四季的詩作；或「鏡詩社」以波蘭女詩人辛波絲卡作品〈Here is where we meet〉發想的迷宮玩具，需由兩人合持，將代表兩人的圓球「搖」至迷宮中心相遇，在遊戲的過程中，兩個參與者的肢體動作，便像極了戀人進進退退的舞步（圖二）。設計巧思令人驚嘆，成品也多令參觀者愛不釋手。

1002與1021學期不以靜態展示，而嘗試以主動出擊的行動詩「攻擊」平淡的校園，先要求學生觀察校園空間的功能，教職員生的生活型態，再思考校園欠缺哪些刺激或改造，甚至以此凸顯討論議題。如

「隨便詩社」在男女廁所張貼詩作與塗鴉牆，邀請大家邊如廁邊創作，回歸路邊公廁的「傳統」；「醉青春詩社」詩社在校園內以「大師」之姿為眾生用現代詩擺攤解籤算命，探討詩的隱喻及宗教性（圖三）；「凝詩社」則寄送匿名情詩至教師信箱，再突襲訪問老師對此的反應與對師生戀的看法，這些發想過程與最後成果，皆完整保存於課程網站之中，不但為學生的辛勤付出留下記錄，也可為台灣當代的現代詩教育，建置一個完整的裝置詩及行動詩教學的資料庫。

圖二　跨媒體裝置詩展作品說明與演示

圖三　校園行動詩之現代詩占卜大師

3. 文創出版工作坊

　　為了提供修課學生對現代詩應用的想像，達成真正的「傳播」訓練，課程亦亟力走出校園，與業界合作，探討詩落實為「產值」的可能，開拓實務界的資源以輔助教學，也成了本課程的特色。比如詩集在從前常被出版界視為「票房毒藥」，然而因出版技術的日新月異，成本管控越見精準，獨立及少量出版已經成為常態，若能抓住純文學本即「小眾」、「分眾」的概念，加強質感，使其精緻化，則更能貼近讀者的個人品味，產業鏈仍能上下皆活，甚至升級至另一個境界。本課程的期末作業，即是將該詩社的學習成果製作成詩集，光有豐富內容仍不夠，還須經由細心設計，將其出落為可供玩賞、傳播的實體「藝術品」，另外，如何藉由精準的文創企劃，把詩轉化為可應用的優勢，也是課程想要嘗試拓展的附加價值。

　　為了增加學習的氣氛，團隊特別以移地學習的「校外工作坊」形

式，商請專業出版與文創人傳授第一手實務，包括目前最受矚目，策劃能力最強，且於三屆台北國際書展皆以展區設計成為報導重心的純文學出版社「逗點文創結社」總編輯陳夏民，以及獨立書店「荒野夢二」經營者、「布拉格出版社」總編輯趙家誼，以限時發想實作的方式，帶領學生進行出版企劃，學習一本詩集從無到有，從邀稿乃至於行銷的所有歷程，又聘請「琉園」品牌部專員張富均指導文創廣告文案的撰寫。舉辦地點有二，一為天下文化經營之「93巷人文空間」，此處結合書店、餐飲、藝文展演業務，又鄰近文學地景「松江詩園」，別具藝文精神；另則為台北市政府委外經營之文創基地「紀州庵文學森林」，結合古蹟與文化活動，允為台北城南文化之代表地標。在此豐沛的創意氣息刺激下，學生跟著專家立學立作，現場產出，馬上獲得指點修正，極富親臨產業第一線的緊張感，效果與在學校課室大不相同，其成果亦極為可觀。當天所學，於各詩社的期末詩刊將再次驗收，確保成效的穩固。而正由此因緣，「不成文詩社」社員也將作品加以精選，對外出版元智大學首冊現代詩集《你代替煙火來看我》，可說是本課程成效中的一大亮點（圖四）。

圖四　不成文詩社詩集《你代替煙火來看我》

（三）詩中的倫理思辨專題

　　現代詩向為文類前鋒，其表現絕不僅在於形式，更在於衝決固有僵化思想，閱讀現代詩，必不能忽略此一「進步」層面。因此，課程在設計時，也希望帶入重大議題的探討，鼓勵學生勇於思辨，以詩理解、分析人的社會組成。在基礎寫作能力與行動學習後，安排有三到四週的討論課程，內容則以愛情、身體情慾、多元性別為主軸，以古今中外具代表性意義的詩歌為文本，帶入相關議題。由於各級教育在此方面著力明顯不足，因此常可見大眾、媒體在討論相關議題時的偏頗或誤解。本單元意欲探討潛藏於人類文化中有關「愛」與「性」的幽暗意識，尤其注重在消解「常與非常」、「靈與肉」的對立，也幫助學生建立探討情慾、性別議題時的有效模式。TA團隊曾帶領學生進行行動實驗，邀請學校各處室院系主管朗誦詩人陳克華名作〈肛交之必要〉，並製作成紀錄片，接著再藉此分析眾人在面對「性」與所謂「非正常性」時的態度與意義，其深度令人驚嘆。此單元在建構時教學團隊本也頗為忐忑，不過幸好回饋十分熱烈，更讓我們確信課程不應自我設限，有時壯膽一試反而能更上層樓。

　　除了既有課程，每學期也嘗試擴展與校外機構的合作，以補足教師與學校視野的不足。比如1021學期與RCA工傷者協會合辦「工傷專題」，以課堂上的勞工運動詩作解讀，配合協會的演講與新書《拒絕被遺忘的聲音》出版，共同認識這場發生地距離元智大學不遠的台灣史上最大集體職災事件，以及後續的勞工權益抗爭血淚史。也曾與逗點文創、夭夭雜誌、只是光影咖啡屋合辦讀書會，以經精神科醫師鯨向海詩集《精神病院》為出發點，討論精神疾病的疾病歷史與人權問題。這些課程與活動的設計，都是為了證明詩絕不是安靜平和的欣賞品，更是更具力道的思想工具，表達自我只是學詩的第一步，能用以

剖析世界，理解與我們不同的人，才是詩的精髓。

四、結語：文創的可能？

「詩與當代生活」執行數個學期以來，許多預期目標皆已達成，比如在以理工導向的校園中成立詩社，將詩社及課程的資源相互注挹（修課學生可持續加入社團，社團人力及活動則可輔助課程）；或整合校外資源，使學生得以接觸文藝、文創、出版界實況，這些實務工作者也很需要藉此管道理解新生代思維，並尋求新血加入。這些運作模式，都是往後縱未有教育部計畫經費的補助，仍可使課程永續經營的佈置，且因成效具體，學校也因此更加重視通識教學，願意以卓越計畫之經費繼續支援課程活動。

金針鍛成，慎重贈人之後，如何能續成一片錦繡？如果說傳統文學教育側重的是磨針，「詩與當代生活」著力之處便是在後段。我們一直尋找使大學課程鮮活深刻的各種方法，並由校園往社會延伸，不讓知識與真實世界脫鉤，連結文創產業，則是課程下一步的規劃。自1012學期起，本課程在舊有經驗上，與元智通識部黃智明老師「漢字文化與藝術」、黃智信老師「文物與文學」課程共組「文心陶塑與文創開發」學群，一方面在校內進行協同教學、舉辦徵件競賽與展覽等共同活動，另一方面開始積極連接校外文創節點，尤其重視桃園在地資源的整合。桃園在經濟發展的大旗下，大興航空城計畫，然在產業升級的同時，人文建設更須同步並進，因為開設這門課程之故，我也才發現近幾年桃園民間的人文風景生機蓬勃，早已蔚成大觀，因此我們希望讓學校也加入節點，嘗試擘劃出一個包含獨立書店、文史工作單位、出版社、博物館、創意咖啡廳等產業的「桃園文創圈」，以樹立有別於台北大都會氣息的在地風格。當然此計畫尚屬草創，願景雖

高，但困難甚多。對教師而言，能藉此機會走出校園，將課程實際投入第一線實務，所獲成長自不在話下，然而面對所謂「文創產業」是否能成立，可否與其他產業畫上等號，產值如何計算等問題，卻也還有待摸索。概而言之，文學對心志之陶冶絕無疑義，但如何（或有無必要）落實為「世用」，也確是本課程所必須持續實驗的艱困課題。

聲畫昭精，墨采騰奮
──「漢字文化與藝術」之美

黃智明

元智大學通識教學部

一、課程理念與目標

　　中華文化發展迄今，儘管民生經濟、社會結構、風土人情都已產生鉅大的變動，可是深植於民族意識當中的倫理觀念，和傾心於浪漫感性之間的生命情懷，卻未曾稍減。漢字作為溝通古今、南北、中外的重要工具，它突破了時間與空間的限制，將所有接觸中華文化、認同中華文化的眾人，緊緊的凝聚在一起。因此，透過漢字，我們不僅可以吸取先民們寄寓在文字形體之中的美感經驗及倫理觀念，更必須體悟到每個人都肩負著傳遞知識、發揚文化的重任。

　　歷朝各代，無不將識字列為童蒙教育最優先的目標。像是漢初律法，便規定太史官招考學生，能夠背誦九千字以上，才可以入選。近世以來，科技的發展，教育的普及，固然提昇了人們的物質生活，卻掩飾不了精神層面的匱乏。從人們習於使用網路傳遞或搜尋訊息，造成雜揉各種語言符號的次文化用語大量流行，但是無法運用流利真切的文字表達情意，即可想見現代人對於文字的掌握能力日漸低落。

　　因為憂心國內語文教育長期積弱不振，包含學術界、教育界、文

化界、出版界領袖及社會賢達，於2005年5月共同組成「搶救國文教育聯盟」，並發表行動宣言：

> 中華文化是世界上四大古文明中僅存的一個文化體，它不僅悠久而且博大。從現在仍然難以全懂的各地方言，到已經可以有系統解讀的甲骨契文，證明了五千年來一脈相承的優美文化，其所以能夠繼繼繩繩的原因，除了各區域族群口傳的語言系統外，更重要的當屬以文字為載具的文本系統了。由於有了統一的文字載具，五千年來，這幾經歷史淘洗的文化結晶，涵藏著各個區域族群的祖先們所融鑄凝聚的智慧，我們概稱之為中華文化，正是為了消弭區域族群間的歷史糾葛，開擴子孫萬代的視野與襟懷。而這個文化思想的傳承，不但是我們中、小學國語文教學的主要內容與使命，同時也正是高中國語文教育與其他外國語文教育最大差異之所在。因為我們的文化底蘊悠久而博大。

漢字的價值與特點，在這篇宣言之中充分獲得彰顯。而「漢字文化與藝術」課程的最初發想，亦是立基於運用文字，凝聚情感，傳遞文化。不過我們更期盼的是，提升語文能力的動能，應來自使用者自身審美經驗的涵養與內省，而非外在力量的告諭叮嚀。倘使全體漢字使用者都能清楚意識到：漢字是溝通情感意念的媒介，是理解中華文化的基礎，是傳遞知識經驗的工具，是從事文藝創作的門徑，唯有注重傳統與現代精神之相互涵攝，才可能發乎內心珍視這份寶貴遺產，而中華文明也才得以延續和發展。

有鑑於此，本課程在擬定教學目標時，特意將目光聚焦於三個方面：首先是引導學生重新認識漢字，以往生吞活剝的記誦每個漢字的形、音、義，只能得到漢字的糟粕，必須透過漢字探尋先民的生活模

式與社會形態，從而體悟中華民族特有的人文價值與生命情懷，才能真正得到漢字的精髓。其次是透過漢字觀察現今社會的脈動。在現今世界主要大國紛紛投入中文學習之際，如何將漢字文化以多元創意的方式推廣出去，應該是所有知識分子的責任與義務。然而盱衡我們所處的社會環境，錯字、別字充斥於各種文宣版面，風行既久，積非成是，不免令人感到憂心。本課程在講授漢字文化之餘，也希望喚起同學對於目前文字怪象的重視。最後則是帶領同學試著利用全新的漢字觀念，發展人文藝術，培養美的情操。

二、課程內容與教學設計

（一）課程內容

劉勰《文心雕龍·練字》篇云：「篆隸相熔，《蒼》、《雅》品訓。古今殊跡，妍媸異分。字靡異流，文阻難運。聲畫昭精，墨采騰奮。」意思是說，隸書從小篆鎔鍊而來，《倉頡》、《爾雅》對文字作了全面解釋。古今作者由於運用文字的不同，其好壞的標準就有相異的區分。用字為世所同曉便容易流傳，為時所共廢便難以運行。文字把思想表達得明白而精確，就能文采飛揚而突出。

劉勰為南朝時著名文學理論批評家，他敏銳的覺察到文字是一種社會現象，它的產生和存在，都與社會有著密不可分的關係。雖然自古至今，文字本身也具有自我發展的特性，但是文字的意義要由社會所有成員共同認可，任何人不能隨意加以改變，否則人們就無法進行交際，文字也就失去了充當交際工具的作用。上古先民，從觀察天地自然的運行，推衍出人文變化的大要，形成一種獨特的自然與人文的交融關係。這種獨特的文化特徵，在漢字的結構當中，仍然有跡可

尋。而漢字「單音獨體」的特質，容易組合成整齊而有節奏感的形式，文學作品中的詩、詞、曲、賦，書法作品中的正、草、隸、篆，都是在這個獨特的形式下產生的。因此，熟知字的形體、讀音、意義，僅可算是識字的初階，凝練和諧的詩歌形式，流美妍媚的書法藝術，質實樸厚的倫理思想，豐富深邃的文化意蘊，都能從漢字之中酌取翫味，孟子所謂「資之深，則取之左右逢其源」，便是這個意思！

為了達到上述的教學目標，筆者在規畫授課進度時，嘗試將課程分為「漢字文化」與「漢字藝術」兩大要點。「漢字文化」部分，除了帶領同學觀察漢字與社會文化之聯繫、思考漢字在當前世界文化傳播中扮演的角色外，更鼓勵同學積極投入華語文教學行列。「漢字藝術」部分，則具體揭櫫漢字藝術與當代文化創意，希望由此提昇同學的創作能力，進而陶冶性情，培養美的情操。

以下臚列每週主題安排，以供方家參考，並祈謦正。

表一　「漢字文化與藝術」課程進度表

週次	課程內容
第1週	漢字的特質、功能與價值 1. 古今的一貫 2. 形音義的密合 3. 六書的齊全 4. 外形的方正與結構的勻稱 5. 音節的單一 6. 義蘊的豐富

週次	課程內容
第2週	漢字與社會文化(Ⅰ) 1. 漢字為社會約定俗成 2. 漢字與社會相互依存 3. 漢字隨社會進步而發展 4. 漢字隨文明轉型而消亡
第3週	漢字與社會文化(Ⅱ)──正名百物 「鳥、獸、草、木、蟲、魚」相關漢字的由來
第4週	漢字與社會文化(Ⅲ)──生活形態 「食、衣、住、行、育、樂」相關漢字的由來
第5週	漢字與社會文化(Ⅳ)──風土民情 「吉、凶、軍、賓、嘉」各種禮俗相關漢字的由來
第6週	漢字與社會文化(Ⅴ)──倫理思維 「仁、義、禮、智、信」各種品行相關漢字的由來
第7週	校外教學 1. 國立故宮博物院 2. 中央研究院歷史文物陳列館
第8週	漢字的規範與變革(Ⅰ) 1. 假借字、通假字、古今字、繁簡字、異體字 2. 錯別字
第9週	漢字的規範與變革(Ⅱ) 1. 由「識正書簡」到兩岸漢字整合問題 2. 全球華文之推廣與傳統漢字使用

週次	課程內容
第10週	專題演講 漢字數位化的呈現與應用
第11週	漢字的神韻妙趣（Ⅰ） 1. 黃絹色絲，外孫齏臼──談字謎 2. 此山為木，因火成烟──談拆字
第12週	漢字的神韻妙趣（Ⅱ） 3. 物華天寶，人傑地靈──談對偶 4. 反覆顛倒，句句成誦──談回文
第13週	漢字的神韻妙趣（Ⅲ） 5. 意真辭切，理當味淡──談煉字 6. 宮羽相變，低昂互節──談聲律
第14週	漢字藝術與當代文化創意（Ⅰ） 1. 書寫載體變遷下的漢字發展趨向
第15週	漢字藝術與當代文化創意（Ⅱ） 2. 現代視覺文化下的漢字藝術
第16週	期末作品展演（Ⅰ） 1. 妙趣巧施興味生──說「漢字的故事」 2. 鎔貫篆隸畫奇辭──漢字裝置藝術創作
第17週	期末作品展演（Ⅱ） 1. 妙趣巧施興味生──說「漢字的故事」 2. 鎔貫篆隸畫奇辭──漢字裝置藝術創作

週次	課程內容
第18週	期末作品展演(Ⅲ)
	1. 妙趣巧施興味生——說「漢字的故事」
	2. 鎔貫篆隸畫奇辭——漢字裝置藝術創作

（二）教學設計

1. 單元主題

　　傳統語言文字學，舊時稱為「小學」，分文字、音韻、訓詁三科。文字學，研究文字的形、音、義及其演變的學問；聲韻學，研究古今字音的結構及其變遷的學問；訓詁學，根據文字的形體與聲音，以解釋文字意義的學問。這三門學科，一般只開設於大專院校國文相關科系，作為必修科目，在當前人文領域長期遭受漠視的社會環境下，期望國人語文能力不致低落，無異緣木求魚。

　　但是如果我們仔細觀察日常生活中視線所及的事物，以漢字為元素的創意巧思其實隨處可見。綜合八字、五格剖象、生肖、紫微斗數的姓名學，基於不同的需求而設計出來的大眾字型學，都充分展現屬於不同時空背景的用字思維。2014年臉譜出版社出版蘇煒翔、柯志杰合著的《字型散步：日常生活中的中文字型學》一書，書前簡介中有段非常生動的敘述：

　　　　為什麼賣章魚丸子的攤販都用勘亭流？康熙字典體怎麼會變成
　　　　小確幸的代表字型？太陽花運動的標語字體有哪些？復刻字體
　　　　如何成為新顯學？日星鑄字行的鉛字如何變成電腦字體？你知

道宮原眼科的招牌是老師傅王水河的圓體字嗎？哪一種字型看起來很霸氣？哪種字型看起來肉感淋漓？英雄片與科幻片最愛綜藝體？……

日常生活中放眼所及的中文字，好比捷運站、火車站或是國際機場，到站指標、路線引導、樓層看板……，這許許多多中文字所呈現出來的、讓人產生印象的，是一個有美感的車站，還是一個紛雜無章的機場？台北的街景由哪些字型簇擁出何種城市氛圍？源遠流長的廟宇中高掛的匾額、古老的紙糊燈籠，象徵台灣的百年風華；活字印刷的鉛字體與手寫招牌字，有令人懷想的台灣古早味……，日常生活中，有哪些字體在競逐我們的注意力？

到底應該選用楷體還是綜藝體？有什麼差別？康熙字典體又是怎麼從復刻字型界的王者，跌落為人人喊打、美感盡失的拒絕往來戶？經過對中文字型的拆解，我們從「字型盲」跳脫，成為對生活文字具有美感與敏銳度的文字使用者。

文章最後說道：「字型是許多議題的交會：歷史、美學、設計與社會文化，當然，它本質上也仍是一種科技產品。」頓時之間，無論是筆勢方折的甲骨卜辭、整齊方正的青銅銘文、勻圓工整的篆書、長方勢縱的楷書、縱橫跌宕的章草、飛走流注的狂草，都被重新賦予了靈動的生命力。它們不再只是博物館中祕而藏之的珍寶，也不只是《中國美學史》鉅著中貽範古今的樣版，而是躍然於螢幕、看板、匾額、紙糊燈籠，具有活潑生命的視覺藝術。

漢字的發展歷程，確實代表了每個時代「歷史、美學、設計與社會文化」的結晶，因此本課程循著漢字演進的軌跡，設計五大學習單元：(1) 漢字的特質、功能與價值，(2) 漢字與社會文化，(3) 漢字的規

範與變革，(4) 漢字的神韻妙趣，(5) 漢字藝術與當代文化創意。這五大單元，誠然無法含括漢字文化的精髓，但至少期盼帶給同學幾個全新的思維概念：

一、漢字書寫氣氛與環境之重建：將書寫視為行動藝術，藉由「漢字起源與結構」、「漢字的神韻妙趣」兩大單元，具體釐清漢字的本義、引申義及假借義，使修課同學在課堂作業的摹寫與練習之中，逐步重拾「書寫」的愉悅感覺。例如運用許多漢字相關的有趣小故事，配合對聯、測字、燈謎、趣味詩等傳統的文學形式，引領學生進一步去了解漢字的神韻妙趣。這些流行於民間的短歌小詞，大多以詼諧逗趣的手法，寄託深厚的機智幽默及豐富的文學底蘊，在古時的文化界中特別受到歡迎。即使到了今日，六〇年代瓊瑤作品大量化用古典詩詞，成為文藝小說的主流；九〇年代電影《唐伯虎點秋香》巧妙運用對子的橋段，也頗能吸引觀眾目光。

二、用字與表達能力之確實提昇：鑑於語文使用、表達能力皆為日常生活或日後工作所必須，故本課程設計，從生活情境開始，逐一與相關文字做連結，既可表現漢字源自於觀察生活的歷史，又可加深對文字的印象。例如常見的錯別字問題，錯字與別字其實有不同的界定，錯字是因人們任意增減筆畫，變換結構，而改變了原來字形的字；別字則是把形似或音近的甲字誤當乙字，字的筆畫或結構都沒有寫錯。課堂中要求每位同學從網路電子報查找20個錯別字，然後分析錯字、別字的類型和產生原因，避免因使用錯字、別字，而造成溝通時信息的扭曲。

三、文創產業與文藝活動之參與：漢語、漢字熱潮，隨著華語文化圈對世界影響的擴增而持續升高。為了保持正體字文化，以與簡化字相互區隔，近年來公部門對此亦投注不少心力；另外如出版界、設計界，也不斷推出相關書籍、產品，使得本課程很容易找到課堂教學

與課外應用的銜接點。

　　「漢字文化藝術」開設至今，總計邀請4至5位以漢字為創意設計主題的藝術家、作者及學者，蒞臨課堂演講。例如張宏如老師將文化、創意、設計融入漢字畫當中，帶領讀者回到漢字最初創造時的可能狀態，並從文化創意產業的角度，為漢字學習提供了新方法。其著作《漢字好好玩》，提出「線條→結構→整體圖像感之建立」的概念，說明漢字演繹的過程。此外，也介紹了許多與漢字創作相關的商品、表演、數位產品、節目等，由此展現了漢字文化創意的未來趨勢。臺北商業技術學院廖文豪教授，鍾情於古漢字研究，鑽研甲骨文十餘年，著有《漢字樹》、《在漢字裡遇見上帝》等作品。以延伸的方式，從幾萬個古漢字的視野當中，找出具有獨立構形及意義的符號，重新建構字與字之間的關連，並由此展現漢字發展的脈絡。發展漢字樹，可以使得同學們更容易了解每個漢字符號的意義。這些配套活動，將文化創意理念帶入課堂實作，使同學得以關注文字藝術於當代的再現與傳播，並嘗試探索漢字在數位時代的嶄新意義。

　　至於配合課程設計，而帶領同學參訪的校外合作單位，最令同學印象深刻的，莫過於中央研究院歷史文物陳列館，以及文山社製筆、大有製墨、樹火紙博物館等。

　　(1) 視通萬里、思接千載：契文訪古錄

　　漢字流傳至今，已歷數千百年。現代通行的楷書，很難從形體上看出先民文化發展的軌跡，只能借助於甲骨文、銘文等古代文字。目前臺灣收藏古文字文獻數量最豐富的機構為國立故宮博物院及中央研究院歷史文物陳列館。為使同學能夠近距離觀察古代文字相關文獻，因此課程中特別安排了參訪行程。參訪時，導覽人都會結合歷史脈絡與考古情境，來呈現文物的各種特色與文化意涵，並提出問題引導同學自我思考，同學們同感受益良多。圖一為歷史文物陳列館收藏品。

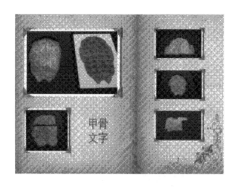
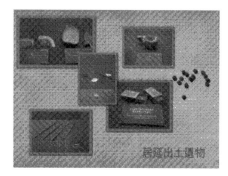

圖一　中央研究院歷史文物陳列館收藏品

(2) 漢字書寫工具製作學習：製筆、製墨、造紙

　　每一個國家均有其獨特書寫歷史，而中國書寫歷史尤為精彩。從殷墟遺址當中，證明毛筆早已是商代時期主要的書寫工具，紙的製作更是源起於中國，這些技藝卻在科技化的現代社會漸漸被忽視。本課程帶領同學閱讀文學作品中歌詠文房四寶的佳作，如「能令音信通千里，解致龍蛇運八行」、「玄玉初成敢輕用，萬里豹囊曾入貢」、「麥光鋪几淨無瑕，入夜膏燈照眼花」，於是興起漢字書寫工具製作的體驗式學習，冀盼透過此次活動，能帶給同學們更多關於社會生活、人文精神以及創意發揮的省思。圖二為相關活動剪影。

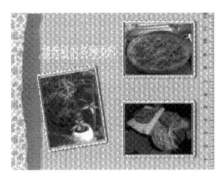

圖二　漢字書寫工具製作學習剪影

2. 作業規畫

　　課堂作業規畫，配合「漢字文化」、「漢字藝術」兩大主軸，分為平時作業、期中作業與期末分組報告數項。

　　平時作業以「漢字文化溯源」為主，強調從分析漢字的形體結構，探尋漢字與人文精神、美感經驗的結合。同學可以藉由以下幾個問題，進行深入的分析思考：

　　(1) 漢字的字義，有所謂的本義、引申義、假借義。有些字，從現代通行的楷書形體來看，很難看出它的意思，如果可以找出最初造字的形體，或許便能理解這個字的本義。如《詩經・周南・卷耳》「陟

彼崔嵬」，陟，甲骨文寫成「⿰阝⿱止止」，「⿰阝」是土山，「⿱止止」是腳印，合起來像一步步走上土山的樣子，簡單的說就是登高。課堂中從古代文獻隨機選取20個漢字，請同學嘗試找出它的本義。

(2) 絕大部分的形聲字，其右邊的聲符不僅表音，而且有表示意義的作用。同聲符的形聲字，其意義必有相通之處。例如「侖」字，意思是「有條理」，從侖得聲的字，也多半和「條理」這個意思有關。像是人倫的倫，是指人與人之間的正常關係；淪漣的淪，是指水的波紋相次有條理；議論的論，是指說話應該脈絡清析；輪班的輪，是指依次更替轉換。這些字的字義，都是從「條理」引申出來的。請同學試著找出更多這類的例子。

(3) 找出某類性質相近的字，分析這些字可能出現在什麼樣的時代，它們反映出什麼樣的社會文化？例如同樣是「馬」，高七尺的叫「騋」，高八尺的叫「駥」，公馬叫「騭」，母馬叫「騇」，前左腳白的叫「踦」，後右腳白的叫「驤」，白毛黑鬣的叫「駱」，身子黑而胯下白的叫「驈」。這些字必然是出現於畜牧業發達的時代。請同學思考有哪些性質的字，是在近現代才產生？它們產生的背景是什麼？這些近現代才新造的字，呈現了什麼樣的人文特質？哪些會繼續流傳下來？哪些可能會消失（或者已經消失）？為什麼會消失？這些字的消失，代表什麼樣的觀念或思想發生轉變？

期中作業以「當今社會型態下漢字發展的趨勢」為主，現今社會，無論是政治、經濟、文化、生活型態等各個層面，均和過去傳統思維大異其趣。快速全球化的結果與傳播資訊的發達，相對為漢字書寫帶來不小的衝擊。最明顯的例子是，當電腦輸入越加便捷的同時，人們對漢字形音義的掌握能力卻日漸低落。此外，過度追求創意發想，更使漢字特有的據形辨義、音義兼表的功能，逐步喪失。本項作業，欲使同學從現實生活中，觀察漢字使用的狀況，並嘗試分析歸納

漢字發展的趨勢。

期末作業則以「漢字藝術與當代文化創意」為主，近年來隨著文創產業的興盛，傳統文化作為取之不盡的素材，又更加受到注目，比方故宮博物院與民間設計公司的合作，便迸出了驚人的火花，創造了可觀的產值。而由臺北市政府主辦的「漢字文化節」活動，旨在宣揚中國傳統漢字之美，以跨界多元方式呈現，並探討漢字之發展歷程、藝術性、實用價值等層面，以期譜出漢字在現代社會的全新生命光芒。請同學以報導文學的方式，針對以往「漢字文化節」活動，做一完整的介紹，並嘗試模擬設計明年度「漢字文化節」的活動內容。

因為「漢字文化節」舉辦時間，大多安排在每學年度上學期，因此下學期課程，便改以結合競賽方式的漢字藝術創作為主。至今舉行的創意設計主題有三：

(1)「舞文弄墨、煮字療飢」──漢字創意競賽

以漢字來設計特色圖片或裝置藝術，擇期公開陳列，先由老師與助教選出十件優秀作品，之後讓全班同學票選前三名，並頒獎鼓勵。在發表優秀作品時，同學們都聚精會神地評比彼此的作品，或是跟其他同學分享自己的創作理念，透過這樣的交流，興起對漢字書寫的趣味。圖三為競賽首獎作品及展出活動剪影。

圖三　「舞文弄墨、煮字療飢」──漢字創意競賽
首獎作品：「愛」（資管系賴同學）

(2)「鎔貫篆隸畫奇辭」──漢字文創實作

　　以創意動畫來述說漢字故事，或以漢字為元素設計文創商品。其中資傳系、資管系同學表現最佳。圖四為資傳三年級簡同學以自己姓名設計的履歷表，非常具有獨創性。

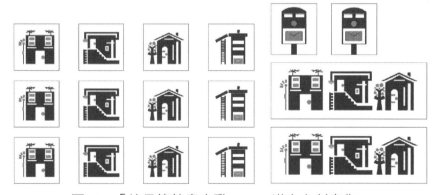

圖四　「鎔貫篆隸畫奇辭」──漢字文創實作
作品名稱：「我的履歷表」

(3)「筆墨紙？」──漢字創意組合競賽

　　流美妍媚、縱橫跌宕的漢字線條，隨著書寫工具及書寫載體的演進發展，更加帶有豐富的美學意蘊。舊時以「筆、墨、紙、硯」為文房四寶，而在當前的書寫環境下，「筆、墨、紙」可以和其他元素譜出什麼樣的創意火花？這次競賽，普遍獲得同學好評，顯示同學對於傳統書寫仍保持一定的興致。圖五為本次競賽展演作品。

圖五　「筆墨紙？」──漢字創意組合競賽

　　三次的創意競賽，得力於漢光教育基金會執行總監朱玉昌教授，及校外參訪單位的襄助不少。特別是漢光教育基金會為致力弘揚中華文化之公益組織，規畫辦理許多將漢字文化與創意結合的活動，例如「漢字動畫創意競賽」、「漢字藝術設計大賽」等。元智大學通識教學部數度邀請朱玉昌教授到校演講，共同為推動漢字文化而努力。

　　上述作業的規畫與設計，皆有其特別的意義與功能：

　　(1) 平時作業：著重在同學對於漢字的起源發展、結構特色等基礎知識有了一定的理解之後，進一步能和生活週遭的事物或傳統人文精神相連結，藉以觀察漢字與社會文化之聯繫。

　　(2) 期中報告：著重在當今社會快速變遷下，對於漢字發展趨勢的觀察與分析，詭狀異形的火星文是否可能取代六書，成為新的造字方

法？抑或筆畫繁複的方塊文字將逐漸失去優勢，終究為拼音文字所取代？生活在這塊土地的人們，應該如何找回掌握漢字的能力，具體方法為何，能否詳盡說明。

(3) 期末作業：著重對於「漢字文化節」活動特色的介紹是否翔實完整、模擬規畫的活動是否別具創意及巧思。

三、學生回饋與課程檢討

為了使課程達到跨域、多元的理想目標，並使校內不同科系學生都能獲得滿足，因此課程中安排了專題演講、校外參訪、協同教學、議題討論、期末創意競賽等活動，希望提高同學們的學習興趣。各項活動的施行成效，透過學習單及課程網頁討論區的留言，大致可以做為課程改進的參考。分析結果發現，同學對於這些配套活動，也感到十分有趣。茲略舉同學意見如下：

(一)專題演講

1. 張宏如老師──「漢字好好玩」

寫字，從小寫到大，從未想過單單一個字，可以演變出很多不同的東西，第一次被文字吸引，最喜歡創意設計這一塊，天馬行空的想像及創造，我喜愛圖畫更甚於文字，所以漢字臉譜、動物河邊倒影真的令我刮目相看，我想過去我的頭腦太死板，不會把事物轉換成有趣的東西，但今天讓我知道，文字是可改變的，就看我們如何看待漢字。（應外三A葉同學）

2. 廖文豪老師——「栽植一株漢字樹」

漢字真的很有趣，可以藉由這些字去探討古人的看法和思想。從歷史的角度和科學的角度都可以來解釋這些文字的意義和其被創造出來的原由。雖然有些學者對於漢字的解讀不同，但是藉由歷史文獻和科學觀察，我們可以更貼近當初創造文字時的思想，讓漢字不再是死板又難記的文字，而是生動又有趣的思想結晶！（資傳二B陳同學）

3. 朱玉昌老師——「漢字創意，如影隨形」

出身在這說中文的國家，漢字隨處可見是可以被預期的，但我從未想過會是這樣的如影隨形。從前就覺得漢字特別美，不只是繁複的筆劃，也被那傳統的書法字，那筆墨的濃淡、粗細、勾勒所深深的吸引著，今天看見了這麼多的不同樣貌的漢字，我更確立了漢字的價值，也驚嘆於它的藝術性。今天過後我會更留心於周遭的事物，不理所當然的接納每一個圖像，更該去試著思考其背後的意義，也許能發現一些意料之外的驚喜！（資傳三B周同學）

（二）校外教學

1. 中央研究院歷史文物陳列館

從這些出土的薄木片上，我們可以看到先人在上面書寫的文字，在紙還沒普遍使用的漢代，削薄的木片就成為人們書寫的

承載物，不過真正珍貴的不是木片本身，而是上面書寫的文字，透過文字我們可以了解漢代那時邊塞軍民的軍事、生活與文化，而且木片上的字其實我們並不陌生，甚至我們都能看懂，這好像我們跨越時空與漢代時的居民產生溝通一樣，而且經由這些文字與古時候的人們產生共鳴與互動，我覺得這是令人感動的一件事。（電機一A林同學）

2. 鶯歌陶瓷博物館

以前在原住民博物館參觀時，常會看到原住民的陶瓷上都有美麗的紋飾，今天我終於有機會能夠親自動手製作了。對於紋飾的選擇，我主要以金文作為我的選擇，因為我想要模仿商朝把事情記錄在鼎上的方法，流傳給後代子孫。我在繪製完畢後，還把「子子孫孫永寶用」的金文附在上面，因為這是青銅器上最具代表性的文字，如果沒有這段文字，就會稍顯遜色。（管院三年級賀同學）

3. 文山社製筆

書法已逐漸消失在各校的課程中，而被唯「分數」是圖的教育體制所取代，許多學生可能沒寫過書法，甚至沒拿過毛筆。藉由這樣的活動使學生能夠認識到中國的傳統文化，並體驗其中的樂趣進而產生興趣。（中語二A石同學）

4. 樹火紙博物館

在我們生活中處處可以接觸到紙，隨手可得的便利性也讓我們忘了製造一張紙背後的辛苦。路上大量的廣告傳單，一張一張的被丟進垃圾桶，就好像一棵一棵消失的大樹，資源是有限的，若人類繼續傷害大自然，最後受害的必定是我們自己。（通訊二B張同學）

（三）聯合課群活動

1. 賴清忠老師──「文創體驗：一起來做線裝書」

學習古典文化，古時要做一本書需要花許多心力，然而現在全部機械化的處理，讓人容易遺忘書的重要，因為現在要得到一本書是相對的容易。製作線裝書是一個很特別的經驗。學習古人做書的方式，體驗當時的生活。從當中學到古人的巧思，在技術不發達的時代，利用有限的資源，做出一本可以讓後人流傳下去的線裝書，許多文章也才能保持到現在。（資工一C沈同學）

另一項課程成效改進指標，為元智大學期中、期末所做的課程滿意度分析（表二）。

表二　元智大學期初學習問卷調查

上表針對「課程內容」、「教師教學態度與方法」、「教學助理（TA）協助教學整體評估」三個層面進行調查。

「課程內容」部分，又深入探詢三個子題：(1) 教師採用的教材能否有效輔助學習？(2) 教師能否掌握課程教學目標，且授課內容與教學大綱大致相符？(3) 整體而言，這門課的評量方式是否適當？分析結果，除第三項僅一位同學表示不滿意外，其餘55位同學均表示滿意或非常滿意。

「教師教學態度與方法」部分，計有五個子題：(1) 教師對本課程是否講解清楚且條理分明？(2) 這門課的教師是否關心學生的學習成效？(3) 這門課的教師是否鼓勵同學發問、討論或其他的互動？(4) 這門課的教師教法是否能引發學習興趣，激勵思考？ (5) 這門課的教師教學態度與方法之綜合表現是否良好？分析結果，所有填答同學均表示滿意或非常滿意。

「教學助理（TA）協助教學整體評估」部分，計有三個子題：(1) 你知道此課程是否有安排助教？ (2) 整體而言，本班教學助理很稱職？(3) 整體而言，本班教學助理對於我的學習很有幫助？分析結果，所有填答同學均表示滿意或非常滿意。

綜合觀之，選修本門課程的同學，對授課教師滿意度高達99.77％，對教學助理滿意度為90.91％，對於授課教師與教學助理而言，具有正面積極的鼓勵作用。

四、結語

本課程為期一學期，在計劃的運作與執行上，教學團隊所有成員都能緊密配合，使課程得以順利的進行。在與同學們的互動中，我們發現雖然同學們能夠在老師和教學助理的引領下，認識漢字在日常生活上、文創產業上具有一定的意義與價值，但卻不能很順利將漢字融入於其中，主要原因是無法在短期內充分熟悉漢字的結構與特質，對於中國古代文明的演進歷史也欠缺充分的認識，因此在學習過程中難免較為吃力。

漢字是中華文化的精髓，擁有豐富的文化底蘊，要在通識課程中向來自不同專業領域的同學介紹相關知識時，既要不失知識承載度，又必須兼顧以簡潔明瞭、深入淺出的方式進行，並且為了讓同學們接觸更多漢字在日常生活中的創意運用，如何有效結合社會現有的資源以呈現漢字之美，是所有教學團隊需要留心的課題。

探索與融通
──「文物與文學」課程的設計與實踐

黃智信

元智大學通識教學部

一、前言

出生於文化底蘊深厚的古都臺南，自小在古蹟成群的優美環境中，快樂成長。其後負笈臺北，更從潘重規、孔德成、昌彼得、劉兆祐、林慶彰等老師，學習敦煌學、金文、版本與圖書文獻學，總是於故宮博物院的感人氛圍中，流連忘返。「文物」與「文學」是個人長期鍾愛與關注的兩大領域，如何將兩者之間做更好的連結，也是自己多年來經常思索的問題，於是逐漸萌發了是否能夠開設「文物與文學」這樣一門課程的念頭。

自100學年度第2學期開始，至今這門課程已完整執行過五個學期。其間在諸多師友們大力的指導與協助，以及同學們熱情的參與及支持之下，讓課程能夠從「無」至「有」，從必須面對不少疑惑的「問號」，逐漸走向可以獲得許多肯定的「驚嘆號」。這真可說是一段勇於嘗試、充滿挑戰的圓夢歷程。

五次課程中的若干單元與活動內容多略有調整與增減，因篇幅所限，本文只能揭櫫其「大同」而節略其「小異」，就課程主軸進行概

述，其餘部分則暫時略而不論。本文擬從三個方向進行論述：首先，簡述課程的理念與設定的目標。其次，說明課程的整體規劃，並分就作業設計與課程進度，以呈現課程的具體內容。由於同學們參與課程後的反應，影響課程執行成效甚鉅，因此最後以較多篇幅整理相關回饋意見，並據以簡要論述課程執行之成效。

雖然就目前課程所取得的成績而言，與原先設定所欲達成的目標，仍相去甚遠。謹藉由此次撰文的機會，對這門課程做了簡要的回顧與檢討。以之紀念這段師生一起努力探索，以尋求融通的曲折歷程。尚祈方家學者，不吝諟正。

二、課程的理念與目標

於本校的課程中，無論是各系所的專業科目，或是通識領域的選修課程，都尚未得見與本課程相關之課程的開設；即使衡諸國內各大專院校課程開設的情況，相關的課程亦不多見。

然而置身於一個具有悠久歷史與傳統、文化底蘊深厚的國家，卻又面對一個複雜多端、轉瞬即變的時代，此刻的我們將如何看待這遺留至今、為數眾多的各種精美「文物」，如何欣賞、保護，乃至推廣，使「文物」的作用與價值在今日社會中，得以獲得重視而彰顯呢？值得關注。

至於「文學」作品，與「文物」一樣，皆有助於現代人豐富知識、陶冶品格、充實生活，並凝聚民族情感。我們除了從書本中能夠接觸大量「文學」作品外，諸多優秀的「文學」作品，藉由大量「文物」以留存至今；甚至許多珍貴的書籍本身，即屬重要的「文物」。但這些承載於「文物」中的「文學」作品，即使有助於「文物」、「文學」的欣賞與研究，卻長期未曾受到應有的重視。欣賞與研究

「文物」者，往往只談「文物」本身的特質與美感，似乎「文物」之上，未曾有任何「文學」作品的出現。而「文學」的欣賞與研究者，亦往往將焦點放在「文學」作品本身的分析與理解，罕見將目光投注於這些「文學」作品曾大量寄存的「文物」之上。這種缺憾，也有待彌縫。

本課程希望能讓同學們對於「文物」、「文學」兩方面都能有更為深入的認識，更重要的是，使兩者之間能相互連結，並達成所設定的以下幾項具體目標：

(1) 增進欣賞文物與文學的能力。

(2) 拓展理解與分析文學作品的視角。

(3) 透過文物的寶貴價值以豐富我們的人生。

(4) 引導認識地方文物保存，乃至國家文物典藏的重要性。

(5) 領略「知識經濟」於家族中的意義。

(6) 感受儒家思想對於今日生活所可能帶來的陶鑄與啟發，並關注「儒學」在臺灣的發展情況。

二、課程的規劃與內容

（一）課程規劃

「文物」可據以分類的方法很多，本課程依「存在形態分類法」，分為「可移動文物」和「不可移動文物」兩大區塊進行規劃。

1.「可移動文物」（主要是指館藏文物和流散文物）——國立故宮博物院篇

(1) 課程單元：

　　「可移動文物」以國立故宮博物院重要館藏介紹為核心，內容涵蓋以下四個單元：

　　　　A 青銅器：毛公鼎、散氏盤

　　　　B 璽印：古稀天子、八徵耄念

　　　　C 書畫：富春山居圖

　　　　D 版刻：《論語》重要版本介紹

　　(2) 文創體驗：「一起來做線裝書！」

　　賴清忠老師（國立故宮博物院登錄保存處修護師）

　　(3) 校外參訪與導覽：國立故宮博物院——文物的觀察與印證之旅

　　課程除帶領同學一一欣賞青銅器、璽印、書畫、版刻各方面相關文物本身透顯的美感外，還希望引導同學以「文物」與「文學」作品互證，並進一步分析留存於「文物」之中的「文學」作品。

　　於「版刻」單元中，邀請賴清忠老師示範並讓同學實際製作一部專屬自己的現代版線裝書。鼓勵同學如何從歷代「文物」之中汲取靈感，從小處著眼，激發並培養其勇於嘗試文創工作的興趣與能力。讓年輕朋友願意發揮熱情與創意，賦古典以新貌。

　　課程中，並帶領同學們親至臺北故宮博物院實地參訪，除了使同學們能夠有機會對故宮博物院的重要文物近距離仔細觀察，以印證所學，並能清楚掌握故宮博物院的典藏特色。同時，更希望藉此課程，能夠使同學認識到地方文物的保存，乃至國家文物典藏的重要性。

2.「不可移動文物」（主要是指文物史蹟）—— 板橋林本源園邸篇、臺北市孔廟篇

　　(1) 課程單元：

　　「不可移動文物」內容涵蓋以下兩組單元：

　　　　A 板橋林本源園邸

　　B 臺北市孔廟篇

　　(2) 校外參訪與導覽：板橋林本源園邸、臺北市孔廟——人生理想境界的追尋

　　(3) 演講與體驗：「儒風躍動——佾舞傳統技藝體驗」

　　莊汶潁老師（臺北市大龍國小老師、臺北市孔廟秋祭佾舞教練）

　　元智大學推行「經典五十」通識課程，學生於畢業之前須透過修課或自行閱讀經典取得認證，以獲取點數，累積滿五十點，轉換成必修兩學分，方能順利畢業。本課程肩負《論語》一書點數十點的任務，因於「版刻」、「建築與史蹟」兩單元，分別納入「《論語》的版本」、「臺北市孔廟」的介紹、參訪與討論，並邀請佾舞隊資深教練莊汶潁老師解說及帶領同學們學習祭孔的佾舞，希望能讓同學感受祭孔儀式的肅穆莊嚴，以及儒家思想對於今日生活，從行為到思想所可能帶來的陶鑄與啟發，引導同學們關注「儒學」在臺灣的發展情況，並思考作為一個現代的知識份子，如何為在地文化，乃至國家社會承擔責任，貢獻所學。

　　而透過「板橋林本源園邸」的參訪與討論，以帶領同學感受富甲一方的家族，是如何重視子孫的教育與人格養成，為「知識經濟」下一良好之註腳，並提醒同學們文化傳承與社會關懷的重要。

（二）作業設計

1.臉書粉絲團的互動討論

　　每週課程結束之後，即由教學助理於課程「臉書粉絲團」開闢每週「討論議題」，供同學們及教學助理進行心得的分享、意見的表達，或問題的討論，以方便掌握同學們於各單元的學習狀況，並提供良好的交流溝通之管道。

2. 參訪紀錄表、專題演講學習單

　　於每次參訪、專題演講後，由同學撰寫參訪紀錄表、專題演講學習單，以便掌握同學學習狀況。優秀的作品將公布於教學網站上，俾便同學觀摩學習。

3. 分組報告

(1)「珍貴收藏大公開」

　　課程於期中進行「珍貴收藏大公開」的活動，由修課同學分組規劃與展示各組的珍貴收藏，說明藏品之名稱、用途、特色與收藏意義。讓同學們瞭解曾經我們身邊垂手可得的東西，隨著時間的流逝，也許將難得一見，因此必須珍視並妥為保存（圖一）。著重在如何規畫並出色地呈現各組珍貴收藏的獨特性、重要性，與收藏的意義。

圖一　同學們的各種珍貴收藏

(2)「假如我是○○○○○經營團隊」

　　於期末進行「假如我是○○○○○經營團隊」的活動，讓同學們在對「故宮博物院」、「板橋林本源園邸」、「臺北市孔廟」有深刻瞭解與充分掌握之後，自三者中，擇一為題，除論述將如何經營此一文化單位外，並鼓勵發揮創意與巧思，拍攝一組關於報告主題的宣傳

影片，使能獲得各方廣泛的關注，深入社會大眾的生活（圖二）。

圖二　結緣於「板橋林本源園邸」的報告

（三）課程進度（表一）

表一　「文物與文學」課程進度表

週次	課程內容	說明
第1週	課程說明	1. 何謂「文物」 2. 留存於「文物」中的文學作品情況

週次	課程內容	說明
第2週	單元一： 典麗莊重‧子孫寶用——青銅器銘文中的文學世界	「毛公鼎」內有銘文近五百字，是目前所知出土的古代青銅器上銘文最多的一件器物。銘文中傳達了對於時局不穩的憂慮，也展現了君王勵精圖治的決心。「散氏盤」上的銘文，也長達三百五十七字。銘文中呈現西周中晚期矢國侵害了散國的土地，後經議和，矢國割田地賠償。為防毀約，散國將盟誓的經過與盟約的內容，鑄造於此件青銅禮器之上
第3週	〔青銅器實例探討〕臺北故宮特藏——毛公鼎、散氏盤	
第4週	單元二： 權力象徵‧取信於人——璽印中的文學世界	「古稀天子」與「八徵耄念」二寶，是乾隆皇帝為了自己七十、八十聖壽時分別製作的。兩璽各配有一個刻有「猶日孜孜」與「自強不息」印文的副章。而在「古稀」、「八徵」兩個印璽的印身中又分別刻有乾隆皇帝所撰〈古稀說〉、〈八徵耄念之寶記〉。從其中可見乾隆皇帝「敬天法祖，勤政愛民」的自我惕勵，不因自己的年事已高而稍有怠懈
第5週	〔璽印實例探討〕臺北故宮特藏——古稀天子、八徵耄念之寶	

週次	課程內容	說明
第6週	單元三： 外放內斂・曲盡其妙——書畫中的文學世界	元代畫家黃公望自小被視為天才兒童，但仕途不順，曾因貪汙案被牽連入獄，後出家成為全真教道士，以替人卜卦為生，又曾師從趙孟頫學習作畫。此畫係八十歲於富春江一帶遊歷時所作。畫中高峰與低谷穿梭其中，宛如人生的風景，起伏不斷。卷末黃公望、沈周、文彭、周天球、鄒之麟、沈德潛，以及卷前董其昌，諸位所撰題記，可以呈現此畫收藏與流傳過程曲折動人的歷程
第7週	〔書畫實例探討〕 浙江省博物館、臺北故宮特藏——富春山居圖	
第8週	單元四： 豐姿多采・流播四方——版刻中的文學世界	此單元，分為「裝幀」與「版刻」兩個部分進行說明。「裝幀」的方式，介紹了簡冊、卷軸、葉子、旋風裝、經摺裝、蝴蝶裝、包背裝以及線裝等。「版式」部分，介紹了包括界格、版心、象鼻、魚尾、木記等版刻的相關詞彙。結合學校「經典五十」的課程，又介紹了《論語》流傳過程中的幾種重要版本，包括何晏《集解》、邢昺《疏》、朱熹《集注》本等，以及清代內府所刊印的《篆文四書》
第9週	〔版刻實例探討〕 臺北故宮特藏——歷代《論語》重要版本	

週次	課程內容	說明
第10週	〔期中分組報告〕「珍貴收藏大公開」（Ⅰ）	由修課同學分組規劃與展示各組的珍貴收藏，進行期中分組報告
第11週	〔期中分組報告〕「珍貴收藏大公開」（Ⅱ）	
第12週	〔文創體驗〕「一起來做線裝書！」指導者：賴清忠老師（國立故宮博物院登錄保存處修護師）	由指導老師講解與示範線裝書的製作方法，並帶領同學們進行線裝書的實作
第13週	〔參訪〕臺北國立故宮博物院	本週六帶領同學們進行校外教學（事先申請參訪之導覽）
第14週	單元五：秀美壯麗‧各得其宜——建築與史蹟中的文學世界〔古蹟介紹〕1. 板橋林本源園邸 2. 臺北市孔廟	介紹林本源園邸的大致格局、各重要的建築、參觀路線，以及臺北市孔廟的歷史沿革與建築格局
第15週	〔參訪〕板橋林本源園邸	本週六帶領同學們進行校外教學（事先申請參訪之導覽）

週次	課程內容	說明
第16週	〔參訪〕臺北市孔廟 〔演講與體驗〕「儒風躍動 —— 佾舞傳統技藝體驗」 講者、指導者：莊汶湞老師 （臺北市大龍國小老師、臺北市孔廟秋祭佾舞教練）	本週六帶領同學們進行校外教學（事先申請參訪之導覽） 由指導老師講解佾舞的歷史、解說佾生的基本儀態與佾舞的基本動作，並帶領同學們到大成殿前實際學習佾舞
第17週	〔期末分組報告〕「假如我是○○○○○經營團隊」（Ⅰ）	由修課同學自「故宮博物院」、「板橋林本源園邸」、「臺北市孔廟」三者中，擇一為題，進行期末分組報告
第18週	〔期末分組報告〕「假如我是○○○○○經營團隊」（Ⅱ）	

三、同學們的回饋意見

　　選修課程的同學們於參訪的「記錄表」、文創體驗與專題演講「學習單」，以及課程臉書粉絲專頁的討論與回應之中，往往反映出從活動當中得到的啟發與收穫，甚或直指活動的不足之處，值得珍視。茲選錄並整理部分寶貴意見，分類條列如下：

（一）授課內容

1.「青銅器銘文」

在青銅器上鐫刻「子孫永寶用」，其意義不單單是家國永續，更蘊含當時人們對「不朽」的理解，人們除了物質上的追求外，開始希望有永恆，期盼「不朽」、「永生不死」。然，什麼是可以永恆？這是沒有答案的。他們所能做的就是銘記這些可以銘記的，以圖不被後人遺忘。……那些文物都在用自己的方式告訴人們它們背後的故事。（管院一鍾同學）

2.「想在印章上刻哪句話以勉勵自己」

我想刻的是「相信自己」，人生中很多的決定都太過猶豫，想要問遍所有人意見，卻不相信自己，反而錯失好時機。所以我想督促自己，不管如何，我覺得照著自己的心去走自己的路，未來是掌握在自己的手上。（管院二郭同學）

3.「喜歡的書畫作品」

以前都只知道「清明上河圖」，它的細緻程度真的很驚人，不僅畫出北宋首都開封的繁華熱鬧，也畫出了優美的自然風光。看到助教提到的《天機》，就上網看了一下，還去查了「富春山居圖」的資料，真的和老師說的一樣蘊含了很深刻的人生哲理，所以現在最喜歡的是「富春山居圖」，可能因為年紀大了，比較喜歡富有涵義的東西吧！（管院二葉同學）

4.「希望製作什麼內容的書籍」

《我的初衷》──人生中常常為了現實的殘酷，不得不暫時性走一條違背自己承諾的一條路，但常常走久了，習慣了，因而漸漸忘了自己的初衷，自己當初做重大決定時的感動，最後迷惘於表面短暫滿足，像金錢、利益、地位……，而忘了心中最深處純真的嚮往。因此我希望有本『初衷』的書，可以隨時提醒自己，甚至喚醒當初的那一份感動，讓自己在人生的尾聲也不要留下任何遺憾。（電機二彭同學）

（二）文創與技藝體驗

1. 文創體驗：「一起來做線裝書！」（圖三）

一開始對線裝書的想像很簡單，沒想到看老師示範時步驟這麼繁瑣，而且看似簡單的動作由我們來做就變得亂七八糟。看到自己拙劣的手法，真令人沮喪。還好最後還是完成了，而且我覺得看起來很漂亮。蠻希望有機會可以從頭開始做，連打洞都自己來。這次的活動真的很有意義，也對古書有了不同的瞭解。古書的內容固然引人入勝，但欣賞它的裝訂形式也不失為一種樂趣。（財金四蔡同學）

就讀其他學校的同學，總羨慕我的通識課有很多動手做或親身體驗的活動。如果沒有這堂課的體驗，我永遠都不會知道修護古書這麼累人，既要保留古書原來的樣貌，又要把它補得漂亮，而且紙張如此單薄，有一不小心就會把它弄破的感覺。（財金二王同學）

圖三　一起來做線裝書吧！

2. 技藝體驗：「儒風躍動─佾舞傳統技藝體驗」（圖四）

我很喜歡佾舞，跳了一次之後，就在想為什麼我小時候沒有接觸過這個東西呢？我超想從小就學佾舞，學佾舞真的收穫良多。如果以後有機會，我想讓我的小孩學。（財金二游同學）

這次的佾舞體驗很特別，往往只能在電視上看到，這次則是實際的到臺北孔廟跳佾舞。佾舞的每個動作都要求沉穩，所以能藉由跳佾舞沉澱心情，佾舞的站立動作也能改善人的體態，因此佾舞不僅是跳給大成殿內的孔子看，也是人改善身心靈的好活動。（機械三謝同學）

第一次跳佾舞和第一次拿翟篇，感覺印象非常深刻。我覺得如果沒有上文物與文學的課程的話，我應該沒有機會學習到佾舞，更不用說拿貴重的翟篇了。所以說，除了感謝教我們跳佾舞的老師之外，也很感謝老師和助教的課程安排。希望這類的課程活動可以繼續辦下去，讓更多的人可以體會到佾舞這珍貴的文化。（資傳三黃同學）

圖四　臺北市孔廟大成殿前的佾舞學習

（三）校外參訪

1. 國立故宮博物院（圖五）

故宮每一個歷史的走廊，每走一步都像踏進不同的回憶，有各種不同的感觸。在那裏我體會到了每個朝代的風情，看到了各個皇帝的英姿，了解古人生活樣貌，那詩人朗誦詩文的聲音似乎還迴盪在我的心中，激起一波波的漣漪。也許不能與其同樂，但在此生看到親筆真跡也足矣。（機械一邱同學）

此次參訪的同學不少，很多人也都認真瞭解歷史文物，這真的是一個很棒的旅程。看了這些古物，不免想像著未來是否也會有文史工作者將我們的一切完整的保留，並向他們的下一代分享這個時代的故事呢。（機械四翁同學）

圖五　國立故宮博物院參訪

2. 板橋林本源園邸（圖六）

可惜天公不作美，下大雨，不然我真的會給這次參觀打滿分。
也罷，林家花園在雨中，也有它的美，真是不虛此行！（機械
二林同學）

榕蔭大池旁的假山，雖然它感覺真的很假很平面，可是從遠處
看的時候，讓我有一種中國山水畫的那種感覺，而近看卻發覺
其實它的細節頗細，發現其實這些藝術的精巧所在。（機械一
陳同學）

這次的參訪非常有意思，因為可以知道古蹟背後的故事，了解
其建立及保存的不易，會更加的愛護及欣賞。（電機二彭同
學）

圖六　大雨滂沱中的板橋林本源園邸與大觀書院參訪

3. 臺北市孔廟

長這麼大了，這還是我第一次到孔廟，除了感到很新鮮之外，也感受到孔廟莊重的氣氛，搭配著幾位老師的導覽介紹，讓我了解到更多孔廟的特色與歷史……（機械四林同學）

雖然我是臺南人，但是每次經過孔廟都不會想進去，因為我一直認為就是祭拜孔夫子而已，沒想到這麼有趣。（財金二王同學）

（四）分組報告

1. 期中「珍貴收藏大公開」

這次的報告讓我發現，每個人都好有心去品嚐自己的生活，細心地尋找生活中每一個雖然微小，自己卻覺得非常有價值的東西。去研究它、蒐藏它……增加自己的生活品味，真的好棒。我覺得現代人常因為賺錢或者是很多雜事讓整個生活品質變得很差，縱使有再多錢，生活過程不快樂，又有什麼用呢？蒐藏

真的是一個很棒的休閒活動，這次報告不僅讓我大開眼界，也使我對於以前只有想卻沒有做的事情更加的躍躍欲試，真的很開心能參與大家的蒐藏。（化材二彭同學）

每個人對於自己收藏的東西都視為珍寶，從大家上臺分享時的神情都能夠感受。藉著同學的分享，也想起好多自己從前收藏的小物，不管是否已經有歲月留下的痕跡、泛黃的古樸顏色，都在在顯示出了不同時期的我們。藉由這次的機會，翻出了好多東西，也想起了好多回憶。（管院四賀同學）

2. 期末「假如我是○○○○○經營團隊」

超喜歡經營故宮團隊所提出的臺灣人日，上次去因為實在太多觀光客，看不太到什麼東西，真的很可惜。（管院二傅同學）

投資林家花園的微電影，林家花園真的是很唯美的地方，卻被很多的臺灣人說：「不就是個花園而已，有什麼？」但花園的唯美氣息才是現代人缺乏的心靈交流，雖身在繁華的板橋中，卻不被都市人大力推薦，跟好好運用，感覺就很可惜！所以希望微電影拍出它的美感，用鏡頭捕捉林家氣息。不單單讓臺灣認識，更要讓世界知道！（機械一謝同學）

（五）整個學期的課程

一門課的特別，在於它的經營方式，活動讓我們熟悉彼此，增進了對這門課的情感。也許我們不是課堂中最認真聽講的那一群人，也許我們不是活動表現最出色的那一組，但我們是用心思考這門課所帶給我們成長的那一員。（資工二鄧同學）

個人收藏大公開真是讓我眼界大開，大家平常坐在一起上課，完全不知道彼此有那麼多不為人知的祕密，真的很棒的一個分享。另外，線裝書真的很讚，我已經把我的線裝書封裝起來保存了！感謝這學期助教和老師的教導，也看到很多不一樣且很棒的同學們！（機械三陳同學）

原本以為課會像國高中國文課一樣一直講文學，但有文創體驗、校外教學，也有很多機會聽到同學的看法，真的透過很多層面看見文學！（資管三陳同學）

四、執行成效之檢討

不少同學無論是校外參訪、學習佾舞、製作線裝書，甚至課堂的聽講，都能有自己的深刻觀察與體會。甚至在活動之後，建議能夠學得更多、更完整，例如佾舞共有九十六個動作，當天只能學到前八個動作，同學們希望有機會能學到整套完整的佾舞，甚至表示如果以後有機會，還想讓自己的小孩學。又如線裝書的製作，因為時間的限制，必須於兩堂課之內讓活動完成，因此只能先由指導老師製作好半成品後，讓同學們執行接下來的包書角、畫眼、穿線、縫線、題簽等動作，同學們則希望能學會完整的製作方法。好學求知的精神，讓教學團隊非常感動。

綜合以上同學們的回饋意見，與課程實際執行的情況，這門課程於以下幾個方面大致已獲得初步的成效：

(1) 透過課程的多元學習，使學生能夠重新理解「文物」，懂得如何去考察隱藏於文物背後的故事，甚至體會其中所透顯的人生哲理，並嘗試從「文物」中體驗「文學」。

(2) 透過校外參訪、導覽，以及相關專題演講活動，使學生對於國立故宮博物院、臺北市孔廟有了全新的認識。對於文物，更懂得珍藏與展陳之不易；對於古蹟，也更懂得如何仔細欣賞與愛護，並思索可以留給下一代怎樣的時代故事。

(3) 透過學習製作線裝書，以及演練祭孔佾舞的體驗，有了實際接觸傳統文化的機會，能鼓勵青年朋友親近傳統文化，激發並培養其勇於嘗試文創工作的興趣與能力。讓年輕朋友願意發揮熱情與創意，賦古典以新貌。

(4) 許多原本並不熟識的同學，甚至是同班同學，透過參與活動及製作報告的機會，或是珍貴收藏的分享，而成為志趣相投的知心朋友，是這門通識課程意外的收穫。

(5) 教學團隊已為這門課程奠定相當的基礎，可以為這門課程的持續經營提供一些具體的經驗。助教們對於課程的規劃與經營、網站的建置與維護、修課成員的互動與引導等方面，也都頗具經驗而能有準確的掌握。此外，可以有參與教學工作的實習機會，對於這幾位助教能力的培養，也有實質的幫助。

不過，於幾次的課程運作過程中，確實也多少會遭遇一些狀況或困難有待克服，例如：

(1) 修課人數過多時學生照顧不易：尤其是校外教學活動，往往因修課人數過多，必須分成多組進行導覽時，教學團隊的人力即顯得不足。於一般教室進行實作課程，則顯得過於擁擠；另外借用大教室，則坐在後面的同學又反映看不清楚老師講解的內容。同學有問題須請老師指導，也需要一一排隊等待。

(2) 難以找到適當的校外教學活動時間：通識課程的修課同學來自不同科系與年級，學生選修課程的時間不一，難以找到較長且適合的空堂時間以安排校外教學活動。因此只能將校外教學的活動安排於假

日，但許多同學假日有打工，或另有活動安排，團體的校外教學活動進行不易。

(3) 校外教學活動易受天候狀況影響：於參訪故宮博物院、臺北市孔廟時，都曾遇到下雨，影響了同學們參與活動的意願。

(4) 少部分的學生仍習慣於主要由老師授課的上課方式：雖然在學期一開始上課時，已向同學們解釋這門課程的上課方式，會與一般通識課程略有不同，例如會安排心得分享、議題討論、文創體驗、校外參訪等課程內容。部分同學雖然也覺得這樣上課不錯，但似乎仍然覺得老師多講點課會更好。

五、結語

回顧過去五個學期的點點滴滴，一路上，有取得若干成果的喜悅，有遭遇些許困境的憂思，而更多的是細數不完的感動。

這門課程可以順利執行，需要感謝來自許多單位的老師與朋友們的支持協助，感謝助教們的犧牲奉獻，更要感謝幫助我逐步完成多年夢想的同學們的可愛熱情。

對於「文物」與「文學」，今後仍將與年輕朋友一同努力「探索」，期待終能「融通」。而這過去五個學期的經驗，將只是其中一個小小的起點。

蘇格拉底對話式教學的理論與實踐
——以「倫理學與當代議題」為例

王冠生

國立臺北大學通識教育中心

一、前言

在教育部100年至103年現代公民核心能力養成計畫中,將倫理素養、民主素養、科學素養、媒體素養、美學素養列為五項主要公民素養。在這五項公民素養中,筆者所教授的「倫理學與當代議題」以提升同學的倫理素養為主要目標,筆者認為倫理素養課程最重要的目標在於培養道德思辨能力,能夠對於現實生活中的道德兩難議題進行決策。因此本文將以「倫理學與當代議題」課程為例,說明使用蘇格拉底對話式的教學方法,對於提升倫理素養課程的成效,並針對此種教學法進行檢討,評估其優缺點。以下分為「課程理念、教學內容、學習成果、教學反思」等部分說明。

二、課程理念

倫理學(ethics)是以哲學方法探討道德問題的學問。在日常生活中,不論是學校、家庭、職場、鄰里、社區、社會、自然……都充

滿了倫理議題,而倫理學的核心精神即在於建構一套準則,檢視人與人、人與家庭、人與社會、人與國家、人與自然行為的適切性。就倫理學的分類而言,我們可以將倫理學區分為描述倫理學(descriptive ethics)、規範倫理學(normative ethics)、後設倫理學(meta ethics)三大領域。本課程「倫理學與當代議題」是以規範倫理學為主軸,引導同學思考現實生活中的道德難題。

規範倫理學是系統性地探討倫理行為、倫理規範的適切性,並試圖證成一套標準,檢視倫理行為的適切性。規範倫理學又可區分為基礎倫理學(fundamental ethics)與應用倫理學(applied ethics)。基礎倫理學做為思考倫理問題的根本,包括義務論(deontology)、結果論(consequentialism)、德行論(virtue theory)三種基本理論。根據結果論,對的行為是指在結果上能夠產生最大福祉或效益的行為,亦即能產生最佳結果的行為。根據義務論,一個行為的對錯並非取決於此行為能否產生最佳結果,而是取決於此行為是否合乎義務。縱使一個行為可產生最佳結果,若其違背基本原則,亦是不被義務論允許的行為。結果論與義務論是規範倫理學中最重要的兩種理論,兩派的論爭亦是規範倫理學中最重要的議題。相對於結果論與義務論將倫理學的重心置於:我們應遵守甚麼樣的規則?德行論則認為倫理學的重心應在於探討:我們應成為什麼樣的人?德行論者認為結果論與義務論都是原則倫理學,無助於讓我們成為有品德的人。而倫理學應該重視行為動機、氣質傾向,遵循有德者的行為。

應用倫理學是使用基礎倫理學所提供的準則,檢視現實生活中的倫理議題,協助我們在面對日常生活中的倫理議題時,能夠判斷該如何抉擇。應用倫理學的領域包括:環境倫理(environmental ethics)、動物倫理(animal ethics)、商業倫理(business ethics)、財物倫理(ethics of money)、職場倫理(work ethics)、專業倫理

（professional ethics）、網路倫理（cyber ethics）、運動倫理（sport ethics）、媒體倫理（media ethics）、政治倫理（political ethics）、生命醫學倫理（biomedical ethics）、婚姻與性別倫理（ethics of marriage and sex）……等等。尤其隨著現代科技的發展，以及社會生活的多元，上述各個應用倫理的領域，都可以細分出許多具爭議性的議題。例如，生命倫理醫學的議題包括：安樂死（euthanasia）、墮胎（abortion）、死刑（death penalty）、自殺（suicide）、器官移植（organ transplant）、代理孕母（surrogate motherhood）、基因工程（genetic engineering）、幹細胞研究（stem cell research）、複製人（cloning）……等等。媒體倫理包括：個人隱私（privacy）、言論自由（freedom of speech）、網路侵權（internet copyright infringement）、媒體自律（media autonomy）……等等。經濟倫理包括：告密（whistle blowing）、消費者權益（consumer rights）、產品責任（product liability）、消費文化（consumer culture）、勞工權益（labor rights）、公平貿易（fair trade）……等等。政治倫理包括：人道援助（humanitarian aids）、種族歧視（racial discrimination）、愛國教育（patriotic education）、公民不服從（civil disobedience）……等等。婚姻與性別倫理包括：同性婚姻（same-sex marriage）、婚前性行為（premarital sex）、變性（transsexuality）、賣淫（prostitution）、婚外情（extra-marital affairs）……等等。由於這些議題與生活經驗息息相關，因此本課程以應用倫理學的議題作為主軸，再輔之以規範倫理學的架構，引導同學學習思考日常生活中的道德難題。

就倫理素養而言，一門倫理素養課程在結束之後，最重要的是要能引導同學進行倫理思考，對於日常生活中的道德兩難進行反思。不過，由於一般哲學課程太過理論，以至於學生面對艱深難懂的哲學名詞時，就對哲學產生恐懼，不願意以哲學方法進行思考。本課程將哲

學視為一個活動（activity），課程中除了介紹倫理學理論之外，亦從新聞時事、司法案例、電影中蒐集材料，鼓勵同學針對相關倫理問題進行批判性思考（critical thinking）。使得學習並非僅止於認識哲學理論，而能夠應用哲學理論於現實生活中。本課程的進行將採用「閱讀、討論、反思」的三明治教學法。因此，前述應用倫理學的問題，就成為本課程的重要素材。首先，老師會做文獻分析，解釋問題的爭議焦點與發展脈絡。在分析問題的過程中，也會安排適當的演講與影片欣賞。其次，由教學助理帶領同學做小組討論，同學應統整各方面的知識，進而思索解決問題的主張與方案。最後，以小組為單位，同學應彙整出可能的解答，並在課堂上作小組報告，接受其他同學的提問、檢視自己的推理。透過「閱讀、討論、反思」的三明治教學，完成「做哲學」（doing philosophy）的活動。

　　筆者期望能將哲學思考回到學生的日常生活中，將哲學思辨內化為一種生活習慣。讓同學透過大量的對話、討論，學習透過哲學思辨來探索問題。這種「做哲學」的活動，其實只是還原了哲學原本的特質。在古希臘時期，最重要的著作是透過對話的形式保存下來，例如柏拉圖的《對話錄》描述了古希臘哲人們對於正義、友愛、勇敢……等問題的探討。在中國，最偉大的經典之一《論語》也是以對話的形式闡述思想。不論東西方，對話是哲學問題的核心，學習對話、學習思辨，才有可能進入問題的深層探討。

　　古希臘哲學家蘇格拉底可以算是透過對話進行哲學教學的佼佼者，他的方法被稱為「蘇格拉底對話法」（Socratic method），蘇格拉底認為每個人都有智慧，只是對於自己內心的觀念不夠清楚，因此他善用對話的方式幫助對話者把心中的智慧接生出來，因此這種方式也被稱為「智慧接生術」。蘇格拉底認為知識原存於每個人的心靈鐘，不過人們因受其他錯誤的觀念所蔽，因此無法發現知識真理。蘇

格拉底自比為產婆，從談話中用剝繭抽絲的方法，使對方去除心中的蒙蔽，逐漸了解自己的無知，而發現自己的錯誤，建立正確的知識觀念。在許多場合，蘇格拉底都自許為智慧的助產士，他認為自己只是愛智者，智慧為他人所有，他只是一名幫助別人將自己心中的智慧予以再生的教師。

根據筆者十多年來的教學經驗，台灣學生在學習的過程中過於被動，常常不願意表達意見，不願意思考問題，習慣被動的接受老師的觀點。這將無助於培養批判性思考的能力，也無助於提升學習動機，更無法達到本課程對於「做哲學」的要求。會造成這樣的現象，其實是多重因素所造成，這包括台灣從小學到中學的教育過程中，並不特別重視訓練學生進行表達，以至於學生不習慣對話的學習模式。此外，台灣的評量太重視標準答案，以至於學生習慣於有標準答案的學習模式，不願意進行較繁複的理性思辨。再則，在台灣小學至中學的教育過程中，為了方便管理教室秩序的控制教學進度，在教學現場中也不鼓勵學生表達太多意見、進行批判性思考，甚至會打壓意見過多的學生。這種種原因造成台灣大學生不善於表達、不願意表達的窘境。筆者在進行「倫理學與當代議題」的課程中，希望能學習使用「蘇格拉底對話法」教學模式，引導學生透過對話論辯的形式思考問題，讓學生學習哲學論辯的樂趣，進而培養批判性思考的能力。

三、教學內容

本課程將使用「蘇格拉底對話法」，引領同學思索當代熱門倫理議題。不過，由於應用倫理學討論的議題非常廣泛，包括生命醫學倫理、環境倫理、動物倫理、職場倫理、專業倫理、工程倫理、資訊網路倫理、政治倫理、媒體倫理、全球倫理……等等，在一學期的課程

中，不可能討論所有議題。原則上，本課程在前幾週將先介紹基礎倫理學理論（義務論、目的論、德行論），之後將把討論的議題區分為「生命倫理」、「生物科技倫理」、「全球倫理」、「社會正義」等四大主題，每個主題下又可分為若干小議題。例如，「生命倫理」包括墮胎、安樂死、代理孕母……的倫理爭議；「生物科技倫理」包括複製人、胚胎幹細胞研究、基因篩檢……的倫理爭議；「全球倫理」包括人權、反恐、戰爭……的倫理爭議；「社會正義」包括同性戀權利、積極平權措施、色情刊物與言論自由……的倫理爭議。對於這些議題，除了教科書之外，可從國內外媒體找到許多豐富的文獻作為討論素材。課程架構如下表一：

表一　「倫理學與當代議題」課程架構

週次	主題	核心議題
第1週	課程介紹	
第2週	基礎倫理學	義務論
第3週		結果論
第4週		德行倫
第5週	生命倫理	墮胎
第6週		安樂死
第7週		代理孕母
第8週	期中報告與檢討	

週次	主題	核心議題
第9週	生物科技倫理	複製人
第10週		胚胎幹細胞研究
第11週		基因篩檢
第12週	社會正義	同性戀權利
第13週		積極平權措施
第14週		色情刊物與言論自由
第15週	全球倫理	人權
第16週		反恐
第17週		戰爭
第18週	期末報告與檢討	

　　通識教育的目標在於培養學生獨立思考的能力、擴展多元關懷的視野、增進參與公共事物的動能、提升人文素養。而「倫理學與當代議題」與通識教育的核心精神具有相當密切的關係，至少包括以下幾點：(1) 訓練嚴謹的推理能力：哲學思考的核心即在於評估論證（argument），檢查論證中的理由能否支持結論，在此過程中需要依靠嚴謹的推理，一步步檢查論證的有效性、及其不足之處。因此，哲學教育有助於提升同學的邏輯思考能力，訓練同學做嚴謹的思考。(2) 提升思考問題的深度：在多媒體的時代中，學生透過網路很容易得到資訊，但這些資訊多屬輕薄短小的訊息。在課堂討論問題時，同學會有許多想法，但常常來自於BBS版的意見，少有人能引用思想家的主張來證成自己的立場，因此討論往往不夠仔細，也欠缺深度。而哲學教

育的本質,即在於訓練同學做深刻的思考,培養追根究底的精神。尤其是本課程將選擇當代熱門道德議題,訓練同學思索正反面意見,並從中找出答案。此將有助於提升思考問題、解決問題的能力。「生命倫理」、「生物科技倫理」、「社會正義」、「全球正義」與我們的日常生活息息相關,從這些與現實生活貼近的熱門議題開始,引發同學思考的興趣,再引領同學閱讀相關文獻,思索其中的理由與論證,進而尋求睿智的解答。因此筆者認為,「倫理學與當代議題」將有助於強化思考問題的能力,也有助於提升思考問題的深度。(3) 擴展倫理關懷的視野:筆者認為,在全球化的時代,人才的養成除了要具備國際觀之外,還應培養深厚的人文涵養與關懷視野,對於生命倫理、科技倫理、環境倫理、社會正義、國際正義…等議題具有相當的認識與主見,才能成為卓越的科技人才。而「倫理學與當代議題」即在於幫助同學認識哲學學派、擴展人文視野、增添人文涵養、反思現實處境,此符合通識教育與全人教育的核心理念與基本精神。

在教學方法上,本課程透過「課程講解、當代熱門議題討論、經典文獻閱讀、影片欣賞、專題演講」等多元模式進行課程,讓同學認識西方主要倫理學說、培養道德推理與批判性思考的能力。在正課之外,教學助理將帶領同學,針對熱門倫理議題做小組討論與辯論,學習從不同視角來思考道德爭議。

在進行當代熱門議題討論時,本課程主要透過以下三種方式進行:(1) 小組討論:在教學助理(teaching assistant,以下簡稱TA)帶領之下,每一小組先針對上述議題進行討論(圖一)。(2) 大班討論:小組討論過後,再回到課堂上進行大班討論,每一小組皆需報告小組的討論心得,並接受他組的挑戰與質疑(圖二)。(3) 網路討論:結束小組討論與大班討論後,小組長需將各組的意見發表在網路上,有興趣的同學亦可上網繼續討論。本課程刻意營造一個高度對話、相互辯

論的場域，讓同學透過蘇格拉底式的辯論形式，進入哲學的殿堂。因此，在介紹完討論題綱之後，就進行小組討論，之後再回到教室來進行大班討論。課程結束後，再把題目放在網路上，讓同學進行網路討論。本課程期望透過不斷的討論與對話，讓同學認識哲學理論，學習哲學思辨的樂趣。

圖一　小組討論

圖二　大班討論

　　為了讓討論能夠順利進行，TA也是課程中相當重要的一環，好的TA能夠成為老師的左右手、甚至分身，帶領同學進行倫理思辨。筆者過去讀博士班期間，擔任我的指導教授戴華教授「基因倫理學」課程TA，當時戴教授期許我們，擔任TA不能只處理報帳等行政瑣事，要期許自己為青年學者（young scholar），擔任TA時就要設想，如果未來自己開課時，要如何經營一門課程，如何進行教學。這些教學上的能力與技巧，可以在擔任TA的過程中培養。因此，筆者在要求TA帶同學進行小組討論之前，會先把他們聚集起來，先跟TA討論一次本週的主題，並給予他們閱讀文獻，請TA仔細閱讀，在帶領討論課時，就如同自己在帶班教學一樣。

　　在帶領討論課時，可分為「導引、討論、回應、回顧」四個階段。(1) 導引：根據筆者的經驗，需要給學生適量的時間閱讀文本以及整理心得，才會有較佳的討論內容。因此在分組討論的前一週，老師

將先與助理開教學會議，決定小組討論題綱，並將小組討論題綱與延伸閱讀文獻貼在教學網頁，讓同學下載閱讀，引發討論意識。(2) 討論：在討論過程中，TA將扮演引言人的角色，盡量導引同學發言、辯論，引發不同立場與見解，提升討論的熱度與深度。老師也會在每週參與同學的討論，盡可能從旁觀察，不介入討論。此外，TA亦可跟針對特定議題（例如：同性戀是否可以結婚？是否允許複製人？）安排同學進行辯論會，以增加同學的參與度。(3) 回應：老師及TA在每次討論最後10分鐘，將針對同學的論點做回應。除了歸納整理各種主張之外，也將提出更多思考方向，並建議延伸閱讀文獻。(4) 回顧：分組討論結束之後，每位同學須將討論重點彙整，繳交至課程網頁，讓其他同學繼續討論，「引言人」也應針對同學的討論提出回應。網路討論與互評將使得課程的進行不限於正課的兩三個小時，而能夠透過課程網頁繼續延伸學習。

在討論的過程中，如同「蘇格拉底對話法」的特質，必須先引發出同學「懷疑」的能力與動機。因此，透過新聞事件、電影情節、司法案例、或是自己撰寫一個故事，作為引發討論的案由，是「蘇格拉底對話法」中相當重要的一環。因此在引導討論時，可以先發給同學案例學習單。例如表二的課程討論學習單：

表二 課程討論學習單

	「倫理學與當代議題」課程討論學習單		
系級：		姓名：	學號：
主題	義務論與結果論之爭		
討論提綱	一場嚴重的車禍，造成五個生命垂危的傷患ABCDE，每人都欠缺一個器官移植，若沒有即時移植，馬上都會結束生命。現在醫院中也有一位垂死的病人F，若等到F死亡，再將其器官移植給ABCDE，恐怕已來不及。有人提議，立即犧牲F的性命，將其器官救助ABCDE，請問你是否贊成「捨一救五」的做法？在何種條件下同意或不同意?理由為何？又，如果現在F並非垂死的病人，而是一個健康的人，你是否贊同犧牲F的性命，將其器官救助ABCDE，以延續ABCDE的性命？在何種條件下同意或不同意?理由為何？		
贊成意見			
反對意見			
個人反思心得			
助教評語			
老師評語			

　　一個好的導引案例，可以引發學生繼續參與討論的動機，也可以讓同學直接進入「蘇格拉底對話法」的學習情境，進而帶動課堂上的學習氛圍。因此，在每個單元中，找到恰如其分的案例引導教學，就

成為「蘇格拉底對話法」教學的最重要關鍵。

四、學習成果

在數個學期結束之後，同學普遍認為「熱門倫理議題討論」是他們在本課程收穫最多、印象最深刻的部分，許多人甚至認為這是他們在臺北大學上過最特殊的通識課之一。因為在本課程中，我們鼓勵同學勇於表達自己的主張，與他人交換意見，同時，也要勇於接受他人的挑戰，誠心檢視自己的論點。在高度的對話與思辨之間，培養細緻的哲學思維能力。而我個人也很為同學的表現感到高興與驕傲，臺北大學同學思慮敏捷、勤問好學，每一次討論課的表現都相當精采。他們的熱烈參與，使得每一堂課都充滿了熱鬧且具深度的討論。這種高度思辨對話的模式，不但拉近了同學與哲學之間的距離，也大幅提升了批判性思考的能力。以下列舉幾位同學的意見作為說明：

> 我認為這學期帶給我的最大收穫，是課堂中的思辨。課堂中每一個討論的問題，很多都是我平時沒有注意、沒有觀察到的問題，同學私交彼此的想法交流與思辨，更引領我跳脫平常的認知和框架，領悟到專業課程學習以外的知識，每當同學說出自身想法，我就能透過更多元的視角去看待一件事情，覺得其實大家所思考得好像也都各有道理，真的是經歷了一場場思辨之旅。剛開始覺得上這堂課有些困難，畢竟沒有一定的答案，又要不斷去想這些複雜的問題，但經歷幾次磨練後，我認為透過同學間的激盪、老師的引導，又讓我有更不一樣的思想成長，的確是很棒的一門課。（會計系二B鄭同學）
>
> 我很喜歡課堂上討論的各種倫理議題，老師在課堂中提出各種

議題，刺激我們去思考這些問題的正當性及合理性，而經由聆聽同學們的辯論，也開始能夠完整論述自身觀點，甚至說服他人。讀了三年資工系，我發現念理工科的同學普遍來說對公民議題接觸較少，甚至是漠不關心，但其實無論專攻什麼領域，都該關心自己所處的社會。在倫理學的學習的過程中，班上很多來自不同科系的同學提供了不同的觀點，很值得學習，我覺得自己的思辨能力有所提升，也漸漸懂得站在不同角度觀察、思考事情，是讓我很有收穫的一門通識課程。（資工三吳同學）

課堂討論對我來說的收穫最大，這樣子課堂討論的方式、同學們舉手發言踴躍的程度、一起討論議題的腦力激盪，都是我在大學生活以來很少見到的上課情形，好像只有在外國影集或影片才會看到這樣的上課方式，從第一堂課大家都不敢發言的情況，一直到最後大家踴躍發言，甚至不怕老師拿錄影機錄下發言狀況，我覺得這門課真的很特別，我也很喜歡這種上課方式，當同學講出自己的想法，或是表達出自己沒有過的思維，都讓我學到很多課本上學不到的知識，還有來自不同學院、不同身家背景的同學，對同一件事情的看法都有不同的感受，聽到很多意見，也改變自己很多想法，我覺得這個世界上是非二分法已經太落伍了，像這樣子的討論，最後找到的解決方法是可以讓社會成本降到最低的，這門課真的令我大開眼界，也很高興自己有修過這樣的一堂課，希望未來系上的一些課也可以朝這種模式進行，一定十分有趣。（歷史三官同學）

筆者認為，在多媒體的時代中，學生透過網路很容易得到資訊，但這些資訊多屬輕薄短小的訊息。在課堂討論問題時，同學會有許多想

法，但常常來自於BBS版的意見，少有人能引用思想家的主張來證成自己的立場，因此討論往往不夠仔細，也欠缺深度。而哲學教育的本質，即在於訓練同學做深刻的思考，培養追根究底的精神。尤其是本課程將選擇當代熱門道德議題，訓練同學思索正反面意見，並從中找出答案。此將有助於提升思考問題、解決問題的能力。

五、教學反思

　　筆者透過「蘇格拉底對話法」的教學模式，期望能讓同學有更多的參與，讓原本由老師主講的教學現場，轉換為同學積極參與、積極發言的學習模式。透過同學的參與，提高同學自主學習的能力、批判性思考的能力、解決問題的能力與學習的動機。從同學的回饋來看，同學普遍認為這是一個有趣的教學模式，讓教室的學習氣氛有所翻轉，不同於其他課程，最重要的是，同學普遍認為此種模式的確有助於提高同學參與課程的動機，並從中培養理性思辨能力與關懷公共議題的熱忱。

　　不過，筆者認為在執行過程中，仍有幾個環節需要加強。首先，在小組討論與課堂討論的過程中，有部分同學很少發言，成為班上沉默的一群。這些同學雖然能夠用心撰寫書面報告、在網路討論區發表意見。然而，「蘇格拉底對話法」的核心精神在於透過論述與他者交換意見，並把心中的智慧接生出來，實際的討論與對話是不可或缺的一環。根據筆者的觀察分析，這些同學的主要問題在於「勇氣」，而非「能力」，多半欠缺在課堂上與他者對話的勇氣。因此，如何讓這些同學能夠勇於在眾人面前說話，與他人對話，這是本課程未來要持續努力的方向。或許，本課程將再思索更重要、有趣的導引的議題，或是以更豐富活潑的教學方式進行教學，例如使用IRS及時反饋系統進

行教學，以求引發同學的討論動機，擴大同學的參與度。

其次，同學已能根據課程中的理論架構分析問題，但是尚不足以較完備的倫理學論證分析問題。因此，仍可再加強同學分析與建構倫理學論證的能力。當我們在課堂中建構出相互對話的學習情境時，期望能夠更提升同學的論述內容與品質，避免讓同學只是發表個人意見。因此，給予同學閱讀材料或指定適當的教科書，就是提升同學對話內容的重要設計。尤其是在課前先提供閱讀材料，並請同學預先準備，將有助於同學進行更具內涵與深度的對話。此外，老師在選擇討論議題時，也必須顧及能否提供分析架構，尤其在教學現場中，引發同學的學習興趣固然重要，但是能夠提供分析架構，建立學習鷹架，應是教學現場更需注意的環節。

六、結語

蘇格拉底說：「未經檢視的人生是不值得活的。」（The unexamined life is not worth living.）一個具有深度的人生是必須經過深刻反省的人生，尤其是生活在價值多元的時代，人們抱持不同的宗教觀、道德觀、政治觀、人生觀，對於許多議題會產生爭議。能夠進行深刻思考，才得以避免人云亦云，建立思維的主體性，也才得以提出具說服力的主張，而批判性思考就是引導我們進行深刻思考的法則。為了培養同學進行批判性思考的能力，筆者在「倫理學與當代議題」課程中，嘗試引進蘇格拉底式對話教學法，以問題引導同學的學習動機，以對話的模式進行教學，課程進行中，老師必須不斷地引發同學之間的對話、老師與同學之間的對話。等對話激發出一定的火花時，老師再適時介入，透過大班講解進行補充說明，以此提升同學參與課程的熱忱、培養同學批判性思考能力。筆者此種教學模式深受當

代政治哲學家桑德爾（Michael Sandel）的「正義：一場思辨之旅」
（Justice：What's the Right Thing to Do?）課程影響。筆者認為，桑
德爾成功執行一門蘇格拉底對話式教學的課程，因為他除了有深厚的
學術實力、高度的社會關懷之外，在教學與演講現場還需具備引導問
題的能力、敘述故事的能力、建構論證的能力、分析問題的能力、即
席思考與精確回應意見的能力……。雖然他談的是頗具難度的哲學，
然而他能夠善用上述能力，將哲學思考與生活情境結合在一起，深入
淺出，卻不失學術深度。筆者認為，此即為桑德爾最大的成功之處，
他讓深奧的哲學回到一般人的生活中，縱使沒受過哲學訓練、沒有任
何哲學基礎，也都可以跟隨他的腳步，進行一場細緻且深刻的哲學之
旅。從桑德爾成功的教學成效來看，「蘇格拉底對話式教學」不是種
容易進行的教學模式，但卻是值得努力推廣的方向。

參考文獻

1. 安東尼 高特列柏(Anthony Gottlieb)著；何畫瑰譯（2000）。《蘇格拉底》。台北：麥田。

2. 克里斯多佛・菲利普斯(Christopher Phillips)著；楊德睿譯（2005）。《蘇格拉底大哉問：哲學新發現》。台北：麥田。

3. 林火旺（1999）。《倫理學》。台北：五南。

4. 林火旺（2006）。《道德：幸福的必要條件》。台北：寶瓶文化。

5. 柏拉圖著；侯健譯（1980）。《柏拉圖理想國》。台北：聯經。

6. 邁可・桑德爾（Michael Sandel）著；樂維良譯（2011）。《正義：一場思辨之旅》。台北：雅言。

7. 邁可・桑德爾（Michael Sandel）著；吳四明、姬健梅譯（2012）。《錢買不到的東西》。台北：先覺。

8. 邁可・桑德爾（Michael Sandel）著；黃慧慧譯（2013）。《反對完美：科技與人性的正義之戰》。台北：博雅書屋。

9. 邁可・桑德爾（Michael Sandel）著；蔡惠伃、林詠心譯（2014）。《為什麼我們需要公共哲學：政治中的道德問題》。台北：博雅書屋。

10. 謝延庚（2006）。《西洋古代政治思想家：蘇格拉底、柏拉圖、亞里斯多德》。台北：三民。

視框的挪移
——「社會關懷」課程的設計與實踐

麥麗蓉

元智大學通識教學部

一、給身心障礙者及其家庭一個友善的環境

> 我與我的身體，和這個身體因為疾病所造成的後遺症，永遠都需要共存與共同生活與調適，在我不同的人生階段中，我的調適方法與我的家人密不可分，這是個終身需要調適的過程，沒有人可以告訴我應該如何做，只有在摸索中前進。在我四十歲之前，我認為遮蔽身體的缺陷是最重要的原則，……在我人生中，我經歷不知多少沒有扶手的樓梯、沒有斜坡的大門走道、沒有電梯的大樓與不友善的人們和永遠慢一步的制度與政策，如果我無法採取樂觀的態度看待這一切，那麼在我眼中的世界是淒慘與可悲的。（王國羽 [1]，2012，p.2-4）

根據台灣衛生福利部（2014）的統計資料顯示，台灣有一百多萬

---

[1] 王國羽是國立中正大學社會福利學系教授，亦是一位小兒麻痺的障礙者，長期關注障礙福利、政策等研究。

的身心障礙者居住在這塊土地上，然而，我們卻不常在生活中與他們相遇，我們也很少成為他們的同學、同事或朋友。在我過去的生活經驗中，身心障礙者是被我所忽略的對象，直到我多年前開始接觸脊髓損傷者的生活重建工作後，我才開始意識到社會上對於身心障礙者的偏見、歧視與忽視，不但嚴重的阻礙了身心障礙者的社會參與，也影響到我們對身心障礙者應有的認識與尊重。我認為這不只是社會政策與制度的問題，更是文化與教育的問題。過去社會所建構的障礙者刻板化印象，通常不是可憐的、該受同情的，就是可怕或偏差的，社會上習慣於推崇靠自己刻苦奮鬥、力爭上游的身心障礙者為生命鬥士，表揚與他們一同受苦的家人為模範家庭，卻忽略了他們之所以生活與生存均如此艱辛，其背後的社會結構、文化、環境等因素。

我們看到社會上歧視身心障礙者的事件不斷發生，有高雄市某麥當勞速食店驅趕唐氏症顧客事件、台北市某心智障礙機構因整修，租借國小閒置教室，遭學校家長反彈事件等。我們如何對待身心障礙者？什麼是「障礙」？誰建構了「障礙」？只要我們願意停下腳步，省察我們生活中的思維與態度，我們不難發現身心障礙者的生活處境。在日常生活中，用障礙相關用字拿來罵人、形容負面的事物處處可見。例如：政府官員用「自閉症」來形容政府單位「不聽、不看、不管」，用「腦麻」來形容無能，電視節目形容跳舞肢體不協調的人為「殘障」，日常生活中罵人「智障」更是常見（王國羽，2012，p.36）。作家余秀芷（2012）曾在部落格分享她因不明的原因成為下肢癱瘓的障礙者之後，生活上的許多不被尊重的委屈：

> 我還是我。我只是不能走路而已，怎麼就同時失去參與社會的權利？我只是不能走路而已，怎麼就必須放棄、妥協，不能過著跟以前一樣的自在生活？我只是不能走路而已啊，不是嗎？

　　世界在進步，身心障礙者長期被歧視以及被忽視的權利日益被重視，聯合國於2006年通過、2008年生效的《身心障礙者權利公約》（The Convention on the Rights of Persons with Disabilities）（身心障礙者服務資訊網，2014），揭示身心障礙者人權與基本自由應受各國政府平等保障的普世價值，其宗旨是促進、保護和確保實現身心障礙者所有人權與基本自由充分、平等享有，並促進對身心障礙者固有尊嚴的尊重。公約中訂出了一般性原則：(1) 尊重個人的固有尊嚴和個人自主；(2) 不歧視；(3) 充分有效地參與和融入社會；(4) 尊重差異，接受身心障礙是人的多樣性和人性的一部分；(5) 機會均等；(6) 無障礙；(7) 男女平等；(8)尊重身心障礙兒童逐漸發展的能力，並尊重身心障礙兒童保持其身分特徵的權力。除此之外，更於公約第八條強調提高認識，要求各締約國立即制定有效、適當的措施，以：(1) 提高整個社會(包括家庭)對身心障礙者的認識，促進對身心障礙者權利和尊嚴的尊重；(2) 在生活的各個方面消除對身心障礙者的成見、偏見和有害做法；(3) 提高對身心障礙者的能力和貢獻的認識。

　　令人欣慰的是，立法院剛於2014年8月1日通過了《身心障礙者權利公約》施行法，表示聯合國公約所揭示保障身心障礙者人權之規定，具有國內法律之效力；也代表我國對於身心障礙者的人權保障更加完整，不但禁止對身心障礙者任何形式的歧視，更強調障礙者的主體性。台灣身心障礙者權利於法律上的進步，讓台灣的人民得以有機會成為世界公民，但是要如何在教育與文化中落實這些概念，讓社會大眾，甚至包含身心障礙者本身，能對障礙者平等、平權觀念有正確的認識，是一個長期且龐大的工程。然而，唯有透過教育的途徑，台灣的障礙者才可能真正享有實質的世界公民之尊嚴與尊重。

二、社會情懷的重要性

　　教育是提昇障礙者平權議題認識的重要方式之一。要如何「教育」學生呢？心理學家艾爾弗烈・阿德勒（Alfred Adler）② 強調人是社會性的存在，生命的意義乃是藉由關懷人類同伴所展現的合作與貢獻而獲得歸屬感。勇氣與社會情懷（gemeinschaftgefiihl）是全體人類的價值，它們同時也是個人和社會的幸福目標和策略。社會情懷是阿德勒晚期研究最核心與最獨特的觀念，是指個體知覺到自己是人類社會中的一份子，以及個體在處理社會事務時的態度。德文「gemeinschaftgefiihl」並沒有適合的英文相關用語，後代學者將其譯為社會情感（social feeling）、社群感（community feeling），社會興趣（social interest）以及社會情懷（community feeling），這個字其實含有「人類團結」、「在宇宙關係中建立人與人的關係」的意思。阿德勒使用這個字眼，不單侷限於個人與社群，還包括了人類與宇宙之間的整體關係。個人認為楊瑞珠教授所翻的「社會情懷」較符合阿德勒在其個體心理學著作中所描述之精神（蒙光俊等譯，2010）。

　　社會情懷等同於認同感與同理心：「以他人的眼去看，以他人的耳去聽，以他人的心去感覺」，能夠與他人分享及關懷他人的福祉，是心理健康的一項指標。隨著社會情懷的培養，自卑與疏離感會漸漸消失。經由教導與學習，人們由共同參與活動與互相尊重而表達出社會情懷，並朝向生命正向的發展。人若缺乏社會情懷就相等於朝向無

---

② 阿德勒（1870-1937）是個體心理學的創始者，在20世紀初與弗洛依德、榮格在心理學界並駕齊驅，除了心理治療之外，阿德勒對社會議題和教育議題有著極深的興趣。在歐美地區，阿德勒觀點被許多教師使用於推動教學計畫和教育體系，相較於只是執行個別心理治療，阿德勒學派的學者更相信經由教育體系著手，才能帶來較大的改變。

用的生命發展，可見得發展「社會情懷」對學生的重要性。

社會情懷是如何發展？具有哪些能力與心理特徵？Yang, J., Milliren, A.,& Blagen, M.（2009）認為培養社會情懷就好像任何教育歷程一般，有三項基本特性：

(1) 社會情懷能夠透過後天訓練，並且可培養合作與經營社會生活的性向（aptitude），此性向只需被激勵，就會油然而生。

(2) 性向可被擴增，並成為個人主觀之合作與貢獻的能力（ability），了解他人與同理他人的能力。

(3) 社會興趣能成為個人抉擇與影響自我動力的主觀評價態度（evaluative attitude）。

另外，Stein（2003）亦曾提出社會情懷在能力的層面中，包括了認知能力（intellectual ability）、情緒能力（emotional ability）、行為能力（behavioral ability）三方面，並具有不同的心理特徵：

1. 認知方面

主要是指個體能夠明白人與人之間的相互依賴，並且我們最後都需依賴他人的福祉中受益，此部分的能力是：(1) 了解他人的觀點與需求；(2) 承認人們內在的依賴性；(3) 欣賞他人的貢獻。

2. 情感方面

主要是指能感覺到世界上有歸屬感，並且能同時接納生活上舒適與不舒適之處，並具有：(1) 同理心；(2) 感受到人我間休戚與共的情感；(3) 能表達出對他人的接納、喜歡與愛。

3. 行為方面

主要是指能將思考與情感付出表現，以培養對他人的自我發展以

及朝向合作的、有用的導向，其中包括：(1) 與他人互動接觸；(2) 樂於幫助他人；(3) 對社會福祉能有貢獻。

以上所述，無論是透過正規課程或潛在課程，都是學校教育可以著力之處。社會情懷並非與生俱來的能力，而是必須仰賴後天培養的潛能。然而，不可諱言，現今的學生大多承襲著20世紀冷漠的通病，許多人隱藏在科技工具背後，冷漠的面對世界，無法影響他們的生存環境。個人以為倘若身心障礙者是一種生理、身體客觀上的缺陷，大學生則為主觀心理上的匱乏。我們實在需要停下腳步，好好省思如何重新建立人與人之間真誠、真實的接觸，使得我們所教育出來的學生能成為具有社會情懷的人。不但能關心自己，也懂得關心周遭的人、事、物；並能以合作與貢獻的方式與他人相處，不會以自我為中心，且會真誠地關心他人的福祉。

三、「社會關懷」課程目標與教學設計

「社會關懷」課程是基於前述的概念所開設的，課程主要的目的是在提昇學生對身心障礙者的認識、促進對身心障礙者權利和尊嚴的尊重，並培育及發展學生之社會情懷（圖一）。

（一）教學目標

1. 認知方面

透過與身心障礙者及其團體的接觸，促使發展新的理解視框，使學生從偏見與歧視，到能了解障礙者的觀點與需求，並能用不同的角度思考社會現象。

2. 情感方面

　　透過障礙者生命經驗的分享，使學生在面對身心障礙者時，從同情與憐憫，到能同理障礙者的生活處境，並對障礙者了解、接納與連結。

3. 行為方面

　　透過身心障礙相關議題的討論與反思，激發學生的社會責任，並從冷漠與保持距離，到願意與障礙者互動，樂於協助障礙者，並能關心障礙者的相關社會議題。

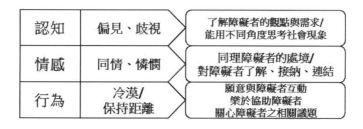

圖一　學生「社會情懷」之發展目標

（二）課程設計與內容

　　為提高學生對身心障礙者實際的接觸與認識機會，課程設計主要與桃園縣兩個非營利組織：財團法人桃園縣脊髓損傷潛能發展中心、財團法人天使心家族社會福利基金會桃園分會合作，前者服務於脊髓損傷傷友之生活重建工作，後者則服務特殊兒童之父母與手足，並提供他們多元的關懷與支持服務。學期前半部以認識特殊兒童家庭為主，後半部則以認識脊髓損傷者為主，授課方式除了授課教師的講述、影片、分組討論外，還包含體驗教育、障礙者經驗分享與對話、

關懷行動、機構參訪等多元的學習方式，透過以「障礙者為主體」的觀點，循序漸進的課程設計，挪動學生的視框，培養學生的社會情懷，擴展學生對障礙者社會處境的深層認識與省思，並促發學生對障礙者相關議題的關注，培養現代公民的社會責任，帶出平等、尊重的新思維與行動。

1. 每週主題安排（表一）

表一　教學大綱

週次	課程內容
第1週	我的第一步：社會關懷的準備 1. 課程簡介並分組 2. 社會關懷的6W
第2週	誰在詮釋這個社會？ 1. 小組活動：繪製泥星人並分組報告 2. 身心障礙的介紹
第3週	家有特殊兒童（邀請天使心家族基金會協同教學） 1. 認識特殊兒童家庭之需要 2. 了解特殊兒童家庭社會參與的現況 3. 介紹天使心家族社會福利基金會
第4週	與身心障礙者為友 1. 紀錄片播放：Educating Peter 2. 生活中與身心障礙者的相處經驗 3. 省思經驗背後的社會脈絡

週次	課程內容
第5週	關懷行動（一） 支援天使心家族基金會年度感恩音樂會或「336愛奇兒日活動」
第6週	輪椅體驗（邀請脊髓損傷潛能發展中心協同教學） 1. 輪椅是我的移動工具 2. 助人者與受助者之體驗
第7週	經驗分享與對話（一） 主題：無障礙空間的精神與規劃 講者：無障礙空間推動者
第8週	關懷行動（二）：校園無障礙空間探勘行動 1. 認識「建築物無障礙設施設計規範」 2. 學生以分組之方式針對校園內各項公共設施進行檢視
第9週	期中報告：校園無障礙空間探勘報告
第10週	經驗分享與對話（二） 主題：意外的人生 講者：具備身心障礙權利意識之身障者
第11週	認識非營利組織 1. 非營利組職的目的及社會貢獻 2. 非營利組職的運作與管理

週次	課程內容
第12週	機構參訪 1.參訪桃園縣脊髓損傷潛能發展中心 2.了解脊損中心之發展歷程與未來展望 3.了解脊損中心的運作與相關需要
第13週	與脊髓損傷傷友聯誼活動設計與預備 1.討論傷友來校園聯誼、參訪內容 2.討論各組分工事宜
第14週	障礙者與自立生活 1.自立生活運動源起 2.自立生活運動之倡議與推動
第15週	關懷行動（三） 脊損中心生活重建傷友至元智校園參訪、交流
第16週	友善世界、有你有我 1.紀錄片：有緣一家人、回歸社會的第一步 2.討論、分享、省思
第17週	關懷行動與社會實踐 1.從我到我們、從家到社區 2.分組討論──關懷行動經驗省思
第18週	期末回顧與統整

2. 教學策略

(1) 與在地之非營利組織發展長期合作之教學關係

　　由於非營利組織有其特定的服務對象、宗旨與使命，教師與非營利組織發展合作關係，一方面可藉由非營利組織的相關資源豐富課程，使學生透過非營利組織，發展新的理解視框；另一方面亦可運用學生資源，透過關懷行動協助非營利組織之計畫進行，不但使非營利組織獲得實質的志工資源，更使得學生有機會透過彼此的合作，來認識非營利組織，並從關懷行動的過程中，與身心障礙者彼此賦能。在選擇非營利組織時，考量因素有：

　　　　A 在地性：可創造較多面對面互動，以及發展未來關懷行動之機會。

　　　　B 固定且長期：與固定之非營利組織長期合作，較能幫助教師充分了解機構的運作與需求，設計出較符合機構需求的關懷行動，不但避免學生的關懷行動造成機構之負擔，亦可將學生的學習成為機構之正向資源。

　　　　C 不同障礙別：本課程設定兩種障礙別，其一為人生中途遭遇肢體障礙的脊髓損傷傷友，另一則多半為先天即遭遇障礙之特殊兒童家庭，不同障別之身心障礙者有其不同處境與需求，使學生可以認識不同障礙的差異處境。

　　(2) 以多元方式創造學生與障礙者接觸與對話的空間

　　由於考量一般人對身心障礙者的或刻板化印象與誤解，容易產生對障礙者畏懼與排斥感，因此，課程透過循序漸進且多元的方式，拉出學生與身心障礙者之認識與對話的空間，引導學生對障礙者有不同視野的看見，進而重新與障礙者產生新的連結。其中包括：

　　　　A 從體驗教育中同理障礙者的障礙處境，例如：輪椅體驗，特殊兒童角色扮演等。

　　　　B 從故事進入障礙者的生命處境，使學生能認識身心障礙者與生存搏鬥之生命經歷。例如：邀請障礙者分享生命故事、學生進行障

礙者人物訪談。

　　C 從參與非營利組織的大型活動中，認識障礙者的社會處境。非營利組織每年都有重要之年度倡議及募款活動，帶領學生參與這些大型活動，不但可以接觸許多障礙者及其家人、朋友，還可從組織所倡議的議題，較為巨觀地看見障礙者的社會處境。

　　(3) 透過所關注的身心障礙族群，培養學生社會參與及對公共議題之關注

　　課程設計是以「障礙者為主體」的觀點切入，從障礙者個人生活、家庭、社會、工作等不同面向，激發學生對弱勢族群公共事務的關心，進而關注障礙者所遭遇的公共議題，也從認識、思辨與反省中，意識並尊重任何人均享有平等機會參與社會，成為完整公民的權利；如為特殊兒童家庭的社會參與，以及身障者之無障礙環境、障礙者工作權益等進行倡議。

四、主要課程單元與作業設計

（一）輪椅體驗單元

　　本單元的目的是使學生能從實際的輪椅體驗中同理輪椅使用者的感受，並反思輪椅使用者的生活處境與需要，進一步學習成為適當的協助者。課程邀請脊髓損傷潛能發展中心的生活重建老師來校協同教學，課程於校園戶外進行，兩節課內容分為三部分：

1. 輪椅結構與功能介紹（15分鐘）：

　　為了增加輪椅體驗活動的安全性，體驗活動前由脊傷中心的老師講解，協助學生了解輪椅的結構與功能。

2. 輪椅體驗：

學生5~6人一小組，每組配置一台輪椅，組內學生輪流坐輪椅，進行三項輪椅體驗。

(1) 不同地面的體驗（20分鐘）：為使學生了解各類地面對輪椅使用者的友善性，鼓勵學生進行各類地面（水泥、紅磚、草皮、植草磚、砂土、有高低差等）的輪椅體驗（圖二）。

(2) 無障礙坡道體驗（20分鐘）：為使學生了解無障礙坡道的設計是否符合輪椅使用者的需要，選擇校內一處不適用之無障礙坡道進行體驗（圖三）。

(3) 協助者與受助者體驗（20分鐘）：為使學生能感受被協助者的心情與需要，也了解助人者須注意的細節，學生輪流體驗協助者與被協助者的角色。同時亦由脊傷中心的老師教授，如何協助輪椅使用者跨越階梯的協助技巧（圖四）。

3. 經驗分享與討論（25分鐘）：

鼓勵學生經驗分享，引導學生針對輪椅使用者在日常生活中可能遭遇之困擾，以及助人者與受助者之間的互動關係等進行討論，並針對無障礙環境進行省思。

圖二 不同地面的體 圖三 無障礙坡道體 圖四 協助者與受助
　　驗 　　驗 　　者體驗

（二）關懷行動單元

　　關懷行動像是一場自我⇆他者⇆場境三者之間的來回探詢，學生在
關懷行動的過程中，學習將自己的心開放來面對所接觸的他者、場
境，藉由在場境中的所見、所聞、所感與舊有的內在認知與情感進行
對話與反思（圖五）。

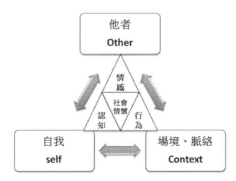

圖五 藉由關懷行動發展「社會情懷」之概念

　　每學期的關懷行動主要有三項：(1) 參與合作之非營利組織每年度
所辦理的大型活動，進行志工服務，例如：天使心家族基金會之「感
恩音樂會」或「336愛奇兒日友好活動」，脊髓損傷潛能發展中心的

「聖誕紅義賣」或「募款園遊會」等活動。(2) 進行校園無障礙空間探勘行動。(3) 邀請脊髓損傷潛能發展中心受訓傷友來元智校園聯誼。

　　每個關懷行動前，均透過該項關懷行動之主題，規劃相關課程，形成關懷行動之課程模組，以協助學生在知識、情感、與態度上做好預備，課程模組如（表二）。

表二　關懷行動之課程模組

關懷行動	單元內容	配搭週次	配搭課程主題
關懷行動（一）	支援「336愛奇兒日友好活動」 	第3週	家有特殊兒童（邀請天使心家族基金會協同教學）
		第4週	與身心障礙者為友
關懷行動（二）	校園無障礙空間探勘行動 	第6週	輪椅體驗（邀請脊髓損傷潛能發展中心協同教學）
		第7週	經驗分享與對話（一）無障礙空間的精神與規劃
		第8週	認識「建築物無障礙設施設計規範」

關懷行動	單元內容	配搭週次	配搭課程主題
關懷行動（三）	邀脊髓損傷潛能發展中心傷友至元智校園聯誼	第6週	輪椅體驗（邀請脊髓損傷潛能發展中心協同教學）
		第10週	經驗分享與對話（二）意外的人生
		第12週	機構參訪參訪桃園縣脊髓損傷潛能發展中心

（三）作業設計

本課程指定作業主要為「無障礙空間探勘報告」，以及平時針對課程主題之小組討論回應單，期末回顧與統整作業。以下就無障礙空間探勘報告進行說明。

1. 作業要求

　　學生以小組的方式，針對教師所分配之校內建築物，依照「台北市新建公共建築物無障礙設置峻工檢查表」之項目，以各項目之規範標準進行丈量探勘，並為輪椅使用者從校門口至該棟建築物，規劃建議路線，最後提出書面與口頭報告。

2. 報告內容

　　須包含探勘摘要、檢查表、不合格項目圖文說明（圖六）、小組

對學校之整體建議、小組成員個別之心得感想、小組成員工作分配及工作進度表。

3. 評分標準

以書面報告內容之正確性與完整性（70%），口頭報告投影片的清晰、易讀（20%），口頭報告的清晰、流暢（10%）為準。

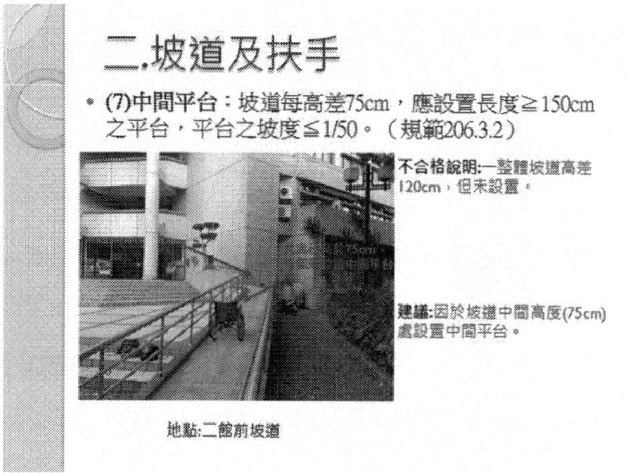

圖六　無障礙空間探勘圖文說明

以下是學生部分的心得：

> 平常看似簡單的一段路，在我們刻意要尋找一段給障礙者方便的路，卻顯得非常的遙遠，甚至有些困難，一個無障礙的校園環境的確有很大的努力空間。
>
> ……如果我們無法改變什麼，至少可以將心比心，從不佔用無障礙車位，不阻擋無障礙坡道做起。
>
> 有了這次的經驗，才讓我有機會從障礙者的觀點，了解他們生活中的不便，如果把元智大學當作社會的縮影，那麼無障礙者

們的權益可想而知⋯⋯

我覺得要設計無障礙空間應該是由障礙者來設計，而不是交給那些只會用頭腦憑空想像的人。一來可以非常貼近障礙者的需求，二來也可以增加障礙者的就業機會。

學生於此作業後不但能感受到無障礙設施對使用者的重要性，也開始注意不友善的無障礙設施背後之社會思維，並願意為友善的空間盡一分心力。

五、學生回饋與課程檢討

本課程之期末回顧與統整作業有兩大部分，第一部分為量表式回應，包含：(1) 各週課程內容的學習狀況；(2) 這門課所給你的影響。第二部分為開放式回應，包含各個關懷行動中的觀察、省思與學習進行說明，並提出對課程或老師的回饋與建議。部分整理如下：

（一）量化指標（表三）

表三　學生回饋量化指標

	非常不同意 1	不同意 2	沒意見 3	同意 4	非常同意 5	平均數
1. 我能用不同的角度思考社會現象	0%	0%	0%	44%	56%	4.56

2. 我對「障礙」、「障礙者」有新的認識	0%	0%	0%	40%	60%	4.6
3. 我知道協助身心障礙者的正確態度	0%	0%	0%	33%	67%	4.67
4. 我增加了對無障礙環境的認識	0%	0%	0%	35%	65%	4.65
5. 我增加了對天使心家族基金會的認識	0%	0%	2%	40%	58%	4.56
6. 我增加了對脊髓損傷潛能發展中心的認識	0%	0%	4%	38%	58%	4.54
7. 透過實際接觸有助於我對脊髓損傷者的認識	0%	0%	6%	44%	50%	4.34
8. 透過實際接觸有助於我對特殊兒童家庭的認識	0%	0%	0%	50%	50%	4.5
9. 我改變了對於弱勢族群的看法	0%	0%	2%	40%	56%	4.5
10. 我更清楚社會平權的概念	0%	0%	6%	61%	33%	4.27
11. 透過活動我更清楚如何將關懷化作行動	0%	0%	0%	50%	50%	4.5
12. 我會實際參與關懷弱勢的活動	0%	0%	4%	48%	48%	4.44
13. 未來我更樂意幫助需要幫助的人	0%	0%	4%	27%	69%	4.65
14. 未來我願意承擔更多社會責任	0%	0%	6%	36%	58%	4.52

（二）質化指標

1. 從障礙者的生命故事經驗中學習並內化為自我生命意義

他的心並沒有被傷勢而侷限，反而藉由著使勁地雙手推著輪子，帶著他闖蕩，發現自己能看到的是那麼多，也突破了自我！印象最深刻是傷友說的一句：「待在家裡越久，越無法適應外面的世界。」反觀沒有受傷的自己，卻常常會被挫折擊垮，就覺得自己就好像一個永遠關在憂傷牢籠裡的人，這時候沒有踏出第一步呼吸新鮮的空氣，第二步怎麼能感受的到溫暖陽光呢？（藝設二何同學）

2. 肯定面對面的接觸價值

能真正和身心障礙者面對面是再好不過了，人與人之間的震撼力大於影片給人的啟發，只有真正接觸互動才會有最真實的感覺，對於心中的好奇和疑問若是透過身心障礙朋友的了解，會是最真實且正確的。（管院二吳同學）

3. 視框的改變

以前看到身心障礙者，心裡會有些許的排斥感，但透過這次活動，讓我跨出一大步，我可以和他們溝通，和他們互動，甚至和他們玩，並沒有太大的距離，以前的我對自己設限太多，也先入為主地認為我無法和身障者正常相處，但其實不然，我做得到，我也想去做，我想我會更主動幫助需要幫助的人，讓我

的這一步更加踏實，更扎實。（電機一李同學）

他們跟我們一樣，其實都是一般人，我們能做到的事，其實他們都可以做到，只不過方法不同而已，我們不需用異樣的眼光對待他們，反而是要用平常心幫助他們。（資管一張同學）

4. 願意付出行動

覺得從沒有體會過付出行動，實質關愛的經驗，這次真的好好享受並體會到了，原來平常畏畏縮縮的想付出但不敢行動，因為覺得那是多麼的小，多麼的害臊的事，但是這次終於可以藉著活動跨出這一步了，感覺很踏實，以後也更有信心可以幫助別人。（機械二劉同學）

經過這次的了解，才知道傷友是怎麼生活，所面臨的困難跟挑戰。現在知道該怎麼幫助他們，下次遇到才會主動上前去問：需要幫忙嗎？該怎麼幫你？現在的我們能幫助真的很有限，希望能透過我們彼此，能讓這些我們平常不會注意的聲音，傳出去，也許對我們來說只是一個小開始，對於傷友來說卻是勇闖的動力！（電機二王同學）

5. 正向價值

其實我覺得我今天所付出的事情是我過去一年當中做得最有意義的事情，因為我是一個沒有什麼自信的人，透過這次公益活動我發現我可以發揮我自己的力量幫助人，在那天我好像看到了我人生的一點價值，而且我也看到了平常在學校看不到的角落，我發現到其實在我們台灣這塊島嶼有著許許多多的兒童需

　　要去幫助……（通訊系賴同學）

從學生的回饋中，反映此門課有助於提昇學生對身心障礙者的認識與尊重，無論在認知、情感與行為上均發生了變化，不但了解障礙者的觀點與需求、能同理障礙者的處境，也知道如何與障礙者互動，並開始關心障礙者之相關議題。關於課程設計與內容部分，學生大致上都表示肯定並覺得有收穫，而最有收穫的前三項均是關懷行動，可見得從自我⇆他者⇆場境的學習設計是最有學習成效的方式。但由於每年之活動內容不盡相同，教師必須考量學習目標、課程進度、學生負荷等，每學期選擇一個大型關懷行動設計於課程中，再配搭另一個小型的關懷行動。以1012學期為例，由於天使心家族基金會之「336愛奇兒日友好活動」於台南舉辦，考量時間與經費負荷的問題，因此該學期選擇支援脊傷中心之募款園遊會之大型活動，再配搭天使心家族基金會的親職教育講座服務，而每個關懷行動前又需配搭相關的課程，這些都挑戰著教師每學期的機動安排。另外，本課程累積了多年的校園無障礙空間探勘經驗，最後由1021學期學生共同完成正式的元智校園無障礙空間探勘報告（建議學校版），並於1022學期學生採取行動，將報告送交學校特殊教育推動委員會提案報告，並提供學校單位未來進行無障礙空間之改善參考，此一行動即是學生關注校內無障礙環境議題之行動反映。

六、結語

　　教育是整體的，人也是整體的，是社會的縮影，我們既是生命，也是社會。當我們和他人、社會、自然及宇宙關聯時，我們都是地位平等的人，並需要勇氣與他人以合作與貢獻的方式，來完成生活的任

務與生命的意義。在這些教與學的過程中，我們彼此學習「看似缺乏的身軀，內裡卻有著強韌的力量，看似完好的形體，內在卻潛藏著許多的匱乏」，我們應是平等的，卻沒有平等的對待。完美是虛構的，透過關懷的行動，我們體現合作與貢獻的歸屬感，使得彼此生命的存在更具意義，也更有力量。Zola在1989年指出未來社會在整體人口老化的趨勢下，障礙經驗已經不再屬於特殊、或少數人口的經驗，而是每個人都會遇到的健康風險，只是有人在早期，且終身如此，而有人在人生晚期。他認為唯有將障礙經驗朝向普同人生經驗與風險角度詮釋，才能破除社會對障礙人口的歧視與偏見，進而促進障礙者公平機會與社會參與（引自王國羽，2012，p.61），我們今天對身心障礙者的友善即是對自己未來的友善，我們都是平等的。

致謝：感謝中原大學早療中心督導劉凱老師、桃園縣脊髓損傷潛能發展中心同仁、天使心家族社會福利基金會桃園分會同仁，給予本課程精神上與實質上的支持與支援。

參考文獻

1. 王國羽、林昭吟、張恆豪主編（2012）。《障礙研究：理論與政策應用》。高雄：巨流。

2. 余秀芷。〈我只是不能走路而已〉，（2012）。檢索日期：2014.08.04。網址：http://sleeveyu.pixnet.net/blog/post/222501182-%E6%88%91%E5%8F%AA%E6%98%AF%E4%B8%8D%E8%83%BD%E8%B5%B0%E8%B7%AF%E8%80%8C%E5%B7%B2。

3. 身心障礙者服務資訊網。聯合國「身心障礙者權利公約」，（2008）。檢索日期：2014.07.20。網址：http://disable.yam.org.tw/event/2010/1203/convention.html。

4. Yang, J., Milliren, A., & Blagen 著；蒙光俊等譯（2010）。《勇氣心理學：阿德勒觀點的健康社會生活》。臺北：張老師文化。

5. 衛生福利部統計處。全國身心障礙人口統計資料，(2014)。檢索日期：2014.0818。網址：http://dpws.sfaa.gov.tw/commonch/home.jsp?menudata=DisbMenu&contlink=ap/statistics_view.jsp&dataserno=200810290001&mserno=200805260001&serno=200805260001。

6. Stein, H. T. (2003). Developmental Sequence of the Feeling of Community. 檢索日期，2007.09.21。Web Site: http://pws.cablespeed.com/~hstein/dev-si.htm

7. Yang, J., Milliren, A., & Blagen, M. (2009). The Psychology of Courage: an Adlerian Handbook for Healthy Social Living. New York: Routledge.

省思、對話與思辨
——「教育與生活」課程設計與實踐

王怡云

元智大學通識教學部

一、課程理念和目標

　　對每一位大學生而言，他們一直處在受教育的過程中，然而，「教育」對學生而言，究竟有何意義？是培養會思考的人，還是會考試的機器？是開啟人的智慧，還是訓練一套謀生技能？是為了文憑，還是為了發現潛能、進而實踐夢想？長久以來，國內學生在升學主義背誦記憶之脈絡中成長，在各種媒體訊息充斥的環境下形成被動的思考，缺乏認識自我、以及探索社會不同文化價值的思辨管道和經驗，對現實環境與人群間的溝通互動也未能有完整的學習與體悟。

　　影響中外教育思想的哲學家杜威（John Dewey）曾提出：「教育即生長、教育即生活。」教育是個體經驗連續和改變的歷程；是能在經驗、實作與生活中不斷反思改進與學習，並自我更新與成長，使之能獲得更多的教育之歷程。而學校教育的價值，在於能否製造繼續不斷生長（成長）的慾望，能否提供方法，使這種慾望得以實現。因此，大學通識教育的價值，可以是老師提供機會和平台，引領學生反思過去的受教育歷程，並在這些學習經驗中思考與改進，體會自我的

成長,以更認識自己;發展與實施對學生有意義的課程,增強學習動機進而引發學生主動學習,促使理論知識與實務結合;開拓學生的視野,提出問題、引發討論,增進學生以多元角度觀看教育歷程中各種文化與社會價值之能力,讓學生在思辨與對話中提升自己不斷地成長。這也正是教育部(2006)所提出的通識教育的教育目標:養成學生分析能力、批判思考、倫理推論、有效溝通、實踐智慧以及社會責任感;通識課程的實施除兼顧各課程專業領域、基礎知識的建構外,也同時期待培養學生思辨、溝通、解決問題的能力,以及成為道德公民的責任與態度。

「教育與生活」課程,以人我之間的倫理思辨與實踐為課程核心,引領學生從自我與環境、自我與人群中互動、察覺、省思、分析、理解,在對話與思辨之中,實踐自我並參與社會。其課程內容知識並不強調教育學門相關理論與制度等外顯知識的講授,而是將學生從小至大受教育歷程中所經驗、深刻感受到的教育制度、教育理論、教育觀察等作為課堂中教與學互動的媒材或教材,並指定閱讀與學生自身經驗相關之文章與教育經典;老師發展與規劃課堂中或課後的學習活動,透過課堂中對自身經驗與閱讀媒材的反省思考、小組討論、師生問答等,以及課後學習區討論、小組同學的合作學習等歷程,一再地練習並累積其反省思考、提出問題、確認問題、蒐集資料、互動討論、多元觀點思辨等習慣思考與解決問題的能力。課程中默會知識 ①(tacit knowledge)的學習,如教育理念與價值、以及思考力、

---

① Polanyi(1967)將知識分為默會知識(tacit knowledge,又稱內隱知識)和外顯知識(explicit knowledge)。默會知識指的是知道如何作的知識(know-how),也是一種過程知識(procedural knowledge);Polanyi指出,「我們知道的,比我們能說得多」,亦即有許多知識是主觀的、經驗的,很難或無法透過文字、符號或口述等方式來外顯清楚的知識(Polanyi,1985/1998)。這樣的知識較無形且為個人化知識,是實用的、社會建構的知識,包括價值、洞見、直覺、偏見、感受、印象、象

合作力、表達力、解決問題能力等，需要學生直接投入參與課堂與小組活動，不斷經驗互動、實際操作，藉由同儕間彼此的辯證對話，同化或調整自己的信念與價值觀，在過程中體認如何進行團隊溝通與合作，並習慣於對事物不同角度的覺知和思考。因此，課程具體目標為：

(1) 探索自我並了解自己的價值與人生觀。

(2) 拓展教育視野，體認社會參與的價值。

(3) 增進社會人群觀察力，建立多元思考觀點。

(4) 培養理性思辨、分析與批判能力。

(5) 透過合作學習，促進溝通表達能力。

二、課程內容與教學實施

本課程即在不斷地對話、參與和行動中，幫助學生探索自我和人群；提昇學生學習動機與成效，以促使學生對不同教育議題更深層的瞭解和思辨。以下將介紹課程內容、評量與作業規畫、以及主要教學策略。

（一）課程內容簡述

本課程內容架構為成「教育哲學的比較與反思」、「教育視野的觀察與關懷」、「教育議題的對話與思辨」三大部分（圖一），每一架構中的課程設計與教學實施，藉由師生互動、小組的溝通討論和合

微、信念和組織的習俗，可能成為精熟一項技術的知識，通常不易溝通和分享，常透過不斷經驗和實作而來（吳清山、賴協志，2009）。我認為，在談到通識教育課程規劃中知識承載度時，除了有條理且系統化的外顯知識外，也需要注意到默會知識的經驗和學習。

作學習，皆在累積學生的「自我反思、參與行動、多元思考、理性思辨」等能力，然而，每一部分課程架構欲達成之教學目標也有不同的重點，以下簡述說明並附上十八週課程進度大綱（表一）。

表一 「教育與生活」課程大綱

架構	週次	課程內容
教育哲學的比較與反思	第1週	教育與我 1. 課程內容、進行方式與作業說明 2. 我的教育歷程回顧
	第2週	教育的意義與目的（I） 1. 教育即生活、教育即成長 2. 保守的教育與進步的教育 3. 教育上開放與自由的問題，例如：大學教室裡，學生、老師在學校上課可以有多自由？在「紀律/服從」與「自由/創造」之間要如何取捨？
	第3週	教育的意義與目的（II） 1. 教育的目標 2. 興趣與紀律 3. 為就業而教育？ ＊〔大學記〕影片觀看與討論
	第4週	東西方文化下的教育觀——學校教育 1. 西方教育哲學與學校教育 2. 華人教育觀與學校教育

架構	週次	課程內容
	第5週	東西方文化下的教育觀──家庭教養 1. 東西方教養之爭辯 2. 華人教養之道與我
教育視野的觀察與關懷	第6週	教育「心」視野 1. 多元文化社會之弱勢族群照顧與教育 2. 我看「弱勢族群」：成長或教育歷程中與弱勢族群 （社會不利、經濟不利、文化不利等）相處經驗
	第7週	大學生社會參與和實踐（I） 1. 大學生的教育關懷與社會參與案例 《教育小革命：大學生的十堂社會參與課》 2. 擁抱世代從教育開始 TED演講影音：https://www.youtube.com/watch?v=n38D7DCDtbk
	第8週	專題演講（I） 講題：大學生的社會參與故事
	第9週	大學生社會參與和實踐（II） 1. 史懷哲與「現代史懷哲」的故事 2. 教育專題／議題的探究方法（「大學生開講」 報告規劃和討論）

架構	週次	課程內容
	第10週	專題演講（II） 講題：玩具圖書館——原鄉孩子另一學習途徑 ＊教育關懷行動行前實習和預備 （搭建行動式玩具圖書館）
	第11週	教育關懷與社會參與行動 ＊至復興鄉奎輝國小陪伴孩童（在演講與實習活動之後，擇假日至奎輝擔任遊戲志工，進行教育關懷）
教育議題的對話和思辨	第12-17週	課堂開講、對話和思辨 1. 主題文章閱讀 2. 大學生開講：議題報告與討論 3. 回應與討論 4. 學習單反思
	第18週	期末回顧與統整 1. 課程回饋與討論 2 我的教育觀察筆記聯展 3. 分享與收穫

1. 教育哲學的比較與反思

　　包括閱讀討論教育經典《民主與教育》② 、以及西方和華人教育

---

② 《民主與教育》（John Dewey, 1916）一書為杜威闡述其教育哲學的代表著作，也被譽為二十世紀重要的教育思想著作。該書討論了民主社會下學校和教育的本質、教學方法與教育內容等。本課程以其教育哲學觀為基礎，採用薛絢（2006）翻譯的版本，主要與學生共同閱讀和討論其中第1、4、6、8、10、23章。杜威主張教育是

＊教育哲學的比較與反思--其
　教學目標以促進學生自我探
　索與反思能力為主

＂教育視野的觀察與關懷--其
　教學目標以喚醒學生的教育
　關懷情意，進而肯認差異、
　進行社會參與行動為主

＊教育議題的對話與思辨--其
　教學目標以體認不同視框來
　解讀與解決問題，增進多元
　思考與理性思辨能力為主

（圖中文字：自我反思　參與行動　多元思考　理性思辨）

圖一　「教育與生活」課程架構

相關文獻，並引領學生回顧與反思自己的受教育歷程，探究教育的意
義與目的 ③、教育對自己的影響、東西文化學校教育與家庭教養的比
較等，進一步了解與形塑自己的教育哲學和價值觀。其教學目標以促
進學生自我探索與反思能力為主。

個體經驗連續和改變的歷程，是心智能力上的培養；假若教育只是教授一些固定不
變的知識，那麼教育終究趕不上社會的變動速度。在科技日新月異與急速發展的現
代社會下，我們更應強調教育的本質應是在促進學生發展其心智能力，成為會主動
探索、知道如何蒐集與篩選資訊、因應不同情境做出適當回應，也就是具備獨立思
考與解決問題的能力。

③ 「教育與生活」課程進行了兩學期後，我收到了由教育部現代公民核心能力養成總
計畫支持，國立成功大學醫學、科技與社會研究中心發行製作的《大學記》紀錄片
（2013.2.20修正版），這是一部由大學生談「我們為什麼要唸大學」的紀錄片，其
內容所欲探究的主軸正好呼應了本課程欲帶領同學回顧和思考教育與自身之間的關
係，因此，即安排在課堂中放映，也引起了同學的熱烈回響，對於教育的意義和目
的有更深刻討論。在此也非常感謝計畫中心提供了很好的教學資源。

2. 教育視野的觀察與關懷

以大學生社會參與和教育關懷故事與案例為主 ④，包括瞭解多元文化社會中弱勢族群照顧與教育政策與現況，邀請典範人物 ⑤分享其社會參與的歷程和感動，促發學生看見與肯認多元社會下人群的差異，回應志工服務和社會參與者講座生命故事，並帶領學生投入偏鄉孩童教育關懷活動 ⑥。其教學目標以喚醒學生的教育關懷情意，進而肯認差異、社會參與行動為主。

3. 教育議題的對話與思辨

從自身受教育歷程所遭遇的教育現象與問題出發，鼓勵學生觀察與關心生活週遭教育議題、以及報章媒體等對教育時事之發聲和討論，閱讀與蒐集資料，以談話性節目形式，扮演不同領域專家來解讀問題並提出自己意見，體認不同視框來解讀與解決問題。其教學目標以增進多元思考與理性思辨能力為主。

此部分課程規劃，以問題導向為基礎來設計，教育議題的決定為

---

④ 本課程結合元智大學通識教學部推動的「經典五十」，其中，「史懷哲傳」經典傳記為指定閱讀教材；另，也在課堂中閱讀與討論許多「現代史懷哲」的故事和報導。東華大學師生在後山所發展的社會參與實例：《教育小革命：大學生的十堂社會參與課》，也是課堂重要的閱讀和討論媒材。

⑤ 課程演講所邀請的講者與演講主題，可做為引發學生對不同社會文化下孩童生活與教育的關注和關心，之後則實際安排至偏鄉部落陪伴和關懷孩童。邀請的典範人物如台灣玩具圖書館協會創辦人蔡延治、Teach for Taiwan創辦人劉安婷、微客公益行動協會程敏淑、花蓮五味屋創立者之一廖千惠等。

⑥ 與偏鄉孩童之間的互動，期待是長期且持久的關係。因此，雖然每學期通識課程修課學生並不相同，但課程持續與台灣玩具圖書館協會合作，在桃園縣復興鄉奎輝國小駐點，陪伴奎輝國小孩童玩玩具和帶寒暑假營隊。在此，也向台灣玩具圖書館協會致上謝忱。

修課學生的興趣或困惑 ⑦，學生選擇教育議題後須進一步思考欲探究的問題為何，如何蒐集資料、整理資料來回答此問題；以激發學生主動學習，並促進理論與實務的連結，解決並回應生活中對教育的疑惑與省思。例如：有一組同學決定探究的教育議題是台灣的補習班文化，在和老師討論後，決定其探究的核心問題在「為什麼出現補習班？」、「學校教育可以滿足學生升學的需要嗎？」、「補習班的出現造成那些現象？」等；確定問題與方向後，則需要透過文章閱讀、訪談或問卷調查等方式來蒐集資料，且要求以不同觀點來蒐集資料(如學生、家長、學校老師、補習班老師等)。最後，課堂中以談話性節目型態表現出所蒐集來的資料，以不同觀點來看待問題，小組主持人最後歸納統整並做出小組對此議題探討的結論。

為協助學生進行教育議題的探究，並順利在課堂中呈現節目，課程安排了四個階段的課堂學習，分別是 (1) 教育議題探究方法與案例介紹：說明問題意識與目的、問題界定、蒐集資料的方法等，並實際示範一個教育議題探究的案例；(2) 討論與規劃：小組合作學習，在課堂時間之外需彼此討論，進行合作。此外，各小組需於報告前三週與老師約時間討論問題，從中聚焦小組欲探討的議題為何，以及研究問題與目的。在報告前一週需要再與老師約時間確認報告欲呈現的節目形式與內容；(3) 資料蒐集與閱讀：議題確定後，各小組進入資料蒐集的階段，學生依所欲探究的問題，閱讀書籍文獻、報章雜誌、訪談相關

---

⑦ 歷經幾個學期，發現學生感興趣欲探究的教育議題有以下幾個方向：（1）過去求學經驗的反思，如補習班、體罰、霸凌、能力分班等等；（2）大學生活與未來的想望，如大學生自主管理、上課態度、是否打工、興趣與就業、志工服務和社會參與等；（3）情愛與性別教育，如同居要不要、愛情觀、性知識與性態度等。有關大學生活中情感處理相關議題，是我在規劃此課程時始料未及的，但卻連續幾個學期都受到學生的關注，這或許也突顯出目前大學生期待更了解性別與情愛教育正確知識與態度、以及學校需要提供更多正向的探討途徑。

人士或問卷調查等，老師則從旁協助，提供參考資料，希冀學生透過
資料蒐集與整理分析的過程拓展其知識視野，學會理性思辨、分析與
批判能力。因期待學生能透過不同觀點來看問題，因此，在此階段，
小組成員需決定各自扮演的角色人物，例如老師、教育部長、專家學
者、家長或學生等等，分別蒐集與整理資料，以揣摩其針對教育議題
的立場與看法； (4) 課堂開講與思辨：報告當天先準備2-4頁的主題閱
讀資料，提供台下同學先行閱讀並了解當天探究的教育議題。小組報
告則採取談話性節目型態進行，小組成員需扮演主持人、相關專家數
位、call in民眾等角色；主持人提出問題，並由專家提供看問題的角
度，最後主持人須提出小組的看法和結論。節目過程需設計與台下同
學的互動。課堂開講的過程，老師也扮演聽眾，適時call in 回應或挑戰
報告小組的問題。開講報告之後，老師與全體學生再次回饋和討論，
並設計學習單讓學生反思與回應（圖二～圖四）。

圖二　議題報告與討論：大學生打工笨死了？教室現場示意圖

　　教室現場如「談話性節目」現場，報告小組所探討的為大學生是否打工之相關看法。小組同學先進行該議題的資料蒐集，透過訪談大學教授、家長、大學生，並且和問卷調查目前大學生打工現況後，在報告現場以節目型態報告演出，分別扮演不同角色如何看待打工這件事。前排講桌分別為報告小組所扮演的角色，由左開始分別是大學教授、家長、大學生和主持人。後排為現場學生，如談話性節目般，與台下同學互動，老師也以call in 者角色，詢問問題，並提出看法。

圖三　議題報告與討論：同居要
　　　不要？教室現場示意圖

圖四　議題報告與討論：同居要
　　　不要？學習單設計

　　小組報告同學將問卷調查的資料進行彙整，自行製作道具呈現問卷調查結果；且與台下同學互動討論時也製作道具，如O、X牌，讓台下同學與報告小組互動。

　　開講報告結束後，老師再拋出問題以及可以思考的方向讓大家回應，並設計學習單讓學生再次反思。學習單有兩種設計，上圖為報告組同學的學習單，另有台下聽講同學的學習單，其學習單內的問題有些不同。

（二）評量與作業規劃

本課程重視學生默會知識的學習，期待同學在課程中學習並增進自我反思、參與行動、多元思考、理性思辨等能力，因此，評量也著重學生在這方面的展現。評量方式為：

1. 課堂表現（20％）

包括出席率、課堂發表、學習討論、學習單、小組報告回應討論或參加小組談話性節目報告之call in參與度等等。

2.「大學生開講─教育議題報告與討論」（40％）

此為小組成員合作學習報告，相關作法已經在前文中說明；當天的開講節目呈現與書面報告各佔20％。書面報告包括議題資料整理、個人心得與檢討報告（回顧如何準備此主持與各專家工作等，對資料的解讀，收穫與改進等）、以及當天報告影片。

3. 我思故我在─教育觀察學習檔案（40％）

個人作業。針對個人教育歷程回顧、課程中教育經典講述與討論、演課堂小組討論、指定閱讀資料、服務學習活動、專題演講之回饋與心得、小組議題討論報告、以及整學期的教育觀察與省思（從多元社會角度觀察並省思各種生活中教育議題、以及提出整學期修課歷程中的個人省思或學習經驗）等等，以文字或圖像紀錄皆可，作為個人的學習反思之教育觀察學習檔案。

4. 教育關懷學習活動：（5％加分活動）

在演講與實習活動之後，利用假日至復興鄉奎輝國小擔任遊戲志

工，陪伴孩童玩玩具。鼓勵同學踴躍參與，並將個人在地觀察、學習和收穫記錄在教育觀察學習檔案中。

（三）主要教學策略

教學時，如何發展與實施對學生有意義的課程，增強學習動機進而引發學生主動學習，促使理論知識與實務知識相互印證與調整，這是我在課程設計與實施時所關心的。本課程中，有關「教育哲學的比較與反思」部分，較重視經典文獻的閱讀和介紹，因其內容較為靜態，因此透過教室桌椅、白板等特殊設計，以及教師親和鼓勵提問的態度，營造開放對話的氣氛，引領學生在小組討論與個人學習單中進行反思；課程第二架構「教育視野的觀察與關懷」部分，安排講座和偏鄉關懷活動，以真誠動人的故事，拓展學生不同視野，促進對多元社會中孩童教育的觀察力，喚起其參與行動的動機；最後「教育議題的對話和思辨」部分，試圖將課堂主權交由學生，透過小組合作學習，深入探究議題，進行多元思辨與對話。

綜合言之，整理出以下幾個主要教學策略：

1. 開放式的教學態度與環境設計

為促進小組團隊在課堂中的互動與討論，本課程安排在本校特殊設計教室中上課。教室中，桌椅以小組拼圖式方式排列，教室四周皆有白板，方便小組討論圍桌討論，或各組在不同白板前站立討論並紀錄討論結果。每週上課時，針對當週主題，留下至少20分鐘小組討論和回應時間，學期初期只要是小組全員皆出席參與討論即予以加分，學期後期則著重對主題討論回應內容深度予以加分。開放式的教室環境規劃與教學態度，有助於課堂中小組成員關係建立並促進小組合作。Johnson & Johnson（1999）指出，安排適當學習空間以能成功實

施合作學習，對台灣學生而言，教室桌椅活動式安排、自在開放的討論空間的確有助熱絡討論氣氛、學習凝聚小組團體共識。此外，教師親和開放的態度，以及隨時問問題、與學生互動，也是促進學生參與課程、主動思考的方法之一。

> 上了一學期的課，覺得內容很充實，學了很多新的想法。我想最重要的應該是我有一群很瘋狂的組員，還有一個很棒的老師。小組成員讓我每次開放討論時間都非常開心，雖然常常討論到離題，然後整組笑到沒辦法討論，不過該討論的我們還是都有討論……從一開始大家很生疏，學弟妹不敢說話，只有三個神經病學長姐機哩呱啦……然後學弟妹開始敢說話，敢嗆學長姊，新成員也慢慢融入，這種感覺真的很棒。還有一個很棒的老師，下課時間也會跟學生討論上課內容的議題，或是討論學生的未來。上課也會隨機抽一些同學回答問題，雖然被抽到的同學會有點驚慌，不過我想這是這種開放性的課程可以激發學生思考的好方法，不然很多人可能只是坐在那發呆一節課。
> （期末教育觀察檔案，資工四王同學）

2. 透過作業設計深化小組合作學習歷程並增進思辨力

本課程為深化小組合作學習的歷程，其一重要的小組作業為「大學生開講──教育議題報告與討論」，如前文所述其四階段的規畫，協助並促進小組的合作學習。而彈性且新穎的報告型式，增加了報告的難度，因此也更需要組員間的合作，其培養了學生團隊學習的能力。從參考資料的尋找到閱讀、整理，與找出報告內容的方向及重點並列出能互動討論的問題，乃至於列出講稿，力求專業表現及流程的順暢，學生必須花許多時間討論、凝聚共識、準備道具、排練等等，不

只要分工合作完成各事項,還要互相激盪彼此對於該議題的想法;而各種社會現象、教育政策及教育理論,對學生而言不再只是新聞標題或不熟悉的名詞,學生必須多方面涉獵資料,將理論、政策與社會脈動嵌合,才能在「開講節目」中侃侃而談,且要以創新的報告方式引起「觀眾」注意並與其互動。團隊的學習及合作能力由此看出。

> 我們從和老師的第一次吃飯,把主題方向找出來,接著蒐集資料,做問卷,一直到每個人都清楚了解自己的角色,接著我們開始借研討室討論、澄清再討論……在這樣的過程中我們學到了每個人都有每個人不同的特質,可以負責不同的部分,也更加明白團隊合作的重要性,我想這次的經驗會是大學的課程中很特別的回憶……。(小組報告中的個人心得,第一組蘇同學)

3. 課後網頁討論區對話並成立網路小組社群

本課程很重視學生的反思與網頁後續學習,所以鼓勵學生於每週課程後對課程內容回應討論,而小組團隊也可運用此課程網頁討論區進行對話。在小組進行上述的教育議題開講報告時,助教更鼓勵小組同學成立FB社團,並參與其中,除支持與對話外,也提供小組相關資料。而這樣的網路社團,有助於小組合作歷程中同學間互動關係的經營與延續。

雖然文獻指出,成功的合作學習教學策略之一在增進小組成員間面對面的積極互動(Johnson & Johnson, 1999;Slavin, 1995;張子貴,2010),然而以現代大學生網路使用習慣,成立網路社團,除了可讓學生持續溝通討論外,也是小組向心力的凝聚工具,甚至也提升了同學在課後約出來面對面討論的意願。

4. 成為小組合作學習的促進者

為加強小組學習的歷程，提升其團隊互動技巧，老師與助教透過課堂中與課後參與小組討論、加入網頁社群等方式，提供作業上的協助、介入並教導合作技巧、並及時予以學習上的回饋。以小組教育議題開講報告為例，各組需於報告前三週與老師約時間討論問題，從中聚焦小組欲探討的議題為何，以及其研究問題與目的，且各小組在報告前一週需要再與老師約時間確認報告形式與內容。

三、學習回饋與教學反思

（一）學生學習回饋

學期中與學期末，學生會上網填寫學校制式的教學問卷，問卷項目針對上課內容、作業、評量、教育講解是否清晰、教師是否關心學生學習等問題設計5分量表，就期末問卷而言，可以看出同學的選項多集中於「非常同意」、「同意」兩項，沒有選擇「不同意」、「非常不同意」兩項的，教師的滿意度達99.50%。此外，學生在作業、互動討論區、以及期末問答式問卷上所寫的回饋，也可以看出課程對學生學習的影響。

1. 願意主動學習與積極參與課程

由於本課程安排的教室環境與所營造的教學氣氛較開放，幾乎每週課堂中即有小組討論時間，引導學生從被動的參與到主動發表意見。而需透過小組合作學習才能完成課程作業，使得同學們在合作學習歷程中凝聚向心力，互相支持，甚至成為好友，增強其學習動機而引發主動學習。學習態度也會因為動機的增強，而更積極參與。尤

其，最後六週「教育議題開講報告」，由於討論的議題皆是學生感興趣的，其出席率皆有九成以上，這對不點名的通識課程是一大肯定。

> 雖然教育議題感覺比較嚴肅，但的確是生活中重要的一部分，上課的氣氛已經算是輕鬆活潑了，也可以感受到老師和助教對這門課所大量投入的熱情，這樣的通識課比較有意義。（期末學習問卷編號09）
>
> 沒有想過可以有大學生開講的形式來做報告，雖然準備得有點累，可是很充實也很好玩。（互動討論區，第七組謝同學）

2. 增進了對教育議題的深層認知與思考

本課程教育目標之一，在激發學生對教育議題主動關注，並能針對感興趣議題進行資料蒐集、彙整與思辨討論，並在合作與對話中學習從不同角度看問題。從學生展現的學習成果，看到了他們對報告的用心，透過閱讀不同資料、訪談、問卷設計與實施等多元方法來探究他們所感興趣的教育議題，最後呈現深度的思考與反省。值得一提的是，小組報告後，學生仍透過網頁的互動討論區進一步回饋，提出自己觀點，這樣的結果也正如相關文獻所指出的合作學習有助於提升學生的學業成就，建構深層次的認知（黃政傑、林佩璇，1996,Johnson & Johnson, 1999；Sharan, 1999）。

> 報告了那麼久，從來不曾用那麼特別的方式來陳述自己的意見並帶出大家的想法，也使同學們能夠更簡單的理解我們的報告主題和主旨。……在報告過程中，我印象最深刻的是同學間互相發表各自觀念的同時，能夠分析各自對兩性的認知，並思考自己的認知是否正確。（小組報告第一組王同學，報告議題〔同

居要不要？〕2011/05/02）

其實我們現在教育的很大一個問題就是太在乎『菁英』，我們經常看到新聞報導我們的學生在奧林匹亞又拿了幾個金牌，今年的榜首獎落誰家，但卻少有人關懷鄉下缺乏教育資源的學生們過得如何，其實有很多鄉下地區國中生的程度不到國小畢業該有的程度，我們卻沒有想到如何提升他們的平均程度（反正只要頂尖的學生繼續頂尖，台灣拿很多金牌我們就可以宣稱我們的教育辦得很好），也因此台灣的貧富差距一直擴大形成M型化社會（當然還有很多其他的原因，但教育絕對是非常重要的因素）。（互動討論區，第二組李同學，回應〔你補習了沒？〕之討論）

這次做體罰這個議題讓我可以更深入的去思考，而不是只看看那些新聞，宛若事不關己，而是能站在不同的立場去思考，也讓我更加釐清自己的想法，並且透過訪問及資料的蒐集，也更了解體罰的定義和家長、老師及學生的想法，收穫滿多的。（學習單，第四組洪同學，報告議題〔體罰不體罰？〕）

3. 更認識自己並提升與他人合作與溝通技能

透過課程內容對教育的討論與思考，以及透過合作學習的教學策略，學生回饋反應更認識自己與自我成長，增進團隊合作的能力。

……很多，期末要說的話，……就是自我的成長，許多課程內容，是認識自我的一步，使我成長……（期末學習問卷編號13）

……我覺得開講報告真的是一個很好的經驗，訓練我們團隊合作的能力……（期末學習問卷編號22）

……剛開始小組一起做報告真的有遇到一點瓶頸，因為組員不同系的關係而且大家事先也都不認識，所以要配合大家找一個共同的時間來討論報告是件非常不容易的事。不過最後大家還是努力的把報告做完囉!! 經過這次的報告讓我對自己、以及對小組員都有更進一步的認識了呢，從一開始的互不相識到最後卻能一起為同一個目標而努力……（小組報告中的個人心得，第三組沈同學）

……可以算是我修那麼多通識課以來，第一次要花那麼多心思的報告。但最棒的是我覺到了很多東西，也有了一次難忘的團隊合作經驗……（學習檔案，第四組林同學）

（二）教學省思

本課程核心理念在從課程內容與教學方式中引導學生透過自我省思、參與行動、多元思考與理性思辨等途徑，建立倫理與美學素養。課程從一開始的「我的教育歷程回顧」，引發同學思考成長過程中教育對自己的影響。從許多同學誠心思考的作業中，讓我看到老師角色與教育制度（以考試評量學習成果）對同學的影響──同學們在過去求學歷程中老師趕課程進度、以及不斷為了升學而考試的學習背景下，常常使他們失去了學習動機與學習的意義；因此，我也更期許自己能扮演同學們的心靈導師，並且看見同學的不同天賦，以多元評量方式看待學生的學習表現。

「教育與生活」課程實施過程中很重視學生主體經驗的發聲，因此需要很多的討論與反思，加上「教育」即「生活」的概念，希望能將課堂上討論的議題延伸至課後，與學生日常生活連結在一起。因此，課堂上老師對學生討論區或學習單的正增強與立即性回饋，能鼓

勵更多的同學參與課後討論。

　　整學期的課程安排是以小組的合作學習方式進行，需要很多小組討論的時間，但通識課程的學生大多數來自不同科系，因此小組成員的凝聚力有時較難形成，但仍需視小組成員的特質而定，特別是在進行期末大學生開講時，應與小組成員共同擬訂開講行程計畫表，並在課程前幾週多關心與協助小組成員間的凝聚力，以利課程順利運作進行。

四、結語

　　　　謝謝老師您在「教育與生活」課堂上給予我們很多學習上的收穫，也不斷地利用討論區引導我們去思考問題。這是我在元智大學就讀以來，最有收穫和踏實的一門科目（獲得的甚至超越了系上的專業科目）。因為這門課我養成了思考問題的習慣，而且在討論區發表意見也可以訓練自己的表達能力。台灣的教育多半是不斷地丟東西給孩子，卻常常忽略了讓孩子有時間去思考問題的重要性，上了這門課我體悟到將所聽到的及學到的事物去內化的重要性，如此一來所接收到的訊息才會變成自己的東西，謝謝老師如此用心地指導。（人文社會學院大二學生瓊姿同學）

　　這是一封學生寫給我的e-mail，我很珍惜，尤其是收到信件的時間是學生已經修完課程後的下一個學期，我很開心知道在她的生活中，已經擁有主動思考、勇於表達的習慣。這就是教育的意義，促使人不斷成長和生長，成為會主動思考和持續學習的人。

　　在通識教育課程中開設有關「談論教育」的課程，是我對教育真

諦探索的興趣、以及對學生學習的關懷，尤其是有不少學生將通識課程視為「營養學分」，他們沒有學習的動機，對知識沒有渴望，不想主動學習。在歷經至少十二年的受教育過程後，大學生究竟是怎麼看待「教育」這件事？大學要如何規劃和實施對學生有意義的課程？哪一種課程最能引發學生的主動學習？以此為思考，本課程在內容規畫和教學策略實施上，運用了許多互動討論、合作學習與課堂活動方式進行。誠如詹志禹（2010）指出，若通識教育著重博雅、全人、普世、長遠、優質公民的教育目標，那麼，通識課程不應只重知識的傳遞，應包含「認知、情意、（技能）行動」三大層面，外顯知識只是認知的一環，情意與行動經常不可言傳，而活動課程擅於引發學生的學習動機與主動學習的精神，也更能補足情意與行動的學習。期待在教與學的旅程中，我與學生們在活動課程中一同反省思考、對話思辨，探索教育的本質。

參考文獻

1. 吳清山、賴協志（2009）。《知識領導：理論與研究》。台北：高等教育。

2. 張子貴（2010）。〈合作學習應用在微積分教學之行動研究〉。《課程與教學》，第13卷第3期，頁141-162。

3. 教育部（2006）。通識教育中程綱要計畫─96-99年度通識教育領航、行動與整合計畫。取自http://www3.nccu.edu.tw/~cyberlin/download/download/9699geproject.pdf

4. 黃政傑、林佩璇（1996）。《合作學習》。台北：五南。

5. J. Dewey著；薛絢譯（2006）。《民主與教育》。台北：網路與書出版。

6. 詹志禹（2010）。〈活動課程可否計入通識教育學分？〉。《通識在線》，第29期，頁49-51。

7. Johnson, D. W., & Johnson, R. T. （1999）. *Learning together and alone: cooperative, competitive, and individualistic learning*（5th ed.）. Boston, Mass: Allyn & Bacon.

8. Polanyi, M. （1967）. *The tacit dimension*. New York: Anchor Books.

9. Polanyi, M. （1985, 1998）. *Personal knowledge: Toward a post critical philosophy*. London: Routledge.

10. Sharan, S. （1999）. *Handbook of cooperative learning methods*. Westport: Praeger.

11. Slavin, R. E. （1995）. *Cooperative learning: Theory, research, and practice*（2nd ed.）. Boston, Mass: Allyn & Bacon.

「性別與社會」課程的教學實踐

糠明珊

元智大學通識教學部

一、前言

　　現今社會環境及媒體中充斥著性別不平等的論述及文本，性騷擾及性別歧視案件層出不窮，性別弱勢者也長期在性別刻板印象不斷地被複製的生活脈絡中受到歧視及壓迫。弱勢者的困境並非個人的，而是社會重重限制所形構的人為阻隔。欲消除社會中長期存在的性別刻板及不平等現象，唯有透過教育的方式才能根植性別平等意識，也唯有透過教育方式才能讓所有人不因性別而使其發展受到限制，因此性別課程的推展有其必要性。

　　自性別平等教育法實施以來，各級學校大力推動性別相關課程，有鑑於性別課程之重要性，元智大學通識教學部於100學年度第一學期（以下簡稱100-1學期，其他學期標示方式亦同）開設「性別與社會」通識教育課程，至今已開設六個學期，課程架構的設計發展漸趨完整，本文的主軸乃「性別與社會」課程的教學實踐歷程。

　　「性別與社會」課程從社會文化的角度，希冀引導學生透過性別的視框，從歷史、空間、習俗文化、家庭等面向重新看見並思考其經驗世界中的性別意涵，檢視社會建構下的性別角色，希望能提昇學生

對性別議題的關懷、覺察能力，並協助理解社會文化中的性別運作，培養學生自主反思社會建構下性別意涵之能力。因此，本課程的教學目標可歸納為以下三點：

(1) 使學生具有從性別觀點敏銳覺察並省思社會生活環境中各種現象之能力。

(2) 使學生能透過性別視框，理解並關注多元族群的性別處境。

(3) 提升學生的性別視野並能在生活中實踐性別平等理念，培育學生成為具性別平等意識以及判斷力、思辨力、參與力與行動力之現代公民。

二、教學策略

大學的通識教育課程通常被學生定義為「營養」學分，而「通識課程無用論」似乎也是很多大學生接觸通識課程的最初想法，普遍而言學生參與及投入通識課程的態度並不積極。因此，如何讓學生對課程產生興趣，建構有效學習的通識課程，以及彰顯通識課程的功能，乃通識課程設計的首要之務及挑戰。讓學生產生興趣的課程設計，必須以學習者為中心，以其生活經驗為主軸。因此課程如何與學生的生活產生連結，善用年輕世代的溝通工具，如網路、視覺導向學習、次文化、時事等是不容忽略的重點。研究也顯示與學生經驗結合的理論可激發學生的批判思考（邱珍琬，2012），因此課程與學生生活經驗結合是相當重要的教學策略之一。

一般大學通識課程由於受限於時間、空間、人力以及經費資源不足，因此大都採用講授方式進行，著重在認知層次的教育，而有效的性別教育課程應該是同時涵蓋認知、情意以及技能三面向。涵蓋認知、情意以及技能的課程設計，必須有效引導學生拓展其性別視野，

並透過瞭解、批判及反思將課堂上所學習到的性別知識，轉化為社會生活的實踐。為建構有效學習的課程，本課程的教學策略分為以下三部分：

（一）以學習者為中心的課程思維

本課程設計以學生為主體，以學生生活經驗為主軸，課程內容與學生經驗緊密結合，課程主題透過課堂分享以及分組討論的議題設定（例如：我所知道的性別習俗、我如何面對性騷擾事件等），讓課程內容與學生生活經驗緊密連結，以活化課程知識在生活中實際運用的可能性。期末報告題目亦由學生自行選定，不僅增加課程內容彈性及多元化，同時也能兼顧學生們的需求，符合以學習者為中心之課程思維。

（二）涵蓋認知、情意以及技能的課程設計

一般大學通識課程大部分採用講授方式進行，著重在認知層次的教育，而有效的性別教育課程應該是同時涵蓋認知、情意以及技能三面向。本課程在傳統的講授方式外，透過性別新聞分析、課堂分享、分組討論、紀錄片賞析以及性別領域學者的專業實務分享來拓展學生的性別觀察視野，同時透過學校Poral系統延伸課程的時間與空間，創造更多討論的場域讓學生能夠以性別觀點檢視社會情境中的各種現象並進行反思，這是認知以及情意課程的設計。在技能部分，則是透過課堂及Poral討論、期末省思報告，讓學生分享社會生活中的性別觀察成果，透過批判思考重新理解其生活經驗以及社會中的性別議題，透過重新觀看、詮釋，建構學生自己的知識，進而了解彼此的差異，並學習相互尊重。

（三）學習資源的有效運用

　　本課程透過網際網路資源的整合，將課程延伸至Poral，創造更多討論場域，讓學生可以確實掌握課程進行狀況並獲取輔助資料的同時，教師也能即時回覆學生學習上的困惑及疑問。Poral的運用不僅可活絡班級學生的討論與參與，提高學生課程參與度，Poral的訊息公開也讓學生們可以共享所有成員的學習成果，更能有效培養學生相互對話、思辨、分析、以及溝通學習的能力。

三、課程設計

　　「性別與社會」通識課程從100-1學期開設至今，共開設六學期，課程架構的設計發展漸趨完整，本課程開設初期獲得元智大學教學卓越創新教學計畫的補助，由於補助資源的挹注得以豐富課程內容。課程的主要目的是讓學生瞭解社會多面向中的性別意涵，透過歷史、習俗、空間、家庭等多元議題，檢視社會建構下的性別角色，並協助學生理解社會文化中的性別運作。

　　「性別與社會」課程是從社會學角度切入檢視性別議題，乃性別平等教育的一環。性別平等教育法第2條指出，性別平等教育是「以教育方式教導尊重多元性別差異，消除性別歧視，促進性別地位之實質平等」，而性別教育之整體精神起始於認識自己以及了解自己與他人的異同，進而學習愛、尊重、接納自己與他人（毛萬儀，2002）。因此性別課程的設計應以認識自我為基礎，進而了解他人，學習建立合宜的他我關係。

　　本課程內容分為三大部分，第一部分的「性別角色與性別認同」是以認識自己與他人為主軸，第二部分是透過空間、文化習俗、家

庭，以及性騷擾等議題探究性別在社會文化中呈現的樣貌及問題，第三部分則是以學習者為中心，透過學生的省思分享深入探討多元化的性別議題。本課程從100-1學期開設至102-2學期為止，實施六學期以來，由於學生的學習參與狀況良好，因此課程架構僅進行部分微調，主要乃依學生需求及學習表現調整部分議題比重以及評量方式，課程內容及指定閱讀與活動如表一所示，課程內容調整歷程分為以下三點說明：

（一）加強導論課程

第二學期（100-2學期）開始，課程內容加入各年度臺灣性別圖像的導讀與討論(第3週)，透過行政院主計總處的統計資料，強化學生對於臺灣社會性別現況的理解，同時增進學生資料搜尋及資料分析能力，激發學生對於性別議題的興趣。

（二）加強性別角色及性別認同課程

在大學生活中，異性交往是重要的一部分，也曾有學生私下提問婚前性行為的問題。有鑑於學生的需求，因此在性別角色課程中增加性教育的比重（第5週），選用台灣性別平等教育協會的教材，提供正面的性教育，以正向的方式面對青少年的性疑惑與好奇，並強調身體自主權的概念。如同中語系沈同學所言：「SEX議題……平常真的不知道能和誰討論。我覺得這門課很棒，教會了我們該拒絕就要拒絕，不想要就毋須勉強自己。對於自己的渴望也毋須感到羞恥，因為這是正常的！要學會保護自己。」由以上學生回饋可得知，性教育課程的融入相當符合學生的需求。

此外，101-2學期期末省思報告中，同性戀及多元性別主題的報告比例高達39%，由此可知學生對於多元性別主題的興趣極高，因此之後的課程中加重多元性別議題的比重（第6-7週），不僅能滿足學生的

需要，同時解決期末省思報告主題的偏態。在課程調整後，102-2學期同性戀及多元性別主題的報告比例已降至9.7%，同時期末報告主題也越趨多元及豐富。

（三）調整評量項目與課程安排

　　課程開設第一學期（100-1學期）主要評量項目為期中的校園性別檢視與期末的省思分享。在校園性別檢視報告中，學生雖有相當敏銳的觀察及批判觀點以察覺校園中的性別問題，但由於報告撰寫時間不足之故，無法更深入探究問題並提出具體建議，以致報告功能難以發揮。校園性別檢視報告雖深具意義，但其性質屬於專題研究，需要事前嚴謹的計劃，充分的團隊合作、實施時間及指導。經整體考量後，第二學期（100-2學期）起以期末的省思分享為主要評量項目，100-2學期期末報告為分組報告形式，並增加期中進度報告時間以協助學生提早準備並提出具體建議。期末省思報告的設計是希望學生能更注意生活周遭的性別議題，並提出看法，然而100-2學期期末省思由於採用分組形式，因此即使事先已數度提醒嚴禁抄襲，且在確認報告內容抄襲事實並提醒報告組修正之必要時，仍有部分組別無法虛心接受指正，且不修正報告，因此期末報告方式再度進行調整。

　　分組報告原本是希望促進團體學習功能，然而100-2學期實施結果不僅整合度待加強，甚至出現抄襲狀況。期末省思報告重點在於反思，部分議題可能由於個人主觀性緣故，短時間內難以達成共識，再加上分組形式分工及責任歸屬不明，因此報告品質難以掌握。有鑒於此，101-1學期起乃採取個別報告形式。而團體學習的部分，則以課堂上的分享討論（包含分組形式）以及Portal討論區來完成，實施四學期以來，課堂討論相當熱絡，Portal討論區也發揮其功能，期末報告的品質亦明顯提升。學生的期末回饋中也提到透過學生的分享與報告，得

以了解更多性別議題，以及更多元的思考角度。

表一　課程內容

週次	課程內容	指定閱讀與活動
第1週	性別無所不在 1. 課程說明 2. 社會中的性別議題	
第2週	性別與社會導論 1. 臺灣社會的性別故事 2. 歷史中的性別	•《女性主義》 •《我做得到》
第3週	臺灣的性別圖像 1. 性別主流化 2. 從性別統計分析臺灣社會的性別現況	•《2011-14年性別圖像》 討論：解讀臺灣性別圖像
第4週	性別角色 I 1. 性別氣質與性別角色 2. 性別刻版印象與性別歧視	•《性別向度與台灣社會》第1章 討論：男女大不同
第5週	性別角色 II 影片欣賞與討論 1. 性別與性 2. 身體自主權	

第6週	性別認同 I 1. 多元性別的定義 2. 同志人權現況與處境	
第7週	性別認同 II 專題演講：看見多元性別	
第8週	性別與空間 1. 空間的性別化現象 2. 校園空間與性別	•《空間就是性別》 •《「台大校園空間性別總體檢」建議報告書》
第9週	期中考週	Portal討論與分享
第10週	性別習俗與文化 I 紀錄片欣賞與討論 女生正步走	•《性別向度與台灣社會》 　第4章 討論：我所知道的性別習俗
第11週	性別習俗與文化 II 1. 生育、婚禮的習俗 2. 年節、送終祭祀的習俗	•《大年初一回娘家》 討論：性別與習俗文本分析
第12週	性騷擾與性侵害 I 紀錄片欣賞與討論 玫瑰的戰爭	
第13週	性騷擾與性侵害 II 1. 認識性騷擾 2. 性騷擾的迷思與預防	討論：校園性騷擾案例

第14週	性別與家庭 紀錄片欣賞與討論 三個摩梭女子的故事	
第15週	期末省思分享與討論 I	期末省思分享互評 I
第16週	期末省思分享與討論 II	期末省思分享互評 II
第17週	期末省思分享與討論 III	期末省思分享互評 III
第18週	期末考週	Portal討論與分享

四、課程實施成效

　　本課程在期末時以開放式問題方式讓學生書寫學習心得以檢視學習成效，各學期期末問卷結果如圖一所示。結果統整方式是先將心得內容以關鍵字分類後再行歸納，主要心得內容可分為五類別，涵蓋認知、情意以及技能面向。在認知面向部分，回答最多的是能「深入理解更多性別議題」，其次「能以多元觀點思考」，在情意面向部分，是學生能「以多元觀點思考」以及「察覺社會中的不平等」，在技能面向，是指學生能化「思考為行動」，茲分述如下。

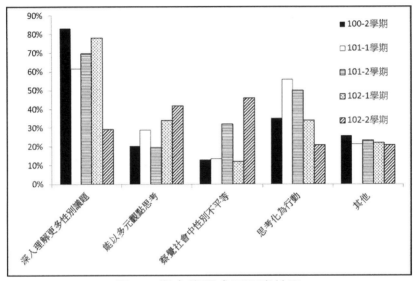

圖一　期末學習成果問卷結果

（一）學生能深入理解更多性別議題（認知面向）

　　多元化性別議題有助於拓展性別視野，進而促進主動關注及思考性別相關議題。期末回饋中回答最多的是「深入理解更多性別議題」，由此可知，學生們在議題式的課程內容以及期末的多元主題省思分享中，的確對性別議題有更多元也更深入的理解。

　　圖二乃各學期期末省思分享主題的分配狀況。除課程設計之議題外，教師隨時在課堂或Portal上引進相關性別事件，學生的期末省思分享主題也擴展了性別的思考角度，分享主題主要包含同性戀、多元性別、多元成家、性別角色與刻板印象、性別歧視與不平等、性別與工作、性別教育、性騷擾與性侵害、性別暴力、性別與生育、家務分工、宗教族群與性別、習俗文化、媒體與性別等。還包含性別與法律、空間、休閒、運動、消費、科技、動漫，以及母性、物化女性、慰安婦、公娼等其他主題。開課初期同性戀及多元性別主題的報告比

例過高現象在課程調整後該比例已降低，報告主題也越趨多元化。顯示學生已能從生活中的不同角度及面向觀察並思考性別議題。

　　許多期末省思分享依據都是學生自身的生活觀察及經驗，顯示學生已經具備以性別觀點檢視社會現象的能力，學生也主動關注並探討課程規劃以外之性別議題，有效延伸多元化性別議題的探究，達到本課程設定的－(1) 使學生具有從性別觀點敏銳覺察並省思社會生活環境中各種現象之能力；(2) 使學生能透過性別視框，理解並關注多元族群的性別處境等兩項教學目標。

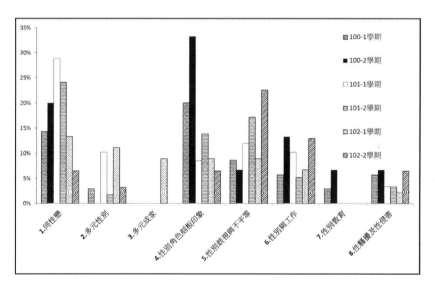

注：由於100-2學期為分組報告形式，因此主題數較少外，其他學期皆
　　為個人報告形式

圖二　各學期期末省思分享主題

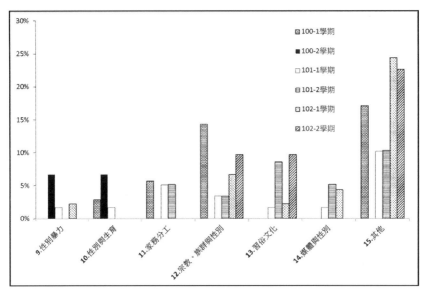

圖二（續）　各學期期末省思分享主題

（二）學生能以多元觀點思考性別議題（認知、情意面向）

　　學生能透過課程以及分享可以得知不同性別角色、立場、種族文化等在性別議題中的差別待遇，得以站在不同角度以同理心重新思考生活中的各種性別現象。

　　本課程透過課堂討論及分享，讓學生了解彼此的想法，就如學生提到：「上課的時候老師還常常給我們討論，讓我們發表自己的想法，更可以幫助了解性別的相關議題」（工管一劉同學）；「平常較少跟男生討論性別議題，藉由期末報告的省思也讓我聽到了一些男生對性別議題的看法，也算是一大收穫」（社政四林同學）；「這學期我聽到了很多不同的聲音，也使我了解到世界上有許多的性別，許多種人」（資傳二張同學）。

　　碰撞後才會產生火花，唯有透過相互對話，才能更了解彼此的想法。在課堂激烈的辯論中，不同立場雖然難以達成共識，至少能讓學生接觸到多元的想法，也有跳脫傳統思維的可能性。然而，在性別課程的課堂互動中，教師究竟應該具備何種角色?在要求學生必須省思的同時，身為教師也應該持續反思。性別課程的核心在於尊重，包含自己及他人，因此課堂上每個人的意見都必須受到尊重。學生在課堂上表達不同於教師想法時，學生的主體性應被認真對待及尊重（Gardner, Dean, & McKaig, 1989）。然而明明是性別歧視的發言，由於教師地位的權威之故，無法暢所欲言，必須一面接納學生的想法，進行適度引導，更理想的方式是激發學生間自主性的論辯。要壓抑當下的情緒感受，以接納方式對待所有發言，其困難度極高，不過越是困難，其成果越豐碩。有一次上課時，由於實在無法忍受學生性別歧視的言論，又基於教師身分難以直接指責，因此當下以舉手表決方式尋求群體認同。當我意識到在課堂上我試圖使用身為教師的優勢，以投票方式來說服學生是一種壓迫行為時，我立刻在Portal討論區承認自己的錯誤，而學生也給予正面的回應（圖三）。真正的學習不在於教師教了些什麼，而是教師如何建構能完全接納學生的安全環境，讓學生在自發性的討論中，重新思考及歸納想法，這就是學生在Portal回應時寫到「翻轉教室」。如同另一位學生所言：「我覺得老師在批判性思考上給人很多幫助」（中語一黃同學），合宜的教師角色可引導學生透過批判思考重新理解其生活經驗以及社會中的性別議題，透過重新觀看與詮釋建構學生自己的知識。

　　學生們透過想法的交流與價值觀的碰撞，對性別議題有更多元且深入的思考，達到本課程設定的－(1) 使學生具有從性別觀點敏銳覺察並省思社會生活環境中各種現象之能力；(2) 使學生能透過性別視框，理解並關注多元族群的性別處境等兩項教學目標。

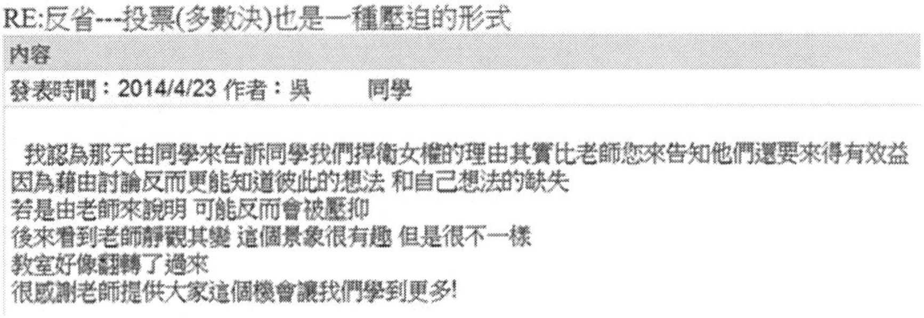

RE:反省---投票(多數決)也是一種壓迫的形式

內容

發表時間：2014/4/23 作者：吳　　同學

我認為那天由同學來告訴同學我們捍衛女權的理由其實比老師您來告知他們還要來得有效益
因為藉由討論反而更能知道彼此的想法 和自己想法的缺失
若是由老師來說明 可能反而會被壓抑
後來看到老師靜觀其變 這個景象很有趣 但是很不一樣
教室好像翻轉了過來
很感謝老師提供大家這個機會讓我們學到更多!

圖三　Portal討論區的學生回應

（三）學生能察覺社會中的性別不平等（情意面向）

透過性別議題的課程與討論，學生開始注意到生活中的各種性別現象，進而能「察覺社會中的性別不平等」。如陳學生提到的:「原來，在我們生活周遭，有那麼多不平等或刻板存在，這些細微之處，是我在平常都沒注意的」（中語一陳同學）。

如圖一所示，學期末回饋中回答能「察覺社會中的性別不平等」者以102-2學期最多，高達45.8%。這是因為在該學期後半段的課程中，學生們對於「性別不平等」有不同的解讀，因此不僅在課堂上有數次激烈的辯論，也透過Portal發表不同意見，所以學生們對於「性別不平等」有更多的思考，達到本課程設定的－(1) 使學生具有從性別觀點敏銳覺察並省思社會生活環境中各種現象之能力；(2) 使學生能透過性別視框，理解並關注多元族群的性別處境等兩項教學目標。

（四）學生能思考化為行動（技能面向）

學生期末回饋中回答數次高的是「思考化為行動」，也就是說學生主動提出性別平等的策略，同時也自我勉勵從「尊重」自己及他人

做起。也有男學生以家務分工為例提到，原以為家事是女人的事，上課後察覺家務是必須大家共同分擔，因此改變對家務工作的消極態度。學生也提到透過課程關注到多元性別議題，消除了原本對於多元性別的偏見，「同性戀方面，在這之前我必須誠實的說，我（有一點）只是口頭上的支持他們，並不是真心全力的，而在了解了很多這方面的議題、省思，我的態度轉變很大，我甚至會願意去參加為他們爭取權益的活動」（資傳三楊同學），甚至促使學生自發性地參加同志大遊行（管院三鍾同學；資傳二邱同學、柏同學、冀同學）。

　　「尊重」是經常使用的詞句，然而在歷經性別教育的洗禮後體會出的「尊重」，有其深刻的意涵。「尊重」須先從自身做起，如同資管三方同學所言：「不管是當男生或是女生，做一個自信開心的人比較重要。」然而，透過課程學生也學習到如何「尊重」他人，化材一黃同學提到：「經過這堂課後，我驚覺在之前的行為中有許多性騷擾和性別歧視及刻板印象。對於之前的我種種無知，讓我羞愧不已。」本課程讓學生有機會重新檢視自己的行為，並成為改變的契機，達到本課程設定的三項教學目標。

（五）課程Portal運用成效

　　本課程運用Portal學習系統（圖四）有效提高課堂外的課程參與率（表二）。課程規定期末省思分享報告內容必須事先上傳至Portal討論區公開分享，以便教師隨時核閱並提供意見。較積極的學生會提早上傳，再依建議進行修正，也曾有學生前後大幅修改達四次之多。由於指導過程皆在Portal上公開，因此其他學生也可以藉由他人報告的修正經驗，更清楚掌握報告書寫的方式及重點。如上所示，由於課程設計使得學生除上課外必須經常透過課程Portal掌握課程進程並上傳學習成果，因此依據表二課程Portal的紀錄，本課程開設六學期以來，由於每

學期修課人數不同及課程進行方式調整之故，Portal討論區平均每人瀏覽次數為44.6次（30.1次至73.3次），整體而言學生課外時間的課程參與率相當高。在回應次數部分平均每人回應次數為3.5次（1.6次至6. 3次），可見本課程善加利用Portal討論區的功能，已有效提升學生課堂外時間的課程參與，並拓展學習的時間與空間。

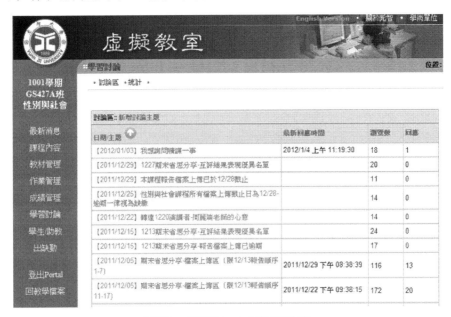

圖四　課程Portal學習系統

表二　課程Portal運用成效

			性別與社會課程Portal討論區使用統計			
學期	班別	修課人數	總瀏覽次數	平均每人瀏覽次數	總回應次數	平均每人回應次數
100-1	A	41	3152	76.9	271	6.3
100-2	A	14	733	52.4	44	3.1
	B	61	2773	45.5	100	1.6
101-1	A	40	1386	34.7	121	3.0
	B	37	1430	38.6	131	3.5
101-2	A	64	2695	42.1	271	4.2
102-1	A	56	2039	36.4	159	2.8
102-2	A	37	1112	30.1	141	3.8
平均		43.8		44.6		3.5

五、結語

　　曾有學生的期末省思報告內容竟是性騷擾事件的自我檢討，學生坦承透過課程才了解原來自己的作為已經構成性騷擾，學生相當有勇氣地進行自我檢視，在學生間的互評中也得到正面的肯定。像這樣課堂的知識與生命經驗的結合，進而促進自我反思，正是最珍貴的教育學習歷程。

　　本課程的實施成效充分顯示通識教育課程與生活息息相關的實務層面，也顯示通識課程是值得投入學習的課程。透過本課程的實施經

驗相信能建立學生修習通識課程的正確態度，希望能更進一步影響到學生整體性的學習以及生活態度。

　　一向被學生定義為「營養」學分的通識課程，雖然學生參與及投入意願並不高，即使如此，身為教師仍需兢兢業業地面對每一次的教學。如同工管一簡同學所言：「平時上課，雖然有時不喜歡該次的主題，不過，老師總是會給些小故事，或影片來把失神的我們給拉回來。」上課時總是得使盡渾身招數，讓學生注意力集中，雖然通識課程挑戰連連，然而在獲得學生正面回饋時，就是最好的回報。

　　一門課的完整性需要數年的時間建構，本課程歷經六學期與修課學生的共同努力才有今日的成效。然而，今後仍將持續性地檢視課程，透過課程實施狀況分析以及學生的回饋，以課程評鑑精神持續進行課程的檢視修正，希望課程設計在符合課程目標的同時，能更貼近學生的需求，進而建構更臻理想的性別通識課程。

參考文獻

1. 毛萬儀（2002）。《幼兒性教育》。台北：啟英文化。

2. 邱珍琬（2012）。〈批判思考與教學——以南部大學生為例〉。《彰化師大教育學報》，第22卷，頁73-96。

3. Gardner, S., Dean, C., & McKaig, D. (1989). Responding to differences in the classroom: The politics of knowledge, class, and sexuality. Sociology of Education, 62(1), 64-74.

附錄——課程指定閱讀書目

1. 朱侃如譯（1997）。《女性主義（思潮大師經典漫畫）》。台北：立緒文化。

2. 劉清彥譯（2006）。《我做得到》。台北：天下雜誌。

3. 行政院主計總處（2011-2014）。2011-2014年性別圖像。

4. 黃淑玲、游美惠主編（2007）。《性別向度與台灣社會》。台北：巨流圖書。

5. 畢恆達（2004）。《空間就是性別》。台北：心靈工坊。

6 「台大校園空間性別總體檢」建議報告書（1999）。
http://140.112.40.4/WebUsers/hdbih/%A4p%B2%A6%AA%BA%BA
%F4%AF%B8%A4%E5%A6r/%A5x%A4j%AA%C5%B6%A1%C5%
E9%C0%CB%B3%F8%A7i.doc

7. 蘇芊玲主編（2005）。《大年初一回娘家》。台北：女書文化。

「水圳開拓與文化發展」
課程經營模式

林煒舒

元智大學通識教學部

一、課程理念與目標

（一）課程理念

　　水圳是臺灣島的微血管，埤塘則是島嶼的腎肺；「陂圳埤塘」系統構成臺灣島嶼的生存命脈。或許是無知，或許是教育出了問題，臺灣人正在逐步毀棄「陂圳埤塘」，不自覺間形成規模越益增長的環境災難。最近為人所熟知的大型環境災難，以2009年8月因為莫拉克颱風而發生的「八八水災」為最。「八八水災」所造成嚴重的淹水、山崩與土石流，讓位於高雄甲仙小林村遭到土石掩埋滅村，足資為環境災難史借鏡。

　　藉此，我們的課程設計理念繫於三個問題意識，因而在課堂設計上，所有內容皆環繞於此而設計，而執行。課程所期望則僅僅在，修課學生於修習後能夠清楚的知曉「陂圳埤塘」在臺灣的開發史與臺灣文化的形成歷程上，具有那些深遠而重大的影響。透過課程所設計的活動，可以清楚的從自己的眼、手、耳，去撫觸、去感覺「陂圳埤

塘」系統對臺灣土地的深刻印記與影響軌跡。

問題意識一：臺灣被稱為「水圳之島」，為何人們反而對水圳的功能極為陌生？

人類文明誕生於大河沿岸，西亞、埃及、印度、中國等四大古文明莫不如此。臺灣文化究竟是與溪河較親暱，還是和海洋相通融？或許我們可以說：原住民族屬於山林、海洋的文明，閩客漢人則為埤圳文明。臺灣堪稱「水圳之島」，四百年來經歷荷治、鄭治、清治、日治、民國時期，總共開拓水圳60,553條，圳道41,397公里，足可繞地球一周；每年截留129億噸水，滋養60萬公頃土地（王萬邦，2003：10）。水圳系統遍布臺灣各地，一般人卻無法判斷「排水」系統和「水圳」的差異，究竟為何那樣地陌生？水圳滋養著土地，讓缺水的島國，呈現出勃然生氣。引自山林的水圳水，蓄下七成以上的水資源，灌溉著平原、臺地與丘陵，也養活了2,300萬人。由於城市化、工業化的影響，水圳的生命與樣貌，也正起著極重要的變化，並承擔起發展與經濟成長的重責。水圳對臺灣的發展貢獻極大，然而必須要審思的是，我們曾經善待過這些臺灣的「微血管」？今天環境災難不斷，難道和這些「微血管」被破壞沒有絲毫的關係？

問題意識二：漢人開拓埤圳的歷史經驗，與原住民族所承受者，為何如此不同？

雖然住在同一個島嶼上，原住民族與漢人的歷史經驗卻不盡相同。為了建造桃園大圳與嘉南大圳，確保南北兩大水源地的安全，劉銘傳與佐久間相繼對居住在淡水河與濁水溪源頭的原住民族，發動一系列的戰爭。因此，我們必須懷疑被漢人大力讚揚的「民族英雄」劉銘傳，對於原住民族而言，是否具有同樣的歷史地位？由於位處東西

洋交匯之處，臺灣非但成為南島民族的祖居之地，在南來北往的殖民統治歷史裡，也留下頗為豐厚的文化遺產。由於地理條件的先天缺陷，加上歷來的帝國主義統治者，旨在以劫奪臺灣的天然資源為首要之務，因此自大陸遷移進入的漢族移民，被冠上「福爾摩莎唯一能釀蜜的蜂種」（歐陽泰，2007：296），要養活這個「蜂種」，進而創造經濟性作物的資源，自然必須開拓大量的水圳，也必然要對居住在水源地，山林裡的原住民族發動侵奪土地的戰爭。今天我們在歌詠荷蘭、鄭氏、清朝、日本等帝國殖民者開拓大量的水圳，灌溉眾多曾經荒蕪土地的業績之際，是否也應該重新審視，被掠奪水源、土地的原住民族內心的觀感與想法？

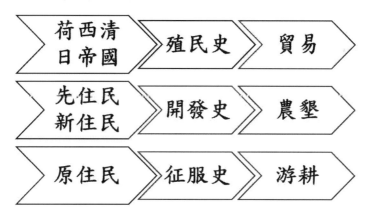

圖一　課程設計主要理念

說明：課程設計主要的理念，係從曾在臺灣的土地上生活，且對陂圳埤塘開發具有貢獻的原住民、先住民、殖民者、新住民的角度，探討臺灣的開發與文化發展歷程。

**問題意識三：「陂圳埤塘」在各地透過不同族群分布、歷史發展等，
產生那些值得關懷的、具備獨特性的區域文化？**

臺灣的版圖並不大，卻由於地理位置的關係，歷史因而龐雜，文
化體系因此而多元，尤其區域範圍的文化發展更可觀。七腳川事件之
後，日本殖民者佔據了南勢阿美人世代祖居之地，除相繼開拓吉野大
圳、關山大圳、卑南大圳等水圳，將原住民族的獵場變成耕地，並將
日本的農民遷入安置，創造了吉野、豐田、林田等三大移民村的傳
奇。1949年後，政府在桃園大圳、石門大圳灌溉區內，安置一批從
「異域」來的穆斯林，從而產生屬於在地形式的、具有擺夷文化樣貌
的伊斯蘭信仰、飲食、生活。清治時期施世榜在彰化平原開發八堡
圳，彰化成為臺灣的米倉，讓鹿港成為重要的米糧輸出港，更豐富了
閩南文化的內涵。獅子頭圳的開拓，讓美濃小鎮的客家文化風采，能
夠保存，成為臺灣文化一個著名的特色，也創造出本土十大小鎮的名
銜。區域歷史發展所產生的代表性文化現象，正是課程探討的核心課
題。

（二）課程目標

「史家技藝」是亙古迄今的史學重要課題，「歷史想像」能力為
其核心，「博雅」則是培養歷史想像能力的基礎。須知能從如同「恆
河沙數」般的史事之中，淘選具備「優雅」特質的歷史事件，則是歷
史學的責任。欣賞優雅的事物，是人類生而具有的本能，然而博雅的
史觀則有賴於逐步浸潤、培成。我們企盼能運用適切導引，令學生能
具有「歷史想像」能力，將課堂上講授的水圳開拓史，透過思索、探
討，逐步建立豐富的想像能力，並擁有屬於自己的博雅知識。並以此
能力為基礎，持續檢視與臺灣文化發展歷程相關的史事，讓修課者對
「陂圳埤塘」、「水圳開拓」、「水圳文化」等議題與課題，有更加

深入的認識。

　　臺灣史為現今東亞史學研究上，不可忽視的一環。任何一個國家、民族的歷史書寫、歷史想像，其重心都在於人，所謂「人之所在，而萬事出」，因此歷史學的堂奧則在於人事，從而歷史敘事與歷史解釋兩大歷史要素，則為課堂論述的核心。處在東亞文明東西交流、南北匯萃地位的臺灣，不能僅僅悲歡自身的近代史，更必須前瞻東亞史。課程運用開拓議題的方式，設計導入「議題研討」、「課題研討」、「專題講座」、「參訪研習」等切合生活的學習主題，從課程的設計上，瞭解水圳、山林保護對於涵養土地的重要性，進而培育生態倫理意念的建構。

二、課程內容與教學設計

（一）教學期程

　　課程按照學校課程的運作，設計在每一次的課堂上，都運用ppt設計三個問題意識，課程的講授也都在問題意識的提點下，逐步進行剖析與講解。透過問題意識的提點，學生能更加深入課程的核心，因此問題意識提示在每個學期，都會不斷的修正，也將一些與水資源運用、「陂圳埤塘」相關的時事，安插到課程的問題意識之中（表一）。透過這樣的操作，希望讓課程內容透析到修課者的心靈。

表一　課程期程表

週次	課程內容
第1週	「陂圳埤塘」與臺灣的生命力 1. 課程整體介紹與報告分組 2. 圳埤如何滋養臺灣的土地？區域文化發展的特殊與代表為何？
第2週	臺灣與水──地理與水文 1. 為何降水名列世界前矛，依然如此的缺水？ 2. 水資源的開發歷程，對於在地文化發展的影響？
第3週	征服水源──開山撫番與理蕃 1. 開山與理蕃，都是帝國入侵與殖民？ 2. 這一頁埤圳開發史，產生漢人的民族英雄，卻是原住民的苦難
第4週	千埤連圳──桃園大圳 1. 北臺灣最重要的水圳是如何開發？ 2. 大圳擁有那些特殊的文化發展現象？
第5週	烏山奔流──嘉南大圳 1. 八田與一對水圳現代化發展的貢獻？ 2. 大圳如何改變土地與臺灣發展的方向？
第6週	「水圳與文化發展」講座 1. 水圳與地域社會形成的關係 2. 圳埤與區域文化發展的連結

週次	課程內容
第7週	「臺灣文化發展」參訪研習 1. 參訪桃園境內各族群代表性文化景觀 2. 圳埤在桃園文化發展上的地位
第8週	南臺灣水圳開拓與文化發展課題報告 1. 學生報告南臺灣具代表性圳埤與文化現象 2. 課堂進行對談與課題探討
第9週	北臺灣水圳開拓與文化發展課題報告 1. 學生報告北臺灣具代表性圳埤與文化現象 2. 課堂進行對談與課題探討
第10週	百年孤寂——吉野大圳 1. 消失百年的撒奇萊雅族，從滅族到復興的歷程？ 2. 七腳川的土地上，如何形成豐富多元的移民文化？
第11週	「陂圳埤塘」開拓參訪研習 1. 桃園大圳與區域內的景觀埤塘，為課程的主要參訪景點 2. 參訪前會安排介紹相關景點的課程
第12週	伊斯蘭與石門大圳 1. 結合柏楊《異域》探討1949大變局下，伊斯蘭信仰來臺歷程 2. 大圳開發與雲南文化的結合，豐富陂圳埤塘的內涵
第13週	「水圳開拓」講座 1. 以嘉南大圳的開發做為講座主軸 2. 八田與一的崇拜在臺灣為何如斯興盛？

週次	課程內容
第14週	伯公信仰與獅子頭圳 1. 美濃在客家文化的代表與重要性 2. 水圳埤塘在客家文化的位置
第15週	閩南文化與八堡圳 1. 彰化是當今臺灣閩南文明的代表區域 2. 八堡圳在閩南文明的重要性
第16週	日本移民村與吉安大圳 1. 吉安與後山區域獨特的歷史發展 2. 日本移民村在後山所形成的文化景觀
第17週	中臺灣水圳開拓與文化發展課題報告 1. 學生報告中臺灣具代表性圳埤與文化現象 2. 課堂進行對談與課題探討
第18週	東臺灣水圳開拓與文化發展課題報告 1. 學生報告東臺灣具代表性圳埤與文化現象 2. 課堂進行對談與課題探討

（二）教學設計

1. 課堂教授

　　水資源匱乏的課題，近來在公民意識覺醒，環保議題日益受到重視的狀況下，逐漸成為公民關注的課題。雖然在全島十七個農田水利會的有效調度下，臺灣的水資源調度頗為成功，然而我們的水資源使

用卻存在種種亟待克服的難題。① 因此課程從「水資源」及「地理
環境」兩個範疇開始進行探討，逐漸延伸到幾個大型的水圳與埤塘系
統，然後再運用個案研討的方式，討論與埤圳相關聯的臺灣文化，認
識大家已經很陌生的臺灣發展歷程。

說來也很荒謬，水圳開拓是屬於漢人農墾社會，極為重要的一
環，自荷治至今的開發史，究其實質，就是一部水圳開發史，然而現
在的學生，對於圳埤卻生疏之至，這可以說是拜戰後至今的工業化所
賜。課程首要在於建立他們認識水資源現況、水資源管理、地理對水
資源的影響、環境生態與水資源保護等課題，從此一方面的視角切
入，是希望喚起水資源保育的意識。

臺灣是世界上最欠缺水資源的國家，同時也是世界上降水最多的
國家之一，受限於臺灣地理環境的獨特性，降下來的雨水根本留不下
來，因此兩種矛盾衝突的現象，一起存在臺灣島上（林建村、李源
泉、陳信雄編著，2013：181-185）。臺灣島超過六成以上面積，都是
山地、丘陵，真正能運用的平原地域不足三成。尤其在不足四萬平方
公里的土地上，竟然擁有超逾260座三千公尺以上的高山，這種地理環
境可謂為世所罕見。由於高山林立，溪流短淺，因此我們必須體認到
臺灣地理環境與水資源調節的嚴苛，也教育學生能有效節約用水。

桃園大圳系列是課程的重心，元智大學處於桃園、中壢與八德交
界，因而課程的整體設計必然融入臺地上最重要的地景，壯麗的桃園
大圳、埤塘與豐富多彩的中壢文化，就成為我們希望學生認同在地文
化的主軸，更何況大圳又是北臺灣史上聲名卓著的宏偉工程（牧隆

① 在臺灣傳統的農業社會中，農田水利事業的開發牽引了農業社會政治、經濟及文化
的發展方向，因此，在以農業生產為主要經濟活動之時期，農田水利組織負有推動
農業生產、繁榮農村社會及安定農村秩序之功能，在臺灣的開發過程中具有重要地
位（林建村、李源泉、陳信雄編著，2013：125）。

泰，1944：51）。大圳與埤塘的串連，構成獨特之至的地理景觀，本
地、外縣市到此地求學的學子，透過課程的探討，都能產生在地的認
同感，這些都是課程亟欲傳達的概念。

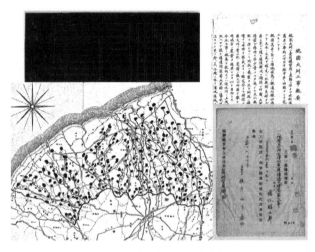

圖二　課程運用史料

說明：課程內容涉及水圳在臺灣的建設與開發歷程，因此使用大量的
　　　史料向學生進行解說。

臺灣埤塘分佈的密度，首推桃園臺地，其中主要集中在中壢、龍
潭、桃園、新屋、觀音、楊梅等七個鄉鎮市，稱此一地景則有「陂、
埤、坡、湖」四種用語，極少數區域稱為「崛」（陳其澎，2005：
34）②。尤其必須釐清一個重要的問題意識，也是至今為止廣泛受誤
解的觀念：桃園埤塘是自然形成的地理景觀。大部分人都會不自覺的
認定，桃園埤塘是自然環境所形成，然而此一概念厥為嚴重的誤讀。

---

② 中壢、龍潭附近稱「陂」，大園附近、南崁以西用「埤」，南崁溪以東、新屋附近
　用「坡」，楊梅與湖口間用「湖」。

桃園境內的埤塘，數量曾多達八千口以上（桃園水利組合，1937：3），然而每一口埤塘，都是自康熙中葉開始，拓墾先民一鑿一鏟，揮汗挖掘而成。先民之所以必須掘鑿埤塘，係因桃園臺地原為古大嵙崁溪的出海口三角洲，其後發生臺灣地質史上最大規模的劫奪效應，改道北向，造成臺地的水源斷絕。因而到此地拓墾的先民所面對的首要問題即為「水源嚴重不足」，遂不得不大量挖鑿埤塘，以圖能保存降水，這是埤塘形成的真正原因（傅寶玉，2007:13-19）。

桃園埤塘的保存，對於面對溫室效應狀態下，必須減少暖化趨勢的臺灣而言，是先人留給今人極為重要的無價資產（臺灣省桃園農田水利會，2009：5）。埤塘的生態多樣性，是原生物種保護的珍寶。今天政府亟思令桃園埤塘成為「世界遺產」，然而面對一波接一波的開發浩劫，高房價下填埤塘進行造鎮，已經填到快要滅絕的埤塘，還有多少口埤塘能留到登錄「世界遺產名錄」（World Heritage List）？這些都是課程之中，必須讓大家瞭解的埤塘現狀。

中壢是臺灣島族群、文化、歷史發展最多元的區域城市之一，這是我們在開發此一課程時，逐步發現的重要現象。須知土地不只是共同的資源，更是文化認同的基礎（萊撒 阿給佑，2012：131），聊可欣慰的，中壢仍然保存豐富的客家、穆斯林、閩南、原住民等文化現象，以及米食、糖業、軍事、水利等景觀。我們在課程操作上，是運用歷史上的「中壢郡」，作為中壢區域的範圍。新竹州中壢郡的範圍包含現在的南桃園區域，此一課程目前已開發出九個課題，其後將逐步開發新的項目。

另一個重要的課程為「嘉南大圳」。為什麼要興建在1930年代完工時，亞洲最大水利工程的嘉南大圳與烏山頭水庫呢？明治維新後，日本國內產業逐漸轉向以工業為主，自1901年後每年都發生米糧不足現象，由於米糧的自給率不足，因此日本政府責成臺灣總督府，必須

協助中央政府穩定糧食的供應，嘉南大圳興建計畫遂得以形成（陳鴻圖，2009b：89）。「對『水』的強力控制，操縱農業的發展，是日治重要的特徵之一。」（矢內原忠雄，1929：314）中低價位的臺灣米，對於日本國內米市場在青黃不接的5月至7月之間，形成補充與降低糧價的作用（涂照彥，2003：97-99）。嘉南大圳的興建經費高達6,600萬圓，工期長達十年，也是臺灣史上最壯觀的水利工程，興建期間發生關東大地震，日本政府將大部分資源調往災區，工程因而延宕（陳正美，2009：255）。由於魏德聖的《KANO》恰恰在開課的第一個學期上映，從而替課程做出最優質的宣傳。

課堂教授全程採用power point，每堂課都要求分配撰寫課堂報告。大部分學生的地理、歷史都算差，因為元智是理工、資訊為主力的學校，在講授時摻拌部分水圳的建築與運作知識。課堂上也普遍反應，所講授的圳埤基礎知識，都是採用深入探討的方式，因此願意努力撰寫報告。在整個學期的課堂報告上，頗有多篇優良的作品，能夠達到基本的課堂要求。

課程希望能夠培養修課者具有「歷史想像」的能力，經過學期裡的操作、磨練後，從課堂報告裡，可以看到有一些初步的成效。我們所附上的反饋意見，從中能讀到修習者已經開始跳脫以往國中、高中，以及大學制式化的歷史課程，思索以「陂圳埤塘」開拓歷程所建構的臺灣史，進而體會課堂上所講授的資料，感受到在島嶼上無所不在圳埤的重要性。

2. 研習參訪

在課堂上講授影響桃園的埤塘與大圳開拓歷程，讓講臺下對於「陂圳埤塘」與臺灣開發史的連結，具有初步領會之後，我們希望能進一步的走出課堂，到事件現場探訪。課程除了獲得教育部公民核心

能力課程計畫的補助款，也與教學卓越計畫充分合作，因此每個學期都維持三場參訪。

參訪地點選擇，以特殊性為考量重心。泰雅原鄉、賽夏祭場的原生文化，平安鎮客家、桃仔園閩南的先住民文化，異域伊斯蘭、擺夷的新住民文化，都逐步設計在參訪研習的行程裡。到歷史事件發生的土地，呼吸那裡的空氣，如此的訓練方式，希望能培養同學被從小到大的考試所抹滅，喚起「想像能力」的靈魂。這種能力的培養，可以是歷史性格、地理性格、物理性格、科技性格等等的能力，也是臺灣學生最欠缺的能力。

以已執行的一場參訪而論，或許可以獲悉學生從中學到什麼？在課堂講授時，聽講者必須先認知到，歷代的統治政權為了掌控、開發水源地，對原住民族發動一系列戰爭，其中最慘烈的就是在角板山附近，由劉銘傳與佐久間左馬太發動的「大嵙崁戰役」。因此選擇後慈湖、角板山、羅浮等景點，做為參訪主要標的，除了此處是桃園大圳水源地，也希望學生能藉此瞭解泰雅原鄉的歷史文化。

「泰雅文化」是桃園縣豐饒、多元的文化發展現象之中，最富在地意涵。泰雅原鄉所在地，是關乎臺灣三分之一人口生存的水源重地。現在的慈湖區域，原為泰雅獵場；角板山原名比亞山（Pyasan），是泰雅文化的重鎮。今日從桃園、臺北開車到此一區域，僅需使用一小時左右的行程，課程安排參訪此地，原意為讓參與者體會，漢人為了開墾所需的水源，自古芝芭里拓墾到角板山，耗費長達三百年時光，犧牲無以計數的泰雅、平埔、漢人，才達到今日原、漢之間和平相處局面。我們希望參與者能連結想像，泰雅與水資源保護的課題，進而產生為臺灣的水資源與環境保護，盡一分心力的想法。

從李依陵的報告內容，約略可窺見他們究竟能夠學到什麼：「一

圖三　參訪研習活動海報

開始到了角板山公園，我們便沿著溪口步道徒步沿著指標立牌往下坡階梯行走，費了很多功夫，走得膝蓋發軟，終於到了溪口吊橋。到了底部的溪口吊橋，真正的挑戰才正要開始，我們通識課的同學們克服了懼高症、吊橋的猛烈搖晃等等的恐懼，終於到達了吊橋的另一方。被丘陵環繞的景觀，以及河中的沙洲，沿途的風景非常壯麗，讓人暫時忘了恐懼。」溪口吊橋的寬度僅僅一塊木板，約不足一公尺，距離大漢溪的水面高度則近百公尺。課程安排這項行程，原意是要讓大家親身感受山區原住民族每天都要行走的交通型式；當在橋上呼吸，凝眸眺望溪口台周邊的山林、溪河，腳下所踏處，僅一塊木板，彷彿置身凌霄虛空之上。相信這一趟行程，將是終身難忘的感動。

為了讓學生能夠體認客閩文化在桃園的發展，課程設計了「平安鎮、桃仔園客閩文化探索旅程」。桃園東勢庄擁有北臺灣原味十足的客家文化，桃園景福宮則是閩式祠廟文化的重鎮，桃園神社則是日本本土以外唯一完整保存的神社，因而規劃探討桃園在地閩客文化的行程，希望藉著所規畫的探索路線，串連深具客閩文史意義的廟宇、祠

堂、水圳、埤塘，讓他們能更加瞭解自己生長的家鄉，更貼近在地的人文之美。對元智的教師與同學而言，這些參訪景點都具有相當的新意，在宣傳效果上效果顯著。

3. 專題演講

　　課程第一個學期設定以圳埤開發與文化發展交錯影響的方式，進行專題演講設計的主軸。首場演講邀請當代臺灣客家文化研究的先驅學者之一、我國第一所客家文化研究所創立參與者—吳學明教授，進行「水圳與地域社會」的講授。第二場則邀請當代臺灣研究嘉南大圳重要的學者－陳鴻圖教授，進行「八田與一與嘉南大圳」專題講授。課程所延請講座的學術地位與演講品質都極優質，凡到場聽講的教師與學生們普遍反響都認為，從演講之中得到豐富的知識。講座教授除了知識性的傳授之外，也走下講臺進行許多的互動。吳教授不斷的拋出議題，讓聽講者不停地思考。阿圖教授更提出眾多社會人士經常誤解的嘉南大圳課題，讓聽講者接收到正確的知識，不致於被媒體、電影錯誤的歷史所誤導。

　　吳教授縱貫全場的演講，係以「水」為主軸，並貫串眾多關於客家人的歷史、文化，其中讓在座180位老師、學生印象最深刻的，是他曾提出一個重要的問題意識：在桃園有很多人，為什麼既是客家人又是閩南人？與他互動的姜穎憲認為，曾聽到家人說客家人都稱自己Hak-kâ人，閩南人則自稱為Hô-ló人，然而在以前的臺灣還不像現在一樣，過去的臺灣人可能彼此都會對自己以及他人是屬於哪裡的人很在意，在桃園更是如此。因為桃園是一個多文化的生活圈，彼此聯姻後，客家、閩南與凱達格蘭人都難以區分了，這種民族生活圈重疊，最後彼此聯姻而產生結合文化，同時也是現代臺灣文化的內涵。

圖四　「八田與一與嘉南大圳」演講會現場

說明：此次演講的舉辦，因恰逢《KANO》的上映與宣傳，參與學生
　　　的發問踴躍。

　　　阿圖教授在演講開始先播一段《KANO》片段，然後解釋片中的
八田與一和嘉農棒球隊在實際上沒有密切的關係，卻擁有相同信念，
就是堅持到底的精神。臺灣是高山島，地形狹窄，縱使降雨量世界第
二，仍然無法留住水源，因而甲午戰後，接收臺灣的殖民政府立即發
現臺灣水資源問題，迫切需要解決。第四任臺灣總督兒玉源太郎曾
說：如果可以將嘉南平原的缺水問題解決，不僅可讓原來的收穫面積
增為三倍，人民飽食三餐，多餘的農作甚至還可以輸出國外。其後，
水圳建設則為日本進行戰爭的補給來源。

　　　他也認為現今許多書本、電影、動畫以及漫畫都有神化八田與一
的現象，其實八田只是領命於政府，做好自己份內的事。然而，八田
為何有著如此優良的形象？他是個多做事不願多說話性格的工程師，
不僅允許工人攜家眷居住到工地，設置了網球場、游泳池、電影等休

閘設施，更創辦學校，使得偏遠山區的烏山頭變成家園（古川勝三，
2012：160-164）。嘉南大圳完工後，不但讓農民們逐漸富裕，也帶動
了臺灣整體的經濟成長。阿圖教授感歎，臺灣在農業政策上放棄得太
快，像現在桃園每逢大雨便容易淹水，原本八千口埤塘，如今僅剩不
足四分之一。我國在發展科技產業的方向固然重要，然而一定要讓工
業廠房大量侵佔農業使用的沃壤嗎？這些都是阿圖教授帶給大家，值
得一再審思的課題。

4. 課題研討

（1）102-2學期課題研究討論會

　　課程設定以課題研討作為分組報告模式，並設定八組八個課題，
每組的個別組員分工，包括上臺報告、資料搜集與研讀、課題解析等
都明確界定。在102-2學期的課題內容分成南、北、中、東臺灣等四個
課題研討會模式，研討內容聚焦在「水圳開拓」與「文化發展」兩個
區塊，以符合課程主軸。課題題目的設定則涵括嘉南大圳、桃園觀音
的圳埤開發與文化模式，到宜蘭、臺東與相關的自然步道等課題進行
探討，從各個方面將圳埤為主體的臺灣歷史、文化，由學生自行去發
掘，並進行深入的探討。

　　A 南臺灣水圳開拓與文化發展。第一組題目：八田與一與嘉南大
　　　圳，指定書目：古川勝三《嘉南大圳之父：八田與一傳》。第
　　　二組題目：南臺灣的水庫與埤圳，指定閱讀：黃兆慧《台灣的
　　　水庫》。

　　B 北臺灣水圳開拓與文化發展。第三組報告題目：水圳與觀音的
　　　文化景觀，指定閱讀：莊文松《寶貝觀音》。第四組題目：大
　　　臺北地區的水圳發展，指定書目：王萬邦《台灣的古圳道》。

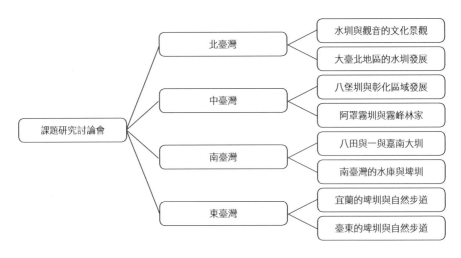

圖五　102-2學期課題研討題目

C 中臺灣水圳開拓與文化發展。第五組題目：阿罩霧圳與霧峰林家，參考書目：白棟樑、王輝煌〈阿罩霧圳春秋〉。第六組題目：八堡圳與彰化區域的發展，指定參考：陳水源〈八堡圳開築工程大功業〉。

D 東臺灣水圳開拓與文化發展。第七組題目：宜蘭的埤圳與自然步道，參考書目：黃育智《宜蘭自然步道100》。第八組題目：臺東的埤圳與自然步道，參考書目：謝桂禎、許裕苗《東台綠色林徑遊——臺東林區自然步道導覽》。

（2）103-1學期研究討論會

　　課程開設第二個學期的課題研討，採取的模式與第一個學期幾乎完全不相干。將埤圳的現代化相關理論，融溶到課程的方式，同樣採取八場研究討論會的方式，希望學生能從中學習到水圳與臺灣文化發展的理論。

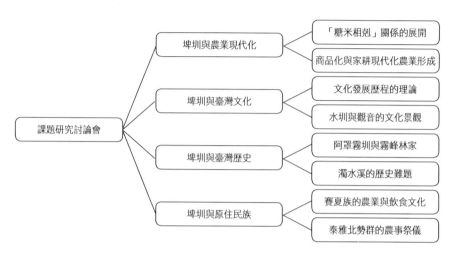

圖六 103-1學期課題研討題目

A「埤圳與農業現代化」研究討論會。第一組題目：「糖米相剋」關係的展開，研讀資料：涂照彥《日本帝國主義下的臺灣》。第二組題目：商品化與家庭耕作式現代化農業的形成，指定閱讀：柯志明《米糖相剋——日本殖民主義下臺灣的發展與從屬》。

B「埤圳與臺灣文化」研究討論會。第三組題目：文化發展歷程的理論，指定研讀：Spengler《西方的沒落》。第四組題目：水圳與觀音的文化景觀，研讀書目：莊文松《寶貝觀音》。

C「埤圳與臺灣歷史」研究討論會。第五組題目：阿罩霧圳與霧峰林家，研讀：白棟樑、王輝煌〈阿罩霧圳春秋〉。第六組題目：濁水溪的歷史難題，指定閱讀：張素玢《濁水溪三百年——歷史、社會、環境》。

D「埤圳與原住民族」研究討論會。第七組題目：賽夏族的農事與飲食文化，指定閱讀：趙正貴《賽夏族的歷史文化——傳

統與變遷》。第八組題目：泰雅族北勢群的農事祭儀，指定閱
讀：尤瑪‧達陸《泰雅族北勢群的農事祭儀》。

三、課程檢討與學生反饋

　　課程在計劃的運作與執行上，教學團隊所有成員都能緊密配合，
使課程能夠順利的進行。在與學生的互動中，我們發現雖然講臺下能
在老師和教學助理的引領之中，由對「陂圳埤塘」連一點基本概念都
沒有，從最基礎的概念開始逐步建構，逐漸能夠知道臺灣島嶼無處不
在的水圳、埤塘，對我們的歷史、文化、生活等所產生的深刻影響，
並逐漸認同臺灣人在經濟發展、開發至上的大纛高舉下，正在逐步毀
棄先祖辛勤開墾的「陂圳埤塘」。

　　從而連結到這樣的理論與概念：「空間的存在，其本身便是它
存在的原則，它存在於時間之外，脫離了時間，也脫離了生命。」
（Spengler, 1989:187）毀棄水圳、埤塘的同時，臺灣的環境災難也日益
頻繁緊密。毀棄與災難之間，其實呈現出一種相關聯的現象，這是課
程要引領的基本概念。如此的成果可以從馬瑞蓮的報告看到：「台灣
在農業政策上放棄得太快，像現在桃園每逢大雨便容易淹水，原本有
八千多口埤塘，如今只剩不到二成五。台灣在發展科技產業的方向固
然重要，但難道我們就要讓科技廠房占滿那一大片肥沃的土壤嗎？」
可見得在課程經營過程裡，反省反思的能力正在逐步建立。

　　然而，我們在每堂課程裡都要求講臺下必須提問題，由於課程所
涉及的面向與知識相當遼闊，其中包括水利工程基礎知識、環境生態
概念、臺灣開發歷程、原住民族文化、近代東亞歷史、水資源保育相
關資訊等，無所不包，因此雖然在課堂上收穫的知識相當豐富，但是
能夠吸收的部分，顯然極其有限。部分人所問的問題不是過於膚淺，

就是完全答不出來，其實這也是預期中的狀況。然而，課程的內容畢竟也引發部分人的思維，如馮沐恩就提出：「水圳可以結合地方文創，發展一些特色或是裝置藝術，而這些藝術也在提醒人們水資源的重要性。」能有這樣的反思，課堂的經營顯然有部分成效。

由於課程僅有十八週的時間，而在這麼短促的時間裡，辦理三場校外教學、三場演講活動，對於授課教師、教學助理和學生，在知識的向度與體能上，都是嚴苛的挑戰。授課教師在學期結束，期末成果報告後，就病了二個星期，也是由於教師與助理要挑戰如此頻繁的課程調度，也不能容許一絲絲的差池出現，精神、體能上的負荷相對沉重。

我們課程的論理基礎來自於「日本帝國主義的統治下的台灣殖民地經濟的特徵，不僅沒有滅絕，反而被戰後體制繼承下來」（涂照彥，2003：542），以及「歷史是永恆的生成變化過程，因而是永恆的未來；自然是已經生成的事物，因而屬於永恆的過去」（Spengler, 1989:381），「文化是所有過去和未來的世界歷史的基本現象」（Spengler, 1989:151）。這也是課程試圖將埤圳現代化與臺灣文化發展聯結的構想源起。《日本帝國主義下の台灣》主要闡述臺灣走向現代化的關鍵歷程，被認為是臺灣發展史的經典作品③。《西方的沒落》則是探討現代世界歷史與文化發展歷程的經典之作，因此課程設計將論述臺灣與世界的經典進行結合，讓學生不但能夠學習到臺灣現代化歷程的基礎知識，也能透過課程深入的理解當代世界文化發展的現代化歷程。

課程的設計原預計將「吉安大圳」與花東水圳現代化歷程、後山

---

③ 「涂照彥的理論堪稱是以臺灣為本位的思考所達成的最完整形式（柯志明，2003：149）。」

文化發展，做為重要講授。尤其希望學生透過「吉安大圳」、「卑南大圳」的建設，瞭解殖民政府開發後山區域的歷史，以及在地原住民族與日本移民村、客閩移民、馬卡道族移民對於花東多樣性文化發展構成的歷程，從課堂上認識後山文化發展體系的形成，以及此一文化系統對於我們臺灣文化形塑的關鍵影響。

四、結語

臺灣島嶼「陂圳埤塘」的現代化，始於日本統治時期的1907年，由臺灣總督府土木技師十川嘉太郎自美國引進「鐵筋混凝土」④ 新工程技術，鋼筋水泥技術使用在埤圳建築，是水利工程邁向現代化的里程碑。臺灣首先使用新技術施工的水圳，為1907年宜蘭第一公共埤圳改修工事（宜蘭廳第一公共埤圳組合，1908：77-78；臺灣省文獻委員會編印，2000：493）。1908年殖民政府在瑠公圳建築了臺灣史上第一個鋼筋混凝土建築物，也是臺灣史上第一座水橋建築（十川嘉太郎，1936：130-131）⑤ 。現在無處不在的鋼筋混凝土建築，其實在二十世紀之前，在臺灣還未曾出現，因此臺灣島嶼被「水泥化」的歷程，才剛過百年歲月而已。

臺灣大概是世界上被「水泥化」最嚴重的國家，無所不在的水泥建築，對環境生態與水資源構成沉重的負荷。我們島嶼上的一切建築，一定都必須走向水泥化的樣貌？這是課程在講述過程裡，必須深

---

④ 「鐵筋混凝土」一詞為日本統治時期臺灣最重要的史料《臺灣總督府公文類纂》之中，自1905年開始使用至1945年為止的辭彙。

⑤ 十川嘉太郎技師有鑑於位於臺北郊外景尾處的瑠公圳灌溉水橋已腐朽不堪，同時在旁的人行道橋亦有腐朽情況。因此乃設計了人行與灌溉兼用的鋼筋混凝土橋，是臺灣最早的鋼筋混凝土橋。

刻思索與探討的課題之一。因此在校外教學的課程裡，我們也帶領他們去撫觸、觀察運用生態工法建造的水圳、埤塘，讓大家知道水圳、埤塘的建築，也有著多樣化型態的存在。

臺灣的學生因為從幼稚園到大學、研究所，都必須給他們「答案」，因此講到水利工程時，他們的腦袋裡只有「水泥」建築的埤圳，當我們在課堂上講述石塊堆壘、泥土搭築、泥石混構、竹篾籠石等（陳鴻圖，2009a：73-79），這些在1910年鋼筋混凝土尚未在臺灣出現前，我們的祖先使用的建築圳埤的傳統技術時，大家才恍然。我們要告訴他們，生活週遭、人生路途上大部分的問題都不存在著「標準答案」，到了大學、研究所，大家必須開始捨棄追求答案的習慣。所以，從課堂的第一週開始，我們就嚐試提供適應沒有「標準答案」的授課方式，進而探索生活週遭的種種事物，希望能培養「運用想像於知識之上」的「歷史想像」能力⑥。透過我們這個課程的操作，在期末時，部分學生已具有一定程度的歷史想像能力，從他們的課堂報告之中，我們已經能夠看到這些成效出現，例如江宥廷提出一個尖銳的問題：「很多人或是老一輩的人都有一個迷思，那就是大家都認為八田與一是嘉南平原的救世主。但其實這是全然正確的嗎？我們是不是確實有點把八田過度偶像化了？」顯見在課程即將終了時，已有人能進行深度的思考，不致於陷入人云亦云的迷思。

存在主義之祖齊克果（Soren Aabye Kierkegaard）認為：「也許一切哲學系統，到頭來都只能視作美學成就來欣賞罷了。」課程設計伊始，我們就希望讓修課者體會，所欲傾注的這個概念：在欣賞每一件事物時，能運用自己的歷史想像概念，達成博雅學習的能力。其實我

---

⑥ "imagination working on knowledge." (Wedgwood, 1960:40)這是培養歷史想像能力所應遵循的基本法則。

們無法期待課堂的每一位，都能在修習此一課程後，具備此種能力，因為在任何一種課程上，都不可能達到這種目標。所能盼望的是他們在將來還能記得，這些學習博雅能力方法的基本概念，課程就是成功的。

　　「經典五十」課程是元智大學通識教育的核心主軸之一，課程也為因應「經典五十」課程的實行，並且將培養學生具備「博雅欣賞」與「歷史想像」能力，當做最重要的核心目標。我們的課堂上有來自馬來西亞、中國大陸、香港、越南等等區域與國家的學生，相對於臺灣本地人，他們的中文表達能力還不是很好，但是所表現出對於認識臺灣文化發展的熱情，卻遠逾多數本地學生。然而，最優質的、表現超乎水平之上，無疑地還是李依陵、姜穎憲、楊雅娟、王妤心、李滋芳、吳匡泰等幾位，他們對於優雅事物、歷史想像的好奇心，讓我們極為敬佩。看到他們的學習態度，以及從課堂裡所獲得的知識，與自我的反饋，我們的課程就已經達成應有的目標。在此也必須感謝教學助理邱梓瑜、蔡鶴暉、卜賴嬌，課程助理王品歡、林美珊，網頁助理康端翔，以及協助本文校稿、資料綜整的甘霖。欠缺優秀助理與優質同學參與，課程就不會擁有經營的能量，以及眾人的認同。

參考文獻

1. 十川嘉太郎（1936）。《顧臺》。東京：著者自刊。

2. 王萬邦（2008）。《台灣的古圳道》。臺北：遠足文化。

3. 古川勝三著；陳榮周譯（2009）。《嘉南大圳之父：八田與一傳》。臺北：前衛。

4. 矢內原忠雄（1929）。《帝國主義下の臺灣》。東京：岩波書店。

5. 牧隆泰（1944）。《半世紀間臺灣農業水利大觀》。臺北：臺灣水利組合聯合會。

6. 林建村、李源泉、陳信雄編著（2013）。《探索臺灣農田水利組織與制度》。臺北：科技圖書。

7. 宜蘭廳第一公共埤圳組合（1908）。《宜蘭廳第一公共埤圳改修工事報告書》。臺北：宜蘭廳第一公共埤圳組合。

8. 凃照彥著；李明峻譯（1908）。《日本帝國主義下的台灣》。臺北：人間。

9. 桃園水利組合（1937）。《桃園水利組合事業概要》。桃園：桃園水利組合。

10. 萊撒 阿給佑（Laysa Akyo）（2012）。《泰雅爾族傳統文化——部落哲學、神話故事與現代意義》。臺北：秀威資訊科技。

11. 柯志明（2003）。《米糖相剋：日本殖民主義下臺灣的發展與從屬》。臺北：群學。

12. 陳正美（2009）。《南瀛水圳誌》。臺南：臺南縣政府。

13. 陳其澎主持（2005）。《桃園縣石門大圳系統（楊梅、富岡、湖口站灌區）埤塘調查計畫》。桃園：桃園縣政府文化局。

14. 陳鴻圖（2009a）。《臺灣水利史》。臺北：五南。

15. 陳鴻圖（2009b）。《嘉南平原水利事業的變遷》。臺南：臺南縣政府。

16. 傅寶玉（2007）。《古圳──南桃園水圳空間與文化》。新竹：行政院客家委員會臺灣客家文化中心籌備處。

17. 歐陽泰（Tonio Andrade）（2007）。《福爾摩沙如何變成臺灣府？》。臺北：遠流。

18. 臺灣省文獻委員會編印（2000）。《臺灣地區水資源史》。第4篇。南投：臺灣省文獻委員會。

19. 臺灣省桃園農田水利會（2009）。《咱ㄟ陂塘咱ㄟ寶：桃園農田水利會創會90週年紀念特刊》。桃園：臺灣省桃園農田水利會。

20. 《臺灣總督府公文類纂》。南投：國史館臺灣文獻館，1895-1945。

21. Spengler, Oswald.著；陳曉林譯（1989）。《西方的沒落》。臺北：遠流。

22. Wedgwood, C.V.(1960). Truth and Opinion: Historical Essays. New York: Macmillan.

撰稿人簡介

劉柏宏

國立勤益科技大學教授。美國俄勒岡州立大學數學教育博士。學術專長為大學數學教育、數理科學史、數學史與數學教學、數學信念與學習。93學年度所開設之「文藝復興時期的科學與社會」曾獲教育部「個別型通識課程改進計畫」的補助；97學年度開設之「科學解碼達文西」獲教育部「優質通識教育課程計畫」補助；98學年度「數學與藝術」獲評為「優質通識教育課程計畫」績優課程。100學年度擔任教育部「現代公民核心能力課程計畫」績優指導計畫主持人。國立勤益科技大學96學年教學優良教師、98學年傑出通識教師、103年特聘教授。

林文源

國立清華大學通識教育中心教授。英國蘭開大學社會學與科技研究中心博士。2014年科技部吳大猷先生紀念獎、中央研究院年輕學者研究著作獎得主。我期待的研究與教學是能將真實世界帶回學科領域與課堂，探索創造新知識與實作空間的可能性。教學興趣為發展跨領域實作教學方法，已經在通識課程「科技與社會」、「社會文化分析」發展體制分析實作教學，並發展跨領域實作《探索卡》。研究興趣為社會理論、科技與社會研究與醫療社會學，著有《看不見的行動能力：從行動者網絡到位移理論》、合作編著有《科技社會人：STS跨領域新視界》、《科技社會人（二）：STS跨域新挑戰》、《把生活帶進實驗室：跨領域創新與研發》，其餘請見http://wylin.gec.nthu.edu.tw/。

梁家祺

元智大學通識教學部副教授。美國德州大學奧斯汀分校科學教育博士。學術專長為科學教育、課程與教學、認知與學習、學前教育。所開設之「環境保護與自然文學」課程，獲得教育部982、991、1001學期通識課程計畫補助，並獲評為績優課程計畫；「科學之美」課程，獲得教育部1002學期現代公民核心能力課程計畫補助，並獲評為績優課群計畫。97學年度獲得元智大學教學傑出獎，101學年度獲得第五屆全國傑出通識教育教師獎。

徐惠莉

中國科技大學通識教育中心副教授。熱愛開發通識數學課程，所開設之「圖形與數學」課程，獲得教育部982學期通識課程計畫補助，以及1002學期現代公民核心能力課程計畫補助，並獲評為績優課程計畫；「藝術的數學密碼」課程，獲得教育部1011學期現代公民核心能力課程計畫補助，並獲得教育部102年度全國技專校院通識課程績優科目；「數學的故事」課程，獲得教育部1022學期現代公民核心能力課程計畫補助；「大自然的數學」課程，獲得教育部1031學期現代公民核心能力課程計畫補助。99學年度獲得中國科技大學優良教學獎。

何昕家

國立臺中科技大學通識教育中心助理教授。國立臺灣師範大學環境教育研究所博士（大學為建築、美術-藝術人文領域中等教師證，研究所為都市計畫）。學術專長為環境教育、永續發展教育、校園整體軟硬體規劃。第一屆學學獎綠色時尚創作類社會組入圍特別獎。致力於在通識教育中進行環境教育推廣與實踐，獲得教育部991通識教育

課程計畫【A、D類】績優計畫（課程名稱：「環境探索、體驗與倫理」）、1001學期現代公民核心能力課程計畫績優計畫【B類】（課程名稱：「環境與人」）、1011學期現代公民核心能力課程計畫績優計畫【A類】（課程名稱：「環境變遷與調適策略」）。

王維君

國立臺灣科技大學人文社會學科副教授兼人文藝術中心主任、國立臺北教育大學音樂系兼任副教授。美國奧勒岡大學音樂教育暨合唱指揮博士。學術專長為音樂教育、合唱暨管弦樂指揮、音樂劇場、音樂認知與感知、音樂治療。所開設之「音樂感知與創造」課程，獲教育部971、981學期優質通識課程計畫補助，971更獲評為績優課程計畫；「由電影走入古典音樂世界」課程，獲得教育部972學期優質通識課程計畫補助；「音樂劇場」課程，獲得教育部1001、1011、1021學期現代公民核心能力課程計畫補助，並獲評為1021績優課群計畫，亦榮獲102年度教育部全國技專校院通識課程績優科目。102學年度榮獲臺科大教學傑出獎、榮譽學院教學優良獎、99及100學年度教學模式創新獎。97學年度榮獲聖約翰科技大學卓越教師獎、及教學優良教師獎。

林智莉

亞東技術學院通識教育中心副教授。國立政治大學中國文學系博士。學術專長為中國古典戲曲、俗文學、宗教文學。曾開設「大一國文」、「應用文」、「中國古典戲曲認識與欣賞」、「紅樓夢」、「臺灣廟會文化」、「詩歌美學」及「美學與生活」等課程，「臺灣廟會文化」獲教育部981學期優質通識教育課程補助。獲獎紀錄有亞東技術學院96學年度全校績優教師；97學年度「優良教材教具之創新

創意組—詩歌美學」特優獎；100學年度全校績優教師；100學年度公民素養課程補助計畫「美學與生活」特優獎及教育部第五屆全國傑出通識教育教師獎。

鄒淑慧

元智大學藝術與設計學系副教授兼藝術中心主任。美國德州理工大學跨美術、戲劇與音樂學程美術學博士。專長領域含西洋藝術史、亞洲當代藝術、藝術理論、藝術管理理論與實務。熱愛教學與其挑戰，積極親近各種藝術，期盼指引學生用宏觀的人文思維和關懷的服務態度，實踐藝術可以改變台灣社會、使其更加美好的創造力和影響力。

陳巍仁

元智大學通識教學部助理教授。台灣師範大學國文學系博士。專長領域為詩學、台灣文學、當代文學理論。著有《台灣現代散文詩新論》、《台灣當代文學跨文類現象研究》（論著）、《催眠師的Fantasy》（詩集）。曾獲倪匡科幻小說獎首獎，國科會科普獎。曾以「詩與當代生活」、「飲食文學與文化」課程獲得五次教育部公民核心能力課程計畫補助，並獲選三次績優計畫。100學年度獲選元智大學教學傑出獎。

黃智明

元智大學、東吳大學、世新大學兼任助理教授。東吳大學中國文學系博士。學術專長為語言文字學、中國經學史、圖書文獻學。開設課程有聲韻學、語音學、語言學概論、中國經學史、左傳、唐宋文、中國文學概論。著有《夏燮述均研究》、《林義光詩經通解研究》，及學術論文二十餘篇。編有《清代揚州學術研究》、《通志堂經解研究

論集》、《李源澄著作集》，點校有《點校補正經義考》、《胡培翬集》。曾擔任100、101年聯合文學全國巡迴文藝營「經典文學組」導師。所開設之「漢字文化與藝術」課程，獲得教育部1002、1012、1021學期現代公民核心能力課程計畫補助，三次均獲評為績優計畫。

黃智信

元智大學、東吳大學兼任講師。中正大學博士生。研究方向為禮記、中國經學史、文獻學、文物學、古蹟文化。曾參與「臺北市孔廟儒學文化網」的詞條撰寫工作，擔任100、101年聯合文學基金會「全國巡迴文藝營」指導教授。所開設之「文物與文學」課程，獲得教育部1002、1012、1021學期現代公民核心能力課程計畫補助，三次均獲評為績優計畫；「古蹟文化與在地生活」課程，獲得教育部1022學期現代公民核心能力課程計畫補助。

王冠生

國立臺北大學通識教育中心助理教授。國立政治大學哲學博士。學術專長為倫理學、政治哲學。所開設之「環境倫理」、「哲學概論」、「道德推理」課程，獲得教育部961、972、981、982、991學期優質通識課程計畫補助，並獲評為績優課程計畫。「多元文化與社會正義」、「公民倫理學」、「哲學思考與美好人生」課程，獲得教育部1001、1002、1011、1012、1021、1022、1031學期現代公民核心能力課程計畫補助，「多元文化與社會正義」於1001學期獲評為績優課群計畫，「公民倫理學」於1012學期獲評為績優課群計畫。103學年度獲得國立臺北大學優良通識教育教師獎。2014年獲得第六屆全國傑出通識教育教師獎。

麥麗蓉

元智大學通識教學部助理教授。輔仁大學心理學博士，美國密蘇里大學教育諮商心理碩士。學術專長為脊髓損傷者生活重建、學校輔導實務、行動研究與實踐。曾任台北市社教館家庭教育服務中心研究員、元智大學諮商輔導組組長、台灣行動研究學會理事、監事，關注身心障礙等弱勢議題，發展平權教育，關懷人與自我、他人、社會的正向互動。榮獲教育部頒發「96年度全國服務學習志願服務績優教師」。

王怡云

元智大學通識教學部助理教授。國立臺灣師範大學人類發展與家庭學系教育學博士。學術專長為課程與教學、學前教育、親職教育、家庭教育。曾任幼兒園教師、國中教師、大學講師。目前也擔任教育部家庭教育專業人員、教育部國民教育幼兒班巡迴輔導教授、以及教育部幼兒園教保活動與課程大綱輔導與推廣人員。所開設之「教育與生活」課程，獲本校1001教育部獎勵大學教學卓越計畫創新課程計畫補助，並榮獲元智大學100創新教學獎，另也獲教育部1002學年度現代公民核心能力課程計畫補助。「兩性與情愛：經典探討」、「創意思考」課程也獲本校教育部獎勵大學教學卓越計畫創新課程計畫補助。

糠明珊

元智大學通識教學部講師。國立臺灣師範大學人類發展與家庭研究所教育博士、日本御茶水女子大學家政研究所碩士。曾任高雄醫學院兩性研究中心助理研究員、桃園縣100學年度公立幼稚園及私立合作園所基礎評鑑委員、101學年度教育部辦理公私立幼稚園輔導計畫輔導人員，目前為教育部校園性侵害性騷擾或性霸凌事件調查專業人才庫

成員。學術專長為性別教育、家庭研究、幼兒教育與日本文化。所開設之「性別與社會」、「婚姻與家庭」以及「日本文化概論」通識課程，獲得1001、1002、1011學年度教育部獎勵大學教學卓越計畫創新課程計畫補助。

林煒舒

元智大學通識教學部兼任講師、國立中央大學歷史研究所所友會長。國立臺灣師範大學歷史系博士班。學術專長為臺灣主計與歲計史、桃園金融發展、桃園埤圳與文化、國際關係學。所開設之「歷史與思想」課程，獲得教育部1021學期現代公民核心能力課程計畫補助，並獲評為績優課程計畫；「水圳開拓與文化發展」課程，獲得教育部1022、1031學期現代公民核心能力課程計畫補助。101學年度獲得元智大學輔導與服務傑出獎。

萬卷樓文叢　9900006

大學「營養」學分—遇見 16 堂不一樣的通識課

作　　　者　王怡云、王冠生、王維君、
　　　　　　何昕家、林文源、林智莉、
　　　　　　林煒舒、徐惠莉、梁家祺、
　　　　　　麥麗蓉、陳巍仁、黃智明、
　　　　　　黃智信、鄒淑慧、劉柏宏、
　　　　　　糠明珊（依姓名筆劃）

主　　　編　梁家祺
責任編輯　蔡雅如

發 行 人　陳滿銘
總 經 理　梁錦興
總 編 輯　陳滿銘
副總編輯　張晏瑞
編 輯 所　萬卷樓圖書股份有限公司
排　　版　浩瀚電腦排版股份有限公司
印　　刷　百通科技股份有限公司

發　　行　萬卷樓圖書股份有限公司
　　　　　臺北市羅斯福路二段 41 號 6 樓之 3
　　　　　電話 (02)23216565
　　　　　傳真 (02)23218698
　　　　　電郵 SERVICE@WANJUAN.COM.TW
大陸經銷　廈門外圖臺灣書店有限公司
　　　　　電郵 JKB188@188.COM

ISBN 978-957-739-897-0
2015 年 4 月初版二刷
2015 年 1 月初版
定價：新臺幣 460 元

如何購買本書：

1. 劃撥購書，請透過以下郵政劃撥帳號：
　　帳號：15624015
　　戶名：萬卷樓圖書股份有限公司
2. 轉帳購書，請透過以下帳戶
　　合作金庫銀行　古亭分行
　　戶名：萬卷樓圖書股份有限公司
　　帳號：0877717092596
3. 網路購書，請透過萬卷樓網站
　　網址 WWW.WANJUAN.COM.TW

大量購書，請直接聯繫我們，將有專人為您
服務。客服：(02)23216565 分機 10

如有缺頁、破損或裝訂錯誤，請寄回更換
版權所有·翻印必究
Copyright©2014 by WanJuanLou Books CO., Ltd.
All Right Reserved　　　　**Printed in Taiwan**

國家圖書館出版品預行編目資料

大學「營養」學分：遇見 16 堂不一樣的通識
課 / 梁家祺主編. -- 初版. -- 臺北市：萬
卷樓，2015.1
　　面；　公分. -- (萬卷樓文叢)
ISBN 978-957-739-897-0(平裝)

1.通識課程 2.高等教育 3.文集

　　　525.3307　　　　　　　103023716